文化法治系列丛书

中国传媒法治：
以媒介融合为视角

李丹林 何勇 著

中国社会科学出版社

图书在版编目（CIP）数据

中国传媒法治：以媒介融合为视角 / 李丹林等著 . —北京：中国社会科学出版社，2023.7
ISBN 978-7-5227-1727-2

Ⅰ.①中… Ⅱ.①李… Ⅲ.①传媒法—研究—中国 Ⅳ.①D922.84

中国国家版本馆 CIP 数据核字（2023）第 060765 号

出 版 人	赵剑英
责任编辑	许 琳 高 婷
责任校对	李 硕
责任印制	郝美娜
出　　版	中国社会科学出版社
社　　址	北京鼓楼西大街甲 158 号
邮　　编	100720
网　　址	http://www.csspw.cn
发 行 部	010-84083685
门 市 部	010-84029450
经　　销	新华书店及其他书店
印　　刷	北京君升印刷有限公司
装　　订	廊坊市广阳区广增装订厂
版　　次	2023 年 7 月第 1 版
印　　次	2023 年 7 月第 1 次印刷
开　　本	710×1000　1/16
印　　张	18.75
插　　页	2
字　　数	279 千字
定　　价	118.00 元

凡购买中国社会科学出版社图书，如有质量问题请与本社营销中心联系调换
电话：010-84083683
版权所有　侵权必究

序　言

　　媒体融合（Media Convergence），是上世纪末期随着互联网等传播科技的发展，西方传播学者对印刷、电影、广播电视、网络等各种媒体呈现多功能一体化趋势的描述；在本世纪初我国学者亦有引进发挥。而经习近平总书记在2013年8月19日全国宣传工作会议上的重要讲话就此作出阐述，并在当年11月党的十八届三中全会通过的《中共中央关于全面深化改革若干重大问题的决定》中将"整合新闻媒体资源，推动传统媒体和新兴媒体融合发展"列入其中第38条"健全坚持正确舆论导向的体制机制"，从而正式成为中央的一项重要媒体政策。2014年8月，中央全面深化改革领导小组审议通过《关于推动传统媒体和新兴媒体融合发展的指导意见》，2020年6月，中央全面深化改革委员会（2018年中共中央《深化党和国家机构改革方案》将"领导小组"改为"委员会"）又一次审议通过《关于加快推进媒体深度融合发展的指导意见》，以此为据，中办、国办以及各家主管部门分别制定有关"媒体融合"的文件，贯彻落实各项措施。可见"媒体融合"虽然是个外来术语，但在我国已经超越了描述传播形态变迁的学术范畴，而成为党和国家推进传媒法治的一项基本政策和战略部署。

　　本书第一作者李丹林教授在本世纪第一个十年末就关注媒体融合与传媒法治的相关问题，屡有论作发表。2013年国家社会科学基金重大课题

"媒介融合背景下我国媒体政策与法律研究"获得立项，成果评级为"优秀"。她在此基础上与何勇副教授合作完成这部著作，自是颇具功力和特色。

　　本书的最大亮点在于通过阐述中央提出"媒体融合"的背景及贯彻过程，揭示了推进媒体融合发展对于应对来自意识形态领域的风险和挑战，坚持和巩固传媒以及文化领域马克思主义指导地位的重大意义。书中引用诸多文献说明，在本世纪第一、二两个十年之交，中国进入移动互联网时代，传统媒体原有单一、线性的传播形态彻底被颠覆，其社会覆盖率、影响力遭受很大冲击，这成为网络领域舆论一度乱象丛生的一个客观原因。书中列举根据2013年"决定"和2014年"指导意见"以及各部门提出的各项要求，各级主流媒体纷纷采取自建网站、设置"中央厨房"、进驻第三方平台、建立融合传播矩阵以及融媒体中心等措施，主流思想舆论持续巩固壮大，网络生态持续向好，从而为贯彻2020年"指导意见"，打造一批具有强大影响力和竞争力的新型主流媒体、建立全媒体传播体系奠定了坚实基础。这是近十年来我国意识形态领域形势发生全局性、根本性转变的重要方面。

　　本书将"三网融合"作为"媒体融合"的一部分或先导措施加以阐述。电信网、广电网、互联网的"融合"，实质上就是广播电视行业与电信行业的经营业务的相互进入。在政策层面上，提出"三网融合"远早于"媒体融合"，最初见于2001年"十五"计划纲要。看起来，"三网融合"似乎就是破除中国特有的两个行业之间的壁垒问题，但是主要由于涉及广播电视作为传媒而具有的意识形态属性，因而举步维艰。书中列举十多年来政府部门下达的各种文件和试点方案，直至在提出并贯彻媒体融合政策以后的2015年，方才确认试点完成，确立系统的"三网融合"各项原则在全国推广。由于视听内容日益成为传媒内容的主要形态，推进"三网融合"为完整推进媒体融合奠定了坚实基础。书中有关论述，有助于我们更加深刻理解媒体融合的进程及其实质。

　　推进媒体融合的目标是占领互联网这个意识形态斗争的主战场。所以

序　言

以媒体融合为视角观照传媒法治，主要是考察发展和健全网络法治。本书详细回顾了 1994 年我国接入国际互联网以来国家制定的有关的法律、行政法规、规章和规范性文件以及相应的诸如实名制、内容底线、网络服务者责任、政府主导和互联网企业共治机制等制度，至今我国已形成了以《宪法》为统帅，以《网络安全法》《电子商务法》《数据安全法》《个人信息保护法》、全国人大常委会关于互联网安全和信息保护的两个"决定"和诸如《民法典》《著作权法》《未成年人保护法》《刑法》等若干法律中涉网内容为主干，下设数十件专门的和其他含有适用网络内容的行政法规以及相关主管部门发布的许多部门规章、规范性文件而构建的互联网法律体系。当然，网络活动同时必须遵守大量一般法的有关规范。书中有关阐述显示，媒体融合的进程对于传媒法治的发展产生深刻影响。例如，从一般规定网络服务者责任到特别提出平台主体责任问题，就是在推进媒体融合过程中逐步显现和发展起来的，当前平台已经成为各类新闻传媒和其他传媒、政务自媒体、各行各业企业自媒体、数以亿计的用户自媒体和社交媒体的共同家园，书中从回顾最初有关法规、规章对网络服务者责任的规定一直到 2021 年网信办下达"进一步压实平台内容管理主体责任的意见"，就此作了详细阐述。作者指出，平台的出现和运行对传统行政法理论提出了挑战，就平台的法律地位的不同理解和"主体责任观"作了深入探讨。这对于我们加深理解媒体融合政策是富有启示的。

作为学术著作，作者还就传播学中的媒体融合理论、政策理论、法治理论、行政监管理论、"软法"理论等结合相关实践进行了综述和探讨，并就新形势下完善传媒法治提出了自己的思考，从而显示了一定的理论深度。

相信此书将为传媒法研究领域增光添彩，吸引更多学子来参与这个领域的学习和探索。

魏永征
2022 年 11 月 1 日于上海盛族家园

自　　序

本书系据作者之一李丹林教授主持的国家社科重点项目"媒介融合背景下的我国媒体政策与法律研究"结项报告的部分篇章和一些阶段性成果整合修订而成。该项目获得国家社科基金结项考评的"优秀"等级。

自"媒介融合"一词第一次出现在公开出版物上起，到如今已经进入全媒体时代，表达其"所指"的相关语汇，在学术研究和政策话语方面，也从差异走向融合：早期学者们在媒介形态和功能一体化的研究过程中使用"媒介融合"一词，[①] 此类研究持续了二十年。而"媒介融合"一词所表达的内容生产的跨行业融合，在我国的实践发展和政策领域，则使用"三网融合"一词。2010年之后，政策方面开始使用"媒体融合"的概念。2013年，习近平总书记在全面宣传思想工作会议上的重要讲话（"8.19讲话"）提出"加快传统媒体和新兴媒体融合发展"，2014年，中共中央全面深化改革领导小组审议通过《关于推动传统媒体和新兴媒体融合发展的指导意见》，"媒体融合"成为一个无论政策话语层面，还是学术理论研究层面和社会实践层面都共同使用的话语。

---

① "媒介融合"一词，在20世纪最早出现的时候，是由英文"media convergence"翻译而来，这一词语主要是描述那时已经发生于发达国家基于数字技术和网络技术的发展带来的媒体业务的融合、广播电视和电信业务的融合，以及基于对广播电视领域的去管制措施所带来的所有权融合、管制融合的现象。

回顾实践层面媒介融合的历史，在很长时间内，我国存在两类媒介融合路径：一类是作为传统媒体，无论是平面媒体，还是广播电视，都要利用互联网寻找持续发展的路径，这个寻找过程包含了传统媒体与互联网企业合作，前者借助后者的技术、资金，拓展新业务、新模式、新的经营领域等。另一类是在国家信息化建设过程中，为推进"三网融合"而探索的传统广电领域与电信领域，借助数字技术、宽带技术进行双向业务进入的情形。从传媒角度来说，就是广播电视行业借助与电信行业的合作发展壮大自己。上述两类媒介融合最终被政策统一到"传统媒体和新兴媒体融合发展"的路径之上。

媒介融合是技术驱动带来的信息领域、通信领域、不同传媒领域的相互渗透，进而消融不同媒介、不同行业界限，成为你中有我、我中有你的一体状态，并不断催生新业态的过程。其具体表现是从过去的领域划分清晰，然后出现了界限模糊、相互渗透，再生发出新的传播模式、新型业态的历史演变。从传媒的角度来说，媒介融合包括传统媒体业务的融合、传媒与信息领域的融合，信息领域则又涵盖了传统的电信领域，以及后来兴起的互联网领域。传媒与信息领域的融合，产生了媒体性网站、IPTV、互联网电视、各类聚合性平台，出现了新的传播形态，如网络直播、短视频等。这些借助于数字技术、网络技术，统一在网络环境下的新的传媒形态，也被称作新媒体。

从政策视角来看，媒体融合既是技术革新，也是全新的新闻传播业革命，更是广泛深刻的社会变革，是"核聚变"。当旧的传媒生产关系不能适应新的生产力发展，甚至经常成为发展的阻力和桎梏，就必须加以改造。中共中央宣传部原部长刘奇葆提出传媒体制机制改革的要求是："推动媒体融合发展，既需要进行技术升级、平台拓展、内容创新，也需要对组织结构、传播体系和管理体制做出深刻的调整和完善。从目前情况看，我们的一些体制机制还不能适应融合发展的要求，束缚了新闻生产力的发展。"[①]

---

① 刘奇葆：《加快推动传统媒体和新型媒体融合发展》，《人民日报》2014年4月23日第6版。

自　序

　　中国共产党从革命战争年代起，就将媒体作为斗争的工具。中华人民共和国成立后，一直强调媒体具有政治属性，是党和政府的喉舌，是进行政治宣传的舆论阵地。改革开放以来，传媒结构发生了巨变，与以往相比有了很大的不同，但是，国家对于新闻采集、能够进行新闻性信息传播的媒体机构，比如通讯社、党报、广播电台电视台，依然要求确保其舆论引导功能始终不能变。从执政党要确保主流媒体对于舆论引导的主动权角度来看，随着新媒体的发展，主流媒体影响力日趋减弱、受众日趋减少，这是极其严峻的局面。因为失去阵地，有再好的内容，再努力引导舆论，都不能产生引导者所期待的效果。

　　随着信息技术的发展，网络空间海量的信息和内容流动，导致舆论生态、媒体格局、传播方式发生深刻变化。信息变得无处不在、无所不及、无人不用。全媒体不断发展，出现了全程媒体、全息媒体、全员媒体、全效媒体。传媒在日益繁荣的同时，给国家安全、公共安全、政治安全带来了前所未有的风险；给个人权益、社会秩序、经济秩序、文化建设带来诸多新的侵扰和损害。在这样的时代，应该构建怎样的传媒政策法律体系，才能够既适应历史发展的要求，保障好广大人民群众的权益，满足人民群众的需求；又能够适应执政党对主流媒体做好新闻宣传和舆论引领的要求，这是国家传媒政策和法律要承担的使命，也是我们面临的最大挑战。因为从政策理论和法律哲学的角度来看，要平衡好安全价值与自由价值的关系；要协调好效率价值与公平价值之间的关系；要处理好规范专业媒体行为与规范自媒体和个体传播者——网民行为的关系。在制定政策、制定法律、设立监管制度和措施的时候，要克服假借政治口号掩盖自身保守、惰于创新、追求部门和行业利益的狭隘心态；要尽量避免对于媒体发展创设非理性、不合理的条件和程序；同时也要切实看到新的信息时代，对于国民和国家安全可能会带来的巨大风险，媒体追求自身商业利益给公民权益、消费者权益带来的危害，网络作为媒介环境给青少年带来的消极影响。

　　如今，传媒实践领域已经进入"全媒体"的时代。我们要看到媒介融合对传媒法治带来的挑战，要静下心来，对于传媒业发展遇到的重要的政策和法律问题、新型的政策法律问题进行理论分析和学术探究，这样才能发挥学术研究和理论研究的社会价值，才能更好地服务于实践需要。

我们深刻意识到，脱离了"融合"背景和语境的大而全的全方位的法律和政策的研究，不一定是当前最恰当的选择。以"媒介融合"为窗口路径，对于我们认识传媒法治的实践和理论问题至关重要。

本书对于内容的选择和结构的安排，有三个方面的考虑：第一是"史"的角度，本书对于我国媒介融合实践的历史、媒介融合政策的历史、媒介融合背景下的传媒监管以及我国的传播政策历史作了系统的梳理和研究；第二是"论"的角度，对于传媒法治的意涵、研究传媒法治的关键问题和着力点、传媒规范的一体化问题进行了比较深入的理论探讨；第三是"文"的角度，将传媒法治的核心问题置于"文化"的语境下进行思考，对于我们更好地认识传媒法治的当下和未来，或者说是认识文化法治的当下和未来都有很大的启发意义。

2023年2月，中共中央办公厅、国务院办公厅印发《关于加强新时代法学教育和法学理论研究的意见》，提出适应法治建设新要求，要加强文化法学的学科建设。对于传媒法律政策研究的成果、传媒法治研究的成果，都是构成文化法学这一知识体系的组成部分。

目 录

第一章 媒介融合的理论与实践 …………………………… 1

第一节 媒介融合的概念与学术史考察 …………………… 1
一 "媒介融合"的意涵 ………………………………… 1
二 学术史角度的考察 ………………………………… 6
三 媒介融合的意义 …………………………………… 13

第二节 我国媒介融合进程研究 …………………………… 17
一 技术发展阶段 ……………………………………… 17
二 标志性事件 ………………………………………… 19
三 媒介融合进程的阶段划分 ………………………… 21

第三节 媒体融合的第一阶段：1995—2005 年 …………… 24
一 报刊媒体网络版阶段（1995—1999 年）………… 24
二 新闻网站形成规模阶段（2000—2004 年）……… 25
三 新闻网站改革和多元发展阶段（2004—2005 年）… 27

第四节 媒体融合的第二阶段：2006—2013 年 …………… 28
一 传统媒体转型时期（2006—2008 年）…………… 29
二 3G 带动的媒体融合（2009—2011 年）………… 31
三 大数据、云计算带动的媒体融合（2012—2013 年）…… 33

第五节　媒体融合的第三阶段：2014年至今 …… 34
　一　建设国家广播电视网络（2014年）…… 35
　二　人民日报启动全媒体平台运行（2015年）…… 36
　三　中国广电成为第四个基础电信运营商（2016年）…… 38
　四　基于云服务的全媒体平台（2017年）…… 41
　五　2018年及之后 …… 42

第二章　我国推进媒介融合政策的历史回顾与分析 …… 45
第一节　政策概念的意涵与结构 …… 47
　一　"政策"词源及本土化 …… 48
　二　政策的结构分析：元政策及其应用 …… 52
第二节　改革开放以来我国推动媒介融合的政策回顾 …… 55
　一　信息化带动的"媒介融合"时期的政策（1980—1999年）…… 55
　二　信息化加快建设与传媒深化改革时期的政策（2000—2005年）…… 60
　三　"新媒体时期"的政策（2006—2010年）…… 68
　四　网信新时期的政策（2011—2015年）…… 72
　五　全面融合时期的政策（2016—2018年）：打造新型主流媒体 …… 78
　六　深度融合发展时期的政策（2019年至今）：构建全媒体传播格局 …… 81
第三节　我国媒介融合政策分析 …… 83

第三章　媒介融合背景下我国传媒监管建构与历史演变 …… 91
第一节　顶层设计：网络安全观的提出及领导体制构建 …… 93
　一　"网络安全"话语的历史衍变 …… 94
　二　"网络安全观"的提出及制度完善 …… 98

三　媒介监管语境下的"内容安全" ……………………… 100
第二节　传播秩序建构和舆论领导 ………………………………… 100
　　　一　网络内容管理：新闻采编特许和网络实名制 ………… 101
　　　二　网络新闻宣传体系的构建 ……………………………… 104
　　　三　传统媒体与新兴媒体融合：全媒体传播 ……………… 108
第三节　管理融合：网上网下统一尺度 …………………………… 112
第四节　"主体责任观"与监管模式转型 …………………………… 119
　　　一　网络平台"管理责任"的赋予和沿革 ………………… 120
　　　二　网络平台"主体责任"的提出和确立 ………………… 121
　　　三　网络平台"主体责任"的内涵及制度建构 …………… 124
　　　四　"严格责任"的取向及审核责任的实现 ……………… 126

第四章　传媒法治意涵与媒介融合背景下的传媒法治发展 ………… 129
第一节　传媒法治的意涵 …………………………………………… 129
　　　一　理解传媒法 ……………………………………………… 129
　　　二　传媒法调整对象研究 …………………………………… 137
　　　三　传媒法的特征 …………………………………………… 142
第二节　传媒法治的基本问题 ……………………………………… 144
　　　一　传媒法治的基础问题 …………………………………… 144
　　　二　传媒法治的核心问题 …………………………………… 157
　　　三　传媒法治的理念问题 …………………………………… 159
　　　四　传媒法治的结构性问题——监管 ……………………… 162
第三节　媒介融合背景下的我国传媒法治进程 …………………… 164
　　　一　互联网法律制度框架的初期建构（1994—
　　　　　2003年） …………………………………………………… 164
　　　二　法治化程度进一步提升（2004—2012年） …………… 168
　　　三　传媒法治完善化加强（2013年至今） ………………… 171

第五章 媒介融合背景下文化语境中的传媒法治 …… 174
第一节 文化变革、社会转型与传媒法治 …… 175
一 文化变革的意义 …… 175
二 现代化理论与社会转型 …… 179
三 对传媒法治的基本判断 …… 183
第二节 我国文化传媒政策与立法的价值取向研究 …… 189
一 新世纪以来我国文化传媒领域改革政策回顾 …… 191
二 新世纪我国文化传媒政策立法的价值取向分析 …… 197
三 关于文化传媒政策立法价值目标的反思 …… 202
第三节 我国传媒（传播）政策历史溯源和思想框架 …… 204
一 历史溯源 …… 204
二 思想框架 …… 209

第六章 媒介融合背景下的传媒规范与适用研究 …… 217
第一节 传媒法的本质属性与传媒法规范 …… 219
一 传媒法的本质属性 …… 219
二 传媒法宪法属性的历史分析 …… 221
三 传媒法宪法属性的现实分析 …… 223
第二节 媒介融合时代的传媒规范 …… 227
一 软法理论与传媒规范 …… 228
二 传媒法规范与其他传媒规范的关系 …… 233
三 传媒规范的适用机制 …… 235
第三节 媒介融合时代传媒规范适用路径研究 …… 236
一 传媒规范的适用与表达权的规制 …… 236
二 传媒规范适用的具体路径——表达权行使的判断机制 …… 239
三 媒介融合背景下完善传媒规范适用路径的思考 …… 246
第四节 传媒法规范与相关领域法规范的关系 …… 250

一　传媒法与信息法 …………………………………… 250
　　二　传媒法与文化法 …………………………………… 253
　　三　传媒法与娱乐法 …………………………………… 256
　　四　传媒法与网络法 …………………………………… 258

结语　完善传媒法治的思考 ………………………………… 261
　　一　观念方面 …………………………………………… 261
　　二　意识方面 …………………………………………… 263
　　三　思维方面 …………………………………………… 265
　　四　认识方面 …………………………………………… 266
　　五　具体路径 …………………………………………… 268

参考文献 ……………………………………………………… 271

后　记 ………………………………………………………… 283

第一章 媒介融合的理论与实践

第一节 媒介融合的概念与学术史考察

一 "媒介融合"的意涵

随着信息技术的发展,信息的传递除了借助印刷物,也可以通过无线和有线方式进行信号传输,早期是模拟信号,后来是数字信号。数字技术将各类信息转化为比特流在网络空间里呈现,[①] 于是人类社会出现了"媒介融合"的现象。"媒介融合"一词是对英文"media convergence"的翻译。根据宋昭勋援引的牛津英文词典的解释,"convergence"最早源于科学领域。[②] "媒介融合"这一概念最早由美国马萨诸塞州理工大学的 I. 浦尔(I. Pool)教授提出。他认为,"媒介融合就是各种媒介呈现出一体化多功能的发展趋势。从根本上讲,融合是不同技术的结合,是两种或更多种技术融合后形成的某种新传播技术,由融合产生的新传播技术和新媒介的功

[①] 杨新明:《变迁与融合:媒介形态的三次超越》,《青年记者》2018 年第 23 期。

[②] 如"1713 年英国科学家威廉·汉德(William Derhanm)谈到光线的汇聚或散发汇聚或发散(convergences and divergences of the rays)。随后,该词被逐渐运用于气象学、数学、进化生物学、政治学和经济学等学科"。详见宋昭勋《新闻传播学中 Convergence 一词溯源及内涵》,《现代传播》(中国传媒大学学报)2006 年第 1 期。

能大于原先各部分的总和"①。

在发达国家，20世纪90年代初，通信、消费电子产品、媒体和计算机通过不同的传播方式提供服务功能相异、产业区隔分明、相互各为独立的产业领域。这些国家对于不同产业领域的产权，特别是跨媒体领域的产权有相应的规制。随着计算机数字技术应用发展起来的数字化融合不仅改变了大众获得信息的时间、空间及方式，更主要的是为电信业、出版业和广播电视业融合提供了重要的技术支持。

1997年，美国加州大学伯克利分校的迈克尔·卡茨教授发表的《介绍：融合、规制和竞争》一文，对于20世纪90年代出现的媒介融合现象以及人们对这种现象的观点进行了归纳。这些观点主要有三种，第一种认为，"媒介融合是一个局限于电信领域的现象"；第二种认为，"媒介融合是一个电信业和计算机工业归并的过程"；第三种认为，"媒介融合包括产业的结构性整合"。同时期的英国学者西蒙·穆雷（Simone Murray）博士指出，20世纪90年代，媒介融合经历了三次浪潮：第一波浪潮是通过对主流媒体的直接收购与大规模兼并实现的跨媒体所有权的集团化，这一浪潮并没有对政治经济方面造成根本性挑战；第二波浪潮是关于媒介的数字化改造，这从根本上挑战了传媒业，因而受到了传统政治经济学研究的青睐，同时也对文化研究产生了影响；第三波浪潮是"内容流（content streaming）"。②

媒介融合并不仅仅指媒介产业内部不同形态的媒体的融合，它还包括媒介行业与其他行业之间的融合，比如新闻媒介与电信产业的融合、媒介与先进科学技术之间的融合等。③媒介融合改变了技术、产业、市场、内容风格以及受众等因素之间的关系，形成一种"融合文化"，带来个人、

---

① 参见崔保国《媒介变革的冲击》，《新闻与传播研究》1999年第4期。
② 郭毅、于翠玲：《国外"媒介融合"概念及相关问题综述》，《现代出版》2013年第1期。
③ 陶喜红：《论媒介融合在中国的发展趋势》，《中国广告》2007年第6期。

体制、产品、媒体等多方面的变革,对媒体生产环境与产业发展提出了新要求。①

早期这些对于"媒介融合"的认识,实际上并没有本质的不同,但是不同的表述反映了论者看待媒介融合的立场、视角以及依据的理论原理有所不同。也就是说,有的人是从宏观或微观的视角来认识;有的人是基于行业立场来认识;有的人只是对于这种现象的观察描述;有的人是基于一定的政治经济学理论来认识分析。从宏观视角看,这是人类社会发展的一种趋势;从微观视角看,这是传统相互区隔的业务的融合。从行业的立场看,电信业认为,这是电信业遇到的新机遇;传媒业认为,这是传媒业遇到的新挑战。运用不同的理论认识工具,有人看到了媒介融合对于现行政治经济制度的影响;有人看到了媒介融合对于社会交往和形态的影响;有人看到了媒介融合对于监管制度的影响。

在我国,"媒介融合"作为一种社会历史发展进程中的现象,在不同时期,人们对于这种现象本身的认识、态度也是不一样的,这也使得"媒介融合"本身成为一个历史性的概念。对这一现象的认识,不同人士都力求作出自己的观察和解释。这种观察和解释由于研究者不同的学科背景、研究视角、行业经验、研究目的,所下定义各有不同。随着媒介融合自身发展形态的不断变化,人们对于媒介融合的认识和态度也在发生变化。1995年媒介融合的现象刚刚出现时,或许是人们对于陌生事物普遍存在抵触或恐惧的深层心理原因,有学者提出,"媒介融合是一个危险的词语",因为它有太多不同层面的意义。② 2006年有学者提出,媒介融合是一个需要验证的假设③等。还有人对于媒介融合会引发的种种问题,如文化的、

---

① 邹雨昕:《媒介融合:概念流变、现状透析与发展趋势》,《新闻研究导刊》2018年第11期。

② 郭毅、于翠玲:《国外"媒介融合"概念及相关问题综述》,《现代出版》2013年第1期。

③ 高钢、陈绚:《关于媒体融合的几点思索》,《国际新闻界》2006年第9期。

道德的、意识形态的、产业的等等方面，也充满忧虑。①

宋昭勋 2006 年发表的《新闻传播学中 Convergence 一词溯源及内涵》一文，对于当时的学界、业界关于"媒介融合"含义的认识和理解，进行了归纳和概括。文章认为，"convergence"是当今新闻传播学中最重要且语意模糊的概念，列举了在新闻传播语境下，基于传媒立场，使用"融合"一词所表达的六种不同情形：媒体科技融合（convergence in media technology）、媒体所有权合并（convergence of ownership）、媒体战术性融合（convergence of media tactics）、媒体组织结构性融合（structural convergence of media organization）、新闻采访技能融合（convergence of information gathering）和新闻叙事形式融合（convergence of news storytelling）。②

同年，蔡雯也是从传媒立场撰文解释媒介融合：媒介融合是指在以数字技术、网络技术和电子通信技术为核心的科学技术的推动下，组成大媒体业的各产业组织在经济利益和社会需求的驱动下通过合作、并购和整合

---

① "媒介融合是社会发展的必然产物，它在丰富和优化信息传播方式的同时，也产生了很多问题。具体问题主要有以下几个方面：一是对传统道德观念造成了巨大冲击。新媒体传播技术的发展和完善使得全球媒介集团垄断信息的局面固化，社会中难以真正形成透明、互动和参与式的媒介生态；大众难以分享共享共同的价值取向、难以在网络中形成反抗力量。媒介融合对传统的道德伦理观念的形成和传播带来了阻碍，文化融合进程中产生的新产物对人们的商业道德等观念产生了冲击。随着媒介融合的深入发展，各种媒介即融合技术开始以各种方式介入到社会道德理念形成及传播中，这种变化极易导致社会道德体系碎片化。二是导致了一系列的公共安全隐患问题。媒介融合带来了微博等新型媒介形式，极大地提高了受众的知情权，推进了民主治理的实施，但过多的负面信息极易造成社会焦虑、扩大部分受众的仇恨情绪，造成舆论暴力等现象。三是难以稳定市场利益和公共利益的平衡发展。传统媒体时代，公共广播以保障社会公共利益为最终目标，是政府寻求市场利益与公共利益平衡发展的重要手段。随着媒介融合的深入开展，市场经济发展及竞争理念固化，商业传媒在技术更新和市场开拓方面较之传统媒体更具优势。为了获取更多的经济效益，部门媒体传播的内容趋向于商业化和庸俗化，节目的制作和传播更具娱乐性，没有发挥出传播社会正能量和正确引导社会价值的功能。"参见夏冬灵、刘秋雨、王子翼《媒介融合在中国的发展趋势及路径研究——评〈规制变革：中国媒介融合发展的路径选择研究〉》，《新闻爱好者》2018年第 11 期。

② 宋昭勋：《新闻传播学中 Convergence 一词溯源及内涵》，《现代传播》（中国传媒大学学报）2006 年第 1 期。

等手段，实现不同形态的内容融合、传播渠道融合和媒介终端融合的过程。①

2014年李丹林撰文，对于媒介融合的解释也是基于传媒立场的解释：媒介融合是指随着信息技术的发展，传统信息和传媒领域，基于不同介质和传播技术而产生的区隔被打破，不同媒介之间实现了业务融合、渠道融合、终端融合、市场融合，由此产生了对基于区隔而相应形成的管理制度、管理体制、政策和法律的挑战。②

媒介融合是技术、市场、政策法律三大因素共同作用的结果。技术是引领因素，以提高效率和增加收益为目的进入市场竞争是内在动力，政策法律是外部制约因素。也就是说，数字技术和网络技术的开发应用是媒介融合产生的前提条件，媒介融合能够推进和快速发展，是因为媒介融合能带来更多的内容和信息，更便利地采集传播，更好地满足人们的知情、娱乐、社交等方面的需求。虽然技术和市场可以看作媒介融合的原动力和基础，但是能否融合、融合发展的速度、融合的模式和形态等，则在很大程度上受政策法律的制约。传统广播电视媒体可以和平面媒体融合在一起，传统电信行业和广播电视行业可以双向进入融合在一起，需要原有造成不同行业之间的封闭区隔的政策法律制度框架本身的修改和调整，即原本政策或法律禁止进入的业务领域现在可以进入了。在技术提供了融合的可能性之后，在政策和法律允许的条件下融合才能变为现实。所以，一个国家媒介融合的具体历程，既受制于一个国家具体的技术研发和应用的能力、受制于一个国家的市场经济发展的程度，也受制于对媒体的监管理念和相关的制度、政策和立法。

在我国，有一个本土术语，为"三网融合"。"三网融合"是指国家在推进信息化建设的进程中，从相关行业和基础设施角度制定推行的融合政

---

① 蔡雯、王学文：《角度·视野·轨迹——试析有关"媒介融合"的研究》，《国际新闻界》2009年第11期。

② 李丹林：《媒介融合背景下我国传媒政策与法律研究论纲》，《南京社会科学》2014年第2期。

策,具体意涵就是推动电信网、广播电视网、互联网的融合。换言之,就是传统电信行业与广播电视行业如何在基于互联网的支撑下突破行业壁垒的业务双向进入问题。因此,"三网融合"所表达的,实质上就是由数字技术引发的媒介融合这一历史进程在我国具体语境下的具体称谓,也是我国特定时期政策的概念表达。

概括而言,媒介融合是以数字技术为先导带来的媒体业务的融合、媒介所有权的融合,内容和信息产业领域的融合、相关产业领域的规制制度的融合。这诸多方面的融合,有的属于经济基础层面的融合,有的属于经济基础之上的上层建筑层面的融合。

二 学术史角度的考察

在20世纪90年代,我国通信行业的专家学者基于对技术前沿的认识和预测,提出我国要重视基于数字技术的发展应用引发的"三网融合"的问题。同时,新闻传播学者也注意到了新的信息技术的应用对于传媒业的影响。于是,不同学科和领域的研究者从不同进路开始了对媒介融合的研究。

"媒介"和"融合"或"媒体"和"融合"同时出现在一篇文章中,可查到的最早文献发表于20世纪90年代。1993年,有一篇研究电化教育的文章,提到了"媒体的融合性",该文谈到了如何利用融合的媒体[①]进行电化教学。[②] 1995年有两篇文章提到"媒介"的"融合"问题。一篇是发表在《有线电视技术》1995年第5期上的《光缆数字电视》,该文提到,"随着信息化的发展,对于多媒介的关系也在增强之中。以数字技术为基础将广播、通信、信息处理融合在一起,它不仅只是进行图像分配,预计将会出现一种图像、声音、数据巧妙组合的新业务"[③],另一篇是发表于

---

① 作者在文章中使用"超媒体"一词(相当于后来的"多媒体"的意涵)来表述"融合性的媒体"。
② 鲍春华:《对超媒体的一些认识》,《外语电化教学》1993年第1期。
③ 韩伟:《光缆数字电视》,《有线电视技术》1995年第5期。

《新闻记者》1995年第10期上的《融合：大众传媒发展的新趋势》，提到"上海传媒业多多少少已经走出了单一媒介封闭经营、与其他媒介互不往来的阶段，多媒体合作的势头已在沪上初现端倪"，文章中有"传媒的融合"的表述①。王晓平发表于《计算机与通信》1996年第11期上的《公用电话网、计算机网络、有线电视网三网融合浅议》一文，针对同样的技术发展带来的现象，有如下表达："电话网、计算机信息服务网和有线电视网是三个独立的运营网络，但是随着多媒体通信的发展，其趋势必将是三网逐步融合，成为多媒体通信网络"，文章使用了"三网融合"的术语。② 王晓路发表在《新闻与写作》1999年第1期的文章《发挥优势 取长补短——谈新闻媒介的融合倾向》，提到了"新闻媒介"的"融合"。③ 随后崔保国发表于《新闻与传播研究》1999年第4期上的《媒介变革的冲击》一文，使用了"媒介融合"，这是"媒介融合"作为一个固定搭配，可查到的最早出现的地方。该文有这样一段表述："实际上，媒介变革的本质是几种强大的信息技术正在把各种媒介推向融合，又因为这种融合而裂变出很多新媒介。"紧接着崔保国又在《当代传播》1999年第6期发表了《技术创新与媒介变革》④，这篇文章将"媒介融合"列为关键词，指出"媒介融合也是当前通信、计算机和媒体产业中大量兼并和联合的直接原因"，"目前，媒介变革有两个最显著的特征：一是各种媒介的相互融合与渗透，二是不断涌现多种新的媒介，即媒介的融合和裂变"。

与媒介融合相关的另一个术语"三网融合"，早于"媒介融合"一词进入我国的公共话语领域。1994年，杨培芳的《处理好发展信息产业的十个关系》一文，提到"三网融合"，具体语境是对于发达国家情况的介绍，文章提到，"进入九十年代以后，电话、电脑、电视三网融合加剧，对新

---

① 沈莉：《融合：大众传媒发展的新趋势》，《新闻记者》1995年第10期。
② 王晓平：《公用电话网、计算机网络、有线电视网三网融合浅议》，《计算机与通信》1996年第11期。
③ 王晓路：《发挥优势 取长补短——谈新闻媒介的融合倾向》，《新闻与写作》1999年第1期。
④ 崔保国：《技术创新与媒介变革》，《当代传播》1999年第6期。

自由主义的市场分割政策形成了严重的挑战"[1]。

2019年,本书作者通过各个数据库对所有以"媒介融合""媒体融合""三网融合"为主题的文献进行了搜索,以及对知网以三者为关键词所查到的年度研究文献数量进行了统计。结合一些学者对于"媒介融合"研究的观察,可以发现,关于这一主题的研究,其阶段性是非常明显的。这既体现在发文的数量方面,也体现在研究的深度和广度方面以及研究所使用的方法、运用的理论方面。同时,三个词语作为关键词的研究发文数量曲线在经历了长期的缓慢上升之后,在2010年、2015年出现过两次大的提升。

表1-1　知网以"媒介融合""媒体融合""三网融合"为关键词的年度文献数量[2]

年份	媒介融合	媒体融合	三网融合
2018	1250	3188	162
2017	1254	3279	219
2016	1230	2899	369
2015	1306	2849	494
2014	762	1337	624
2013	546	197	917
2012	562	136	1246
2011	438	148	1585
2010	386	171	1778
2009	214	117	158
2008	120	51	116
2007	59	48	111
2006	24	16	109
2005	—	6	19

---

[1] 杨培芳:《处理好发展信息产业的十个关系》,《信息经济与技术》1994年第11期。
[2] 数据来源:检索—中国知网,https://vpn.cuc.edu.cn/kns/brief/,DanaInfo=nvsm.cnki.net+default_result.aspx,2019年4月13日统计。

续表

年份	媒介融合	媒体融合	三网融合
2004	—	3	23
2003	1	2	31
2002	—	6	34
2001	1	3	47
2000	—	—	18
1999	1	2	25
1998	—	—	4
1997	—	1	—
1996	—	—	1

通过表1-1可以看出，20世纪90年代，媒介融合研究尚处于零星状态，这种状态一直持续到2004年。2005年中国人民大学新闻学院蔡雯教授发表的论文较为系统地阐述了"融合媒介"（convergence media）和"融合新闻"（convergence journalism）的问题，并对"媒介融合"给出了意义较为完整的定义："媒介融合是指在以数字技术、网络技术和电子通信技术为核心的科学技术的推动下，组成大媒体业的各产业组织在经济利益和社会需求的驱动下通过合作、并购和整合等手段，实现不同媒介形态的内容融合、传播渠道融合和媒介终端融合的过程。"[①] 蔡雯的文章作为研究性成果发表之后，有较大的影响，被引用频次较高，以致被多数人认为，该文是国内首次提出"媒介融合"概念的文献。

后来国内学者在梳理与媒介融合有关的研究时，都将2005年作为一个节点，认为此前是我国关于媒介融合研究的第一个阶段。在这一段时期，信息产业领域的人士从发展信息产业的角度来考虑问题，在实践中更早提

---

① 蔡雯：《新闻传播的变化融合了什么——从美国新闻传播的变化谈起》，《中国记者》2005年第9期。

出"三网融合"的说法，发表的文献也更多。① 随着蔡雯文章的发表，传媒学者在学术界正式提出了一个研究命题。此时，来自新闻传播学界业界的相关研究和来自信息通信领域学界和业界的研究也进入了具有共同话题和研究议题的融合时期。

2006年被称作"新媒体年"，各种"媒介融合"情形纷至沓来，极大地丰富了研究者们的研究对象。对于"媒介融合"的研究也不再仅仅是译介国外文献，或对于本土问题停留在感性层面的思考，而是开始有了较多经验上和数据上的支持及深度思考。2006年《国际新闻界》登载了若干篇以"媒介融合"为主题的文章，如高钢、陈绚发表的《关于媒体融合的几点思索》等。② 这一年还有其他新闻类刊物登载相关文章。③ 这一情形，相对于此前每年的寥寥几篇，被认为是一种有关媒介融合研究的跨越式态势。在这一时期，学者们有的使用"媒介融合"，有的使用"媒体融合"。从这些术语被使用的文章所表达的主题和具体研究内容来看，二者并无实质不同，只是研究者对于"media"一词对应的中文表达是"媒体"还是"媒介"的选择不同所导致的结果而已。自此，有关媒介融合或媒体融合的研究每年呈稳定增长趋势。以"三网融合"为关键词的文献数量，在2010年以前增幅并不明显，而在2010年陡然增加，由2009年的168篇上

---

① 研究三网融合的文章，最早的是王晓平发表于1996年第11期的《计算机与通信》的《公用电话网、计算机网络、有线电视网三网融合浅议》。在2005年之前，各类文献中，出现"三网融合"的文献数量远远多于"媒介融合"，主要是从信息产业发展、信息化建设角度来提出的。

② 高钢、陈绚：《关于媒体融合的几点思索》，《国际新闻界》2006年第5期。

③ 《国际新闻界》于2006年第5期组稿6篇探讨媒介融合。这六篇分别是蔡雯的《媒介融合前景下的新闻传播变革——试论"融合新闻"及其挑战》；王岚岚和淡凤的《聚焦媒介融合和公共新闻——密苏里新闻学院副院长Brian Brooks教授系列讲座》；赵劲的《日本手机传播及媒介融合趋势考察》；彭兰的《从新一代电子报刊看媒介融合走向》；孟建和赵元珂的《媒介融合：粘聚并造就新型的媒介化社会》；许颖的《互动·整合·大融合——媒体融合的三个层次》；高钢、陈绚的《关于媒体融合的几点思索》。此外，还有王积龙、刘肖的《2006年美国出版业如何增值》发表于《编辑之友》2006年第5期；肖燕雄的《论应对媒介融合的法制管理原则》发表于《新闻界》2009年第6期等。

升至 1778 篇。

同年，以"媒介融合"为关键词的研究文献只有 386 篇，以"媒体融合"为关键词的研究文献只有 171 篇，仅为"三网融合"的十分之一。这主要是国家信息领域政策导向所带来的变化。此后，"三网融合"研究的发文量呈下降趋势，2018 年只有 162 篇。以媒介融合为关键词的文献发文量在 2015 年达到顶峰，是 1306 篇，之后开始稍有下降，2018 年为 1250 篇。而以"媒体融合"为关键词的文献，2013 年为 197 篇，2014 年为 1337 篇，2018 年为 3188 篇。如果从总的数量来看，2013 年文献总数为 1660 篇，2014 年为 2723 篇，2015 年跃升至 4649 篇，2016 年为 4498 篇，2017 年为 4743 篇，2018 年为 4600 篇。虽然其中会有新纳入知网系统的合作刊物，刊物本身数量的增加，对于文献数量的增加有一定的影响，但是这种影响不占主导地位。由此我们可以得出结论，从传媒角度研究融合的问题，在 2014 年之后大热，尤其是使用"媒体融合"一词的研究大热，而从三网融合角度进行研究的数量剧减。

以上是以三个词语为主题的学术研究文献的数量和规模及年度变化情况，不难发现，关于媒介融合、媒体融合和三网融合的研究，与实践的发展态势，尤其是与相关政策的制定和推行有密切关系。

关于媒介融合研究的质量、状况、特征，很多学者对其做出过相应的分析和评价。2008 年，柳絮青、殷畅对于前十年的媒介融合研究作出如下评论：国内的学者对该领域已经形成了初步的认识，研究开始向细化具化的方向发展。[1] 2009 年，蔡雯、王学文则将媒介融合研究的状态总结为：在媒介融合这一领域已经获得的研究成果所体现的多样化的视角和多层面的内涵，实际上为任何一种角度切入的研究提供了有价值的背景支撑和富有启示性的定位指引。2012 年，又有学者提出，媒介融合研究最大的特征

---

[1] 柳絮青、殷畅：《关于国内"媒介融合"（Media Convergence）的研究评述——以对"中国期刊全文数据库"近 10 年有关文献的分析为依据》，《枣庄学院学报》2008 年第 3 期。

是"外在推动力强大，内在学术理论支撑力不够"①。2013 年，刘结玲对于当时媒介融合的研究提出了如下批评，"我国学者对媒介融合的研究主要引介国外的理论成果，理论框架有待进一步深化，且研究内容多关注媒介产业、功能、技术上的融合，宏观描述的文章占据多数，缺乏针对性强、学理性突出的分析类文章。更重要的，我国的媒介融合还存在学界与业界的脱节现象，理论缺乏实践的有效支持。此外，目前我们所接触到的专著看，大部分学者对媒介融合持过度的赞扬态度，而对融合之后出现的问题却少有考虑"。②

针对 2010—2014 年有关媒介融合的研究，有学者观察的结论是：媒介融合已经成为一个研究中的热点和前沿问题，但是没有形成对媒介融合定义的统一意见。不同的学者从不同的研究角度进行研究，对于媒介融合的定义各不相同。对于媒介融合模式和过程的研究主要是结合业界的媒介融合实践进行的，在媒介融合的规制研究方面，国内已经有学者开始进入比较深入的程度，但研究成果还不是很多。大多数研究成果主要是介绍国外关于媒介融合规制方面的理论成果和实践经验。③

2014 年之后的研究，更多进入如何响应中央号召，推进传统媒体和信息媒体融合，如何建设全媒体、融媒体方面。"媒体融合"成为一个热词。

---

① 周岩、汤建民：《中国媒介融合研究现状的分析及评价（2006—2011）——基于文献计量和内容分析的双重视角》，《浙江传媒学院学报》2013 年第 2 期。

② 刘结玲：《媒介融合研究新进展综述》，《中国传媒科技》2013 年第 4 期。

③ 鲍高齐：《2010—2014 年国内媒介融合研究综述》，《新闻世界》2015 年第 5 期。本书作者虽然认为这些对媒介融合观察的描述很好，但是不赞同观察者基于这些观察所得出的结论。比如，认为是由于在媒介融合的理论研究中，对于媒介融合的概念界定得"不清晰，媒介融合的实践没有明确的理论作指导，这在某种程度上阻碍了媒介融合的进程"。实际上阻碍媒介融合进程的正是本研究项目的主题问题——政策和法律问题。对于一个具体领域的技术发展和产业发展的实践问题，把影响其发展进程的因素归结为"定义不清晰"和"没有明确的理论指导"，这种结论缺少逻辑关联和现实根据。还有"由于媒介融合实践还处在一个不断发展的阶段，并且各家媒体的具体融合路径也是各有差异，这样的媒介融合实践现状也不利于媒介融合模式研究"，这种结论更是颠倒了主客观关系，研究就是思维对于客观现实的揭示和进行理论的抽象，将研究对象自身的发展变化，归之为不利于融合模式研究的原因，这样的结论不妥。

于是，以此为关键词的研究井喷式增长。

三 媒介融合的意义

媒介融合的意义不只在于融合技术所带来的媒介领域的新形式、新趋势和新发展，"更加值得关注的，是媒介融合的外部性带来的媒介系统与社会政治经济系统关联与互动方式的深度变化"①。任何技术的发展、变化和应用，看待其意义和影响，最终都要聚焦回归到社会本身、人本身。在社会层面，要看到这种变化对于产业的影响、制度的影响；在人的层面，要看到对于人的生存生活状态的影响，观念和行为方式的影响，由此可归结为对于文化的影响。在政策、制度层面，要看到属于经济基础层面的变化对于上层建筑的影响，与此同时还要看到上层建筑对于经济基础的反作用，要看到国家、政府对整个社会运行秩序的判断以及基于这种判断所采取的新政策和制定的新法律。看待媒介融合的意义也需要依循这样的思路去认识。

法国社会学家波德里亚曾说："铁路带来的'信息'并非它运送的煤炭或旅客，而是一种世界观、一种新的结合状态等等。电视带来的'信息'，并非它传送的画面，而是它造成的新的关系和感知模式、家庭和集团传统结构的改变。"② 基于数字技术的发展和应用，重新建构了人与人以及人与世界的关系。也就是说，新一代媒介不仅仅传播信息而且创造意义，并且形成一种独特的社会力量，深刻影响着政治、经济、文化等领域。陈伟军从文化研究的视角出发，指出"作为一种全新实践和话语重组，媒介及其相关要素的汇聚与整合，其影响不仅在技术层面，它还会对我们时代的文化生态和思想框架造成巨大冲击"③。

---

① 王润钰：《媒介融合的制度安排与政策选择》，社会科学文献出版社2014年版，第1页。
② [法]让·波德里亚：《消费社会》，刘成富、全志钢译，南京大学出版社2000年版，第25页。
③ 陈伟军：《媒介融合与话语越界——传媒文化的多维阐释和散点透视》，中国社会科学出版社2011年版，第78页。

1998年，我国学者崔保国指出，我们正在经历一场新的媒介变革，变革的主要特征表现为媒介的大融合与大裂变：信息技术仍在蓬勃发展，媒介的融合交叉与互相渗透在进行的同时又在不断地裂变，新媒介层出不穷……就像宇宙大爆炸理论所描述的那样，宇宙是一个熔炉和舞台，各种基本粒子和微观物质终究要从无序走向有序。人们用"信息爆炸"来形容我们正在经历的这场信息革命，实际上信息是不会"爆炸"的，是因为媒介的裂变而引起了信息的"爆炸"。① 这种爆炸带来的影响，无论是积极方面的还是消极方面的，如今已经有非常多的论述和阐释。

从产业发展角度来看，媒介融合是一场深刻的产业革命。电信、广播电视、出版等几大产业的技术结构和产业架构，发生了革命性的变化。在技术结构上，几大产业专用的封闭性技术平台，基于IP网络发展成为通用的开放性技术平台，而IP网络的核心设计理念，承载网络与高层应用分离，网络协议采用层级结构，几大产业因而共同建构在层级技术结构的基础之上。在产业架构上，基于层级技术结构，几大产业的价值链条环节从纵向上彻底分离，在横向上交相聚合，产业边界不断消融，传统纵向一体化的产业格局完全瓦解，逐步演化成全新的横向一体化产业结构。②

事实上，以语义网、物联网、人体终端媒介为关键的媒介化发展趋向的智能泛媒化网络时代，"媒介"内涵的延展将导致"媒介融合"这一概念和内涵发生嬗变。"媒介融合"将成为网络社会的形态，深植于网络宏大的系统之中，推动未来的传播变革。③

万物皆媒的信息获取方式还将引起传播过程巨大的嬗变。基于这样的演变逻辑，未来的传媒工作者将从简单的数据分析、挖掘和信息传递中解放，转向主要帮助公众分析事件背后的历史、人文、伦理、社会环境变化

---

① 崔保国：《技术创新与媒介变革》，《当代传播》1999年第6期。
② 肖赞军：《媒介融合引致的四类规制问题》，《当代传播》2014年第1期。
③ 李瑞雪：《从Web 3.0的媒介发展形态看"媒介融合"》，《新闻研究导刊》2018年第2期。

等服务。这对传媒工作者的要求也从操作层面上升到更具哲理性的层次。①

看待媒介融合的意义，不同的表达者有不同的思维和立场。这大体可以归为政治思维和市场思维。政治思维是从传统主流媒体作为舆论引导的主力军、主战场的角度出发，思考推动传统媒体去拥抱新媒体，建设新媒体，通过融合的战略之举和战术策略，然后将新媒体纳入对于传统主流媒体的规范和监管的框架之下，实现线上线下内容标准统一，使新媒体也能够唱响主旋律，占据网络环境下的意识形态阵地。市场思维则是通过资本的运营、不同属性媒体之间的合作，按照市场需求和受众需要，基于更好营利诉求进行不同媒体间的联合，媒体可以在现有政策允许范围之内，与互联网行业和其他行业进行资本、技术、业务的合作，从而使传媒产业做大做强，也使我们的媒体有更强大的传播力。

在我国，关于媒介融合的意义、带来的影响，还有一个特别的维度，也是一个重大的现实问题，就是执政党对于媒介融合的意义的认识。更为准确地说是对媒介融合带来的问题的认识。那就是互联网的发展所带来的新的安全问题，即媒介融合对于国家安全、网络安全带来的影响。新媒体的发展，使得传统媒体的读者、观众、听众都成为新媒体的用户，传统媒体失去了读者、失去了听众、失去了观众，宣传没有了对象，舆论阵地失陷。传统媒体不能够寻找到焕发生机的道路，这是执政党最为担心的问题。因此能否牢牢把握舆论主动权，成也媒体融合，败也媒体融合。进而言之，媒体融合带来的直接问题是对于媒体监管带来的挑战。新的技术造就了新的信息和内容的生产和传播方式，这种新的方式又带来海量内容和信息的传播，造成传播者和接受者互换角色深度融合，传统内容把关机制的无力、传统管控制度之下的主流媒体存在经营上的艰难局面。所以，如何能够使网络原生媒体或者传统媒体在网络环境下拓展出的新媒体成为执政党领导的舆论阵地，这是看待媒体融合的意义和作用的一个重要维度。2014年8月18日，中央全面深化改革领导小组第四次会议审议通过了

---

① 李瑞雪：《从 Web 3.0 的媒介发展形态看"媒介融合"》，《新闻研究导刊》2018 年第 2 期。

《关于推动传统媒体和新兴媒体融合发展的指导意见》。中央全面深化改革领导小组组长习近平强调,推动传统媒体和新兴媒体融合发展,要遵循新闻传播规律和新兴媒体发展规律,强化互联网思维,坚持传统媒体和新兴媒体优势互补、一体发展,坚持先进技术为支撑、内容建设为根本,推动传统媒体和新兴媒体在内容、渠道、平台、经营、管理等方面的深度融合,着力打造一批形态多样、手段先进、具有竞争力的新型主流媒体,建成几家拥有强大实力和传播力、公信力、影响力的新型媒体集团,形成立体多样、融合发展的现代传播体系。要一手抓融合,一手抓管理,确保融合发展沿着正确方向推进。

2014年之前,在对于媒介融合的研究中,立足于中国现实,特别是从执政党政策的角度研究媒介融合的,并不多见。虽然,早在1999年就有人撰文提到,伴随着互联网——"第四媒体"的发展,给媒体管理机构和执政党对于媒体的管理带来了新问题,但是还未有从融合角度去谈。[①] 这是研究媒介融合背景下的媒体政策法律的焦点问题所在,也是传媒法治的核心灵魂所在。2014年之后,研究这一问题,有三篇具有代表性的文献,一篇是2017年刘健、陈昌凤合作发表的《中国当代媒体政策的范式变迁》,[②] 一篇是2019年魏永征发表的《媒体融合与舆论主导权》,[③] 一篇是李丹林2020年发表的《论现代传媒监管制度建构的理念与路径》。[④]

因此,我们研究和思考媒介融合,需要立足于我国的现实——我国传媒领域最重要的问题,即媒体的功能、属性、作用和意义问题,不能脱离我国现实情形下以媒体服务意识形态为中心使命的背景来看待媒介融合问题。这也就是如一些学者所言的要从政治逻辑来看待媒介融合问题。当

---

① 方明:《加强第四媒体对现行舆论管理体制冲击的研究》,《新闻战线》1999年第2期。
② 刘健、陈昌凤:《中国当代媒体政策的范式变迁》,《现代传播》(中国传媒大学学报)2017年第10期。
③ 魏永征:《媒体融合与舆论主导权》,《青年记者》2019年第2期。
④ 李丹林:《论现代传媒监管制度建构的理念与路径》,《现代传播》(中国传媒大学学报)2020年第12期。

然，媒介融合作为一种由技术引发的不同领域的信息和内容的制作、传播、运营的融合，也不能忽视技术逻辑和市场逻辑的问题。否则，政治逻辑下的目标也难以实现。最终，在新时代中国特色社会主义核心价值观的统领之下，探寻技术逻辑、市场逻辑与政治逻辑的内在协调、目标一致的路径，这是我们研究媒介融合的重要议题。有鉴于此，要实现三种逻辑的协调，最为关键的，就是如何通过现行及未来的政策，促进技术和市场的发展；通过法律的调整，平衡好公权力与私权利之间的关系，规范好媒体和网民的行为。

第二节　我国媒介融合进程研究

由于技术是媒介融合的启动和引领因素，在观察媒体融合的进程和实践时，我们需要从技术角度来认识这一问题。从技术角度来看，不同时期的计算机技术、数字技术和网络技术的应用带来的信息生产、传播交流的状态是不一样的，这种状态实际上反映了技术与人的关系状态。也就是说，这种技术应用是以何种方式建构了人们之间怎样的关系，在何种程度上满足了人们的何种需求。基于此，人们对于包含计算机、数字、网络各项技术形成的互联网的功能，从对于满足人的需要的方式、程度角度，建构不同关系的角度，将互联网的技术形态和发展，划分为不同阶段。就我国而言，自1994年第一条TCP/IP接入，互联网技术的发展应用经历了三个阶段，即Web 1.0阶段、Web 2.0阶段、Web 3.0阶段。不同时期新的技术研发及带来的新应用，形成了一些具有历史意义的事件，这些事件对于媒体融合的进程具有引发、引导、引领作用。

一　技术发展阶段

（一）Web 1.0时代

"Web 1.0"的本质是聚合、联合、搜索，其聚合的对象是巨量、芜杂的网络信息。1992年"万维网"（www）服务出现，1994年互联网（Internet）成了主流，"网络冲浪"这个词首次被使用，由此开启了Web 1.0时代。这一时期的技术特征是开始使用浏览器来获取信息，使用静态的HTML网页来发布信息，传播的方式仍然主要是单向的信息传递。"Web 1.0"解决了人对信息搜索、聚合的需求问题，但是没有解决人与人之间沟通、互动和参与的需求问题，[①] 也就是说，"Web 1.0"时代互联网的交互性还未充分显现。

（二）Web 2.0时代

Web 2.0的本质是"参与式的架构"，最重要的特点就是以用户为中心，能充分激发用户的主动性，发挥用户的原创能力，并真正形成网上网下的互动。[②] 随着P2P技术的发明和应用，软件被当成一种服务。于是互联网被认为进入了一个新的时代，即Web 2.0时代。随着RSS应用以及文件的共享，互联网从一系列网站演化成为最终用户提供网络应用的服务平台。2003年以来，参与式互动以可以自行创作分享为特征的博客（blog）开始出现并逐渐流行，这种技术的发展和应用，强调用户的参与、在线的网络协作、数据储存的网络化、社会关系的网络化，[③] Web 2.0模式大大激发了创造和创新的积极性，使互联网变得生机勃勃。

"Web 2.0"主要解决的就是人与人之间沟通、交往、参与、互动的需求问题。"作为一个新的传播技术，Web 2.0以个性化、去中心化和信息自主权为三个主要特征，给了人们一种极大的自主性。"[④]

[①] 参见刘畅：《"网人合一"：从Web 1.0到Web 3.0之路》，《河南社会科学》2008年第2期。

[②] 从嘉：《2006中国网络传播和网络媒体回顾》，《中国传媒科技》2006年第12期。

[③] 李湘媛：《Web 3.0时代互联网发展研究》，《中国传媒大学学报》（自然科学版）2012年第7期。

[④] 喻国明：《关注Web 2.0：新传播时代的实践图景》，《新闻与传播》2006年第12期。

（三）Web 3.0 时代

Web 3.0 时代，即移动互联网时代。由于各种移动端的广泛使用，互联网内容更加自由高效地聚合；互联网服务更具普适性；用户体验趋于个性化定制；数据的有序性和安全性更加得到重视。① 如果说过去 Web 1.0 用超链接解决了信息孤岛的连接问题，Web 2.0 解决了网络发言权的问题，Web 3.0 的目的则是要解决海量信息在细化后的定向搜索与获利机制问题。②

Web 3.0 从某种程度上来讲是个基于时间的概念，实质是互联网技术、互联网业务和用户需求阶段性发展的成果，是用来匹配互联网发展过程中的一定阶段所出现的各种不同方向和特征，包括将互联网本身转化为一个泛型数据库、云存储与云计算技术、跨浏览器双向通信机制、人工智能、语义网、地理映射网、运用 3D 技术搭建的良好对应现实世界的虚拟世界网站等。以上种种技术和应用的集合就构成了 Web 3.0 的方方面面。Web 3.0 仍是建立在 Web 2.0 的基础之上，并且是实现了更加"智能化的人与人和人与机器的交流"功能的互联网模式。③

二 标志性事件

媒体融合的进程实际上也是互联网技术发展不同阶段的各种具体应用，引发媒体新业务、新机制、新业态的直接表现，这体现为一个个前所未有的媒体事件。

1993 年 12 月 6 日，《杭州日报》通过该市的联机服务网络——展望咨询网——进行传输，这是报纸电子化的序曲。这一定程度上说明，中国新媒体已经开始孕育，但此时中国尚未接入国际互联网。

1994 年 4 月 20 日，我国完成了与国际互联网的第一条 TCP/IP 全功能

---

① 李湘媛：《Web 3.0 时代互联网发展研究》，《中国传媒大学学报》（自然科学版）2010 年第 7 期。
② 张振接、梁祥丰：《Web 3.0 向我们走来》，《科技与出版》2007 年第 2 期。
③ 徐璐、曹三省、刘剑波、柴剑平：《面向移动多媒体的 Web 3.0 技术》，《电视技术》2008 年第 12 期。

链接，这一年被称为"互联网接入元年"。1995年神州学人网站开通，这是我国第一家上网媒体。①

2000年11月16日，中国网络通信有限公司在北京宣布：中国网通宽带高速互联网CNCnet正式开通。2001年是宽带网络建设、接入及内容提供服务大发展的一年。

2002年8月19日，中国博客（www.blogchina.com）网开通，② 同年8月29日发布了《中国博客宣言》，从而开启了网络传播新阶段的大门。因此，2002年被认为是中国"博客元年"。③ 博客的兴起进一步推动了互联网传播方式的变革，促成了互联网新的应用模式的建立，从而给整个传播格局带来广泛的冲击。博客的出现，被看作是Web 2.0时代到来的标志。2006年微博出现，2007年5月，中国大陆首个微博应用"饭否"上线。④ 2009年8月14日，新浪微博开始内测。到2010年，微博被广泛使用，这一年被称为"微博元年"。⑤

2006年，六间房视频网、酷六网、优酷网成立。这一年还发生了境外Google并购视频网站Youtube的事件。基于这些情形，2006年被称为"网络视频元年"。由此，网络视频网站作为一种新的媒体正式登台亮相。2006年底，在电信与广电融合方面有较大步伐。广电总局批准中央电视台、中国国际广播电台、上海电视台、广东南方广播影视传媒集团4家单位开办IPTV电视集成运营业务。两大电信运营商——中国网通和中国电

---

① 闵大洪：《新闻网站，走过2004年》，《新闻实践》2005年第1期。

② 根据相关材料，是由方兴东、王俊秀、孙坚华等人将"Blog"一词译定为"博客"。参见《博客发展史》，新浪博客，http：//blog.sina.com.cn/s/blog_6ba3b5690102xnii.html，2018年12月1日访问。

③ 2005年博客被广泛使用，也有人称2005年是微博客元年。

④ "饭否"由王兴负责开发运营，曾被称为中国版Twitter。用户可通过网页、WAP、手机短信/彩信、IM软件（包括QQ、MSN、GTalk）和上百种API应用在自己的饭否页面上发布消息或上传图片。用户间通过互相关注、私信、或@对话等方式互动。2009年7月7日该网站被关闭。参见百度百科，https：//baike.baidu.com/item/%E9%A5%AD%E5%90%A6/4262166?fr=aladdin，2018年12月2日访问。

⑤ 闵大洪：《2008中国网络媒体：踏上新征程》，《传媒》2008年第12期。

信也获得 IPTV 传输牌照。① 基于 2006 年发生的这些情形，2006 年也被认为是"新媒体元年"。

2008 年，3G 技术推广使用，被称为 3G 元年。3G 技术为智能手机的普及、移动终端的发展提供了基础和条件。2009 年，是三网融合进程的一个重要时间节点，"三网融合"政策首次写入了国务院《政府工作报告》。从 20 世纪末提出"三网融合"的说法，至此三网融合进入实质性建设的阶段。2010 年出台了三网融合时间路线图，三网融合逐步得到落实。

2010 年被称作移动互联网元年。② 2011 年微信上线。2012 年 8 月，字节跳动旗舰产品今日头条 1.0 版本上线。这对于新闻传播来说，是具有里程碑意义的传播模式。2013 年是 4G 元年，微信商业化的元年，移动短视频开始出现。

2014 年，随着中共中央深化改革领导小组《关于推动传统媒体和新兴媒体融合发展的指导意见》的政策文件发布，媒体融合及其研究成为一种热潮，这一年被称为"媒体融合元年"，媒体融合使传统媒体进入"两微一端"时代。

2015 年成为新媒体视频元年，各种视频 App、公众号层出不穷。

2016 年是自媒体发展元年、网络直播元年、短视频元年。

至此，基于媒体融合的各种大事件都发生了。

上述这些大事件，是媒体融合进程中，由技术、业务、渠道、平台、市场、资本、政策、立法等重要因素合力作用而成。

三 媒介融合进程的阶段划分

根据前述对于媒介融合的研究，看待媒介融合，大体有三个层面。第一层面是微观层面，这一层面的媒介融合仅仅是指技术的融合或媒体内部的业务融合；第二层面是中观层面，这一层面的媒介融合是指基于数字技

---

① 闵大洪：《2006 年中国广播电视科技发展》，《中国广播电视学刊》2007 年第 4 期。
② 也有人认为 2012 年是移动互联网元年，这一年手机用户超过了电脑用户。还有人认为 2013 年是移动互联网爆发元年。

术、网络连接产生的跨行业的业务融合、运营融合、传输融合、产品融合、产权融合；第三层面是宏观层面，这一层面的媒介融合是指在微观融合、中观融合之上所进行的规制融合、制度融合。

本书对于媒介融合进程的考察，主要是对中观层面的媒介融合进程的考察。也就是立足媒体本身，以传统媒体作为观察的对象，着重研究传统媒体拓展建设新媒体这一问题。梳理自20世纪90年代以来，在信息技术的带动下，传统媒体在自身改革的过程中，借助互联网、通过与电信领域的合作，如何一步一步走到今天，传媒图景是如何一步步发生演变的。所以在以下表述中，我们更多使用"媒体融合"一词。

在我国，媒体融合的历史，也是我国自20世纪90年代以来传媒改革发展历史的一部分。我国传媒改革的历史主线是推动传媒的集团化、产业化、市场化，与此同时又时刻不放松把握舆论主动权的过程。在这一过程中，我们的媒体政策、法律以及对于媒体的监管方式也在不断更新、日益复杂，到如今已经发展成较为严密的体系化、较为完整的制度化状态。

传统媒体时代，媒体内容产品和信息的存储和传递机理，有两种形式：承载在平面媒体上的文字图片，通过出版物的发行和流转进行传播；声音和图像内容承载在唱片、胶片、磁带等介质上进行流转而传播，或借助于电子模拟信号的发送和接受而传播。随着数字技术的发展，信息和内容都通过数字形式编码传输解码获取，实际上就是解决了传统图文时代、模拟信号时代信息和内容存储的有限性、传输的低效率以及传播的单向局限性的问题。从技术发展的趋势来看，视听性内容成为传媒内容的主要形态。因此，需要对视频制作主体、传播主体、传播模式、发展问题等，给予专门的关注，这也是我们观察媒体融合实践进程的重要维度。

技术的发展，既支持传统媒体开拓发展新媒体业务，同时更为经常地产生互联网原生新媒体。1995年《中国贸易报》正式上网创建电子日报、1997年《人民日报》创办电子版报纸，这些都是传统媒体拓展网络新媒体业务的破冰之举，至今已有20余年，这是一段不算短的时间。伴随着互联网技术从Web 1.0时代、Web 2.0时代，发展到Web 3.0时代，如今又提出要进入 Web 4.0 时代，媒体的变化、传媒业的发展、借助媒体而构建的现代传播体系形态，都已今非昔比。对于这样一段时间的媒体变化，我们需要通过时间轴的方式来探究其发展变化脉络。为了更加明晰地认识这一问题，我们也需要根据这一实践进程不同时期的特定情形，对其进行阶段划分。实际上，不同学者针对媒介融合的进程，也都有自己的划分标准和划分结果。本书认为，栾轶玫、杨宏生对于媒体融合实践发展阶段的划分比较清晰。根据他们的研究，媒体融合的进程可分为四个阶段：第一阶段：报纸（广电）上网阶段，时间大致集中在 1995 年至 2000 年。1995 年 10 月 20 日，《中国贸易报》上网创建电子日报的举措，揭开了我国报纸（广电）大批上网的序幕。国内报纸（广电）纷纷建立电子版报纸（广电节目），把传统报纸（广电）的版式（节目）直接搬上网络。第二阶段：网络报纸（广电）阶段，时间大致集中在 2000 年至 2008 年。这一时期，新闻网站蓬勃发展，相比较传统纸质报纸（广电节目），新闻网站被视为新媒体。网站新闻更新频率加快，内容编排更合理，网页浏览速度更快。这一时期的媒介融合虽未有实质性发展，但是报网（台网）互动开始萌芽，为其后的融合奠定了基础，并促使相关新闻政策的制定和出台。第三阶段：全媒体阶段（后期全媒体与融媒体概念并行使用），时间大致集中在 2008 年至 2014 年。这一时期，报纸（广电）与网络频繁地互动，"两微一端"（微博、微信和客户端）成为各新闻机构的标配。第四阶段：融媒体阶段，时间为 2014 年以后。2014 年被称为我国媒介融合元年。这一时期，政策推动传统媒体和新兴媒体融合发展，中央主流媒体和各地党报、广播电视台等新闻机构走在了媒介融合的前列。①

本书力求从更为细致的层面，立足传统主流媒体审视以往的融合改革事件。根据技术、政策、市场、运营等因素，本书将我国媒体融合的实践进程划分为三大阶段：第一阶段是 1995 年到 2005 年；第二阶段是 2006 年到 2013 年；第三阶段是 2014 年至今。下面将每一个阶段作为一节进行阐述。

---

① 栾轶玫、杨宏生：《从全媒体到融媒体：媒介融合理念嬗变研究》，《新闻爱好者》2017 年第 9 期。

第三节　媒体融合的第一阶段：1995—2005 年

这一阶段，从传统媒体的角度来说，主要是报纸上网，建立网站。限于互联网技术发展和应用的初创性，Web 1.0 时代，音视频的传播还缺乏技术支持而未更多出现。广播电视网站，就是把自身节目转移到网站上。在这一阶段前期，国家对于时政类新闻的采集首播，还没有建构起如后来的监管制度。所以，新兴的互联网商业门户网站那时也可以从事采编时政类新闻的业务。在这一阶段的后半期，也就是 2000 年之后，主流媒体的新闻网站普遍建立，主流新闻网站体系基本建成。同时，进入 Web 2.0 时代的前夕，有关视频分享技术的应用，为媒介开始真正融合提供了基础、准备了条件。从"三网融合"的角度看，广电和电信的融合发展受体制环境影响比较艰难。

一　报刊媒体网络版阶段（1995—1999 年）

这一时期，报刊网站内容基本来自其报刊"母体"，形态简单。1997 年 11 月 7 日，新华社在其成立 66 周年的纪念日宣布，新华社新闻信息全面进入因特网。[①] 1997 年 1 月 1 日，《人民日报》创办网络电子版，这就是人民网的前身。1997 年 5 月 16 日，中央电视台网站"CCTV.com"成立。1998 年 8 月 13 日，中央人民广播电台网站开通。1999 年 12 月，《广州日报》成立大洋网，成为中国大陆最早在互联网上提供新闻资讯的三家网络媒体之一。从 1997 年开始，大量商业门户网站相继组建，有些门户网站开设伊始就介入新闻信息采编和首发领域。到了 2000 年，随着新的立法和政策的出台，商业网站不能再进行相关时政新闻的首发业务。

---

① 周燕群、徐胜：《迈向强大的世界性通讯社的重要一步——新华社新闻信息全面进入因特网述评》，《中国记者》1998 年第 8 期。

二 新闻网站形成规模阶段（2000—2004年）

2000年之后，报刊方面的传统主流媒体网站加大建设步伐的同时，广播电视领域的网站开始出现。广电领域建立的网站大体可分为三种类型：一是分别由电台、电视台与社会力量合作建立的网站；二是由电台、电视台内部开办的附属于原媒体的网站；三是由省、市级广电集团设立的网站。这些主流媒体网站与同级的广播电台、电视台以"兄弟相称"。① 这些依托主流媒体开办的网站，可以借助其母体的主流新闻媒体地位，从事新闻传播业务，因此都是新闻网站。

2000年，中宣部、中央外宣办联合下发了《国际互联网新闻宣传事业发展纲要（2000—2002年）》。根据文件要求，到2002年底，全国新闻网站要基本形成完整的布局和体系。这个体系有三个梯次：中央重点新闻网站、省级重点新闻网站和中心城市（指省会城市、计划单列市及一些地级市）新闻网站。这一政策文件的发布明显地促进了新闻网站的建设。2002年10月1日，由西藏日报社主办，人民日报社和人民网帮助和支援建设的西藏新闻网建成，非常具有象征性意义。截至2002年底，全国所建设的各级新闻网站已达100多家，在国内新闻传播的格局中占据了一定地位，成为网络环境下新闻传播的主导力量。这一时期，传统主流媒体也开始与新兴的互联网行业展开合作，比较有代表性的事件如下。

2001年4月底，新浪、网易、搜狐等商业门户网站推出手机短信头条新闻服务，网络媒体将新闻传播推广到无线移动领域，并开辟了新的营收渠道。

2001年8月，北京音乐台FM97.4宣布与TOM.COM合作。合作模式是由北京音乐台提供内容，TOM提供技术和网站制作以及程序开发支持，共同建设背景音乐台网站，该网站同时也是TOM的音乐频道。

2001年4月，上海文广新闻传媒集团成立。该集团是由上海人民广播

---

① 孙鸿翔：《广播电视和广电网站相互融合的实践与思考》，《广播电视信息》2001年第11期。

电台、上海东方广播电台、上海电视台、东方电视台、上海有线电视台等机构组建而成。

国家广电总局于2001年12月6日宣布组建成立中国广播电影电视集团（简称CMG），该集团是以中央人民广播电台（CNR）、中央电视台（CCTV）、中国国际广播电台（CRI）、中国电影集团公司（CFGC）、中广影视传输网络有限责任公司（CBN）为主体组成。该集团开展的业务包括了传统媒体以及网络业务的各个方面，如广播业务、电视业务、报刊出版业务、电影制作业务，还有新兴的互联网站业务，以及内容传输网络、科技开发、广告经营、物业管理等业务。时任广电总局局长徐光春出任集团管理委员会主任。这是广电进行市场化探索、希望做大做强的一个举措。但是由于这是行政命令主导下的结果，集团自身缺少统一发展的基础，后来证明不能很好地发展。

这一时期，网站开始有了音视频内容，有了初步的广电与电信、互联网企业的合作。2003年7月15日，中央人民广播电台"音乐之声"网站开通，并挂于新浪娱乐频道，不再依托于中央人民广播电台自身网站。2003年10月，海南电视台最早推出中国手机电视业务。2004年10月，河南日报报业集团与河南报业网在全国率先推出报网互动栏目"焦点网谈"。

这一时期，传统媒体所办的新闻网站，依然是依附于传统媒体，从开办者那里获得组织、人事、新闻资源。国家重点新闻网站还能够得到政府财政的大力支持。这时的新闻网站尚未成为真正意义上的独立媒体。如果把新闻网站从它所依附的传统媒体那里获得的资源算入成本，那么所有的新闻网站都没有能实现新闻的盈利。[1]

同时，宣传部门也尝试创办不依赖于传统媒体而独立经营的新闻网站，主要代表就是2000年先后开设的北京的千龙网和上海的东方网。千龙网开始有民资（实华开电子商务有限公司）投入，但是不久就退出。东方网由上海14家新闻单位（包括报业和广电业）共同出资，是直接归属市委宣传部的局级公司。

---

[1] 刘学：《中国网络新闻媒体成熟了吗？》，《新闻与传播评论》2004年第1期。

三　新闻网站改革和多元发展阶段（2004—2005年）

这一时期是传统新闻网站开始探索转型为独立媒体的时期，传媒业的市场化转型有所突破，传统媒体与网站合作（新闻网站和商业门户网站）有所增多，广电与电信融合有所进展。

主流新闻网站的体制改革从人民网首先开始。2004年人民网从原本属于人民日报社编辑部的一个内设机构转变为报社的直属机构，作为报社岗位管理的试点单位。改革的内容主要是内部人事制度，采取了全员聘用制，取消了行政级别，实现了由身份管理到岗位管理的转变，这也为后来人民网股份有限公司的上市提供了基础。

2004年9月16日，《中国日报》英文网站与搜狐网合作，推出"中国日报·搜狐英文网"（China Dialy-sohu English）。这是首个国家主流新闻网站和商业门户网站合作开发运营的网络英文主流媒体。

2005年5月31日，"央视网络电视"开通，开播当天就吸引了68万人次点击，8月8日和9月24日，网络电视又分别在上海和江苏的电信网络开通。7月至8月，国际在线、中国广播网、中青网和央视国际网络相继开通网络电台、网络电视新闻及娱乐频道。

广电与电信跨系统合作方面：2005年5月，广电总局将第一张IPTV牌照颁发给上海文广新闻传媒集团（以下简称"上海文广"），这是广电和电信在"三网融合"进程中，广电主管部门做出的对于"三网融合"政策的实质性落实的具体举措，是对于IPTV领域实施的首个许可行为。5月17日，上海文广和原哈尔滨网通合作，开始了IPTV电视的服务。11月，上海文广成立了上海百视通电视传媒有限公司和百视通网络电视技术发展有限公司，作为运营IPTV业务的新媒体公司。随即，上海文广与中国电信和中国网通合作进行IPTV业务。紧接着央视国际、南方广电传媒以及中国国际广播电台也陆续获得IPTV牌照。

报刊与电信合作方面：2005年，浙江日报报业集团、浙江移动通信有限公司和浙江在线新闻网站共同启动了国内首份升级手机报——浙江手机报。2005年5月,诸暨日报社提出"再造新闻纸",对报纸进行全方位的改造,成为网络时代全新的报纸——报纸、广播、电视、网络四合一的混合媒体。2005年9月26日,《华西手机报》声讯版正式开通,成为中国第一份可以听的报纸。

在与外资网站进行内容合作方面:5月26日,北青网与MSN合作开通了"MSN中国",该网站资讯与娱乐频道的全部内容为北青网所提供。

在这一阶段,传媒领域借助数字和网络技术进行报纸和广播电视上网,形成了一些新的媒体形式。但是这些媒体形式,无论是在传播力方面还是营收方面,都不能撼动传统媒体的绝对主导地位。广电和电信的融合遭遇观念障碍、制度障碍、行业部门利益障碍,技术带来的红利未能够转化为产业红利和媒体快速发展的推动力。比如,广电和电信间关于双方应该如何进入的争论就是例证。广电认为,"三网融合"不等于广电与电信的"对称准入"。[①] 一些政策在某种程度上对于已经发展起来的业务和形成的市场带来极大的消极影响,阻止了融合的发展。

但是整体来说,这十年的发展还是巨大的,在传媒发展方面,出现了很多前所未有的第一。互联网对于我们生活的深深嵌入、对于传媒的颠覆性改变已经是不可逆转的了。

第四节 媒体融合的第二阶段:2006—2013年

Web 3.0 时代的到来,为媒体融合实践的多元深化提供了新的推动力,传媒体制改革也为媒体融合提供了一定的政策前提。互联网所带来的革命性影响已经显现,成为一种无法抗拒的历史洪流。但是,尽管媒体融合已经基本上改变了以往的传媒图景,由于有许多制度性障碍、行业利益、部门利益的掣肘,以及伴随新媒体发展带来的许多新问题,使得媒体融合呈现为一种复杂的进程。2006年被视为新媒体元年。2006年到2013年这八

---

① 广电总局网络中心政验室:《"三网融合"不等于广电与电信的"对称准入"》,《广播电视信息》2001年第8期。

年时间，是媒体融合进程中经历的变化极大且局面最为复杂的时期。

2006年是实施"十一五"规划的第一年。《规划》明确提出要加快建设一批综合实力强、在国内外有广泛影响的新闻网站，形成若干个与我国地位相称的、具有较强国际竞争力和影响力的综合型网络媒体集团，争取其中一到两家重点新闻网站进入世界前列；要拓展即时通信、博客、播客、聚合新闻服务等业务领域，实现多渠道、全方位新闻信息发布的技术调整和业务整合，提升技术应用水平和业务保障能力；要发展手机网站、手机报刊、IP电视、移动数字电视、网络广播、网络电视等新兴传播载体，丰富内容，创立品牌，不断提高市场占有率；要完善地方互联网新闻事业发展格局。[①] 这一规划对于我国新兴媒体的发展起到了指引作用，具有重要意义。

2011年1月21日，微信正式推出，它带来的影响无法估量。这一时期是"两微"成为主要新媒体的时期。各种主流媒体，在设立网站之外，都开设了微博账号，随着微信的应用，又开设了自己的微信账号。在与电信合作的领域，IPTV的试点工作基本上完成了国务院的要求。

一 传统媒体转型时期（2006—2008年）

2006年，除了已建立的全国性的新闻网站，省、市两级也都依托传统主流媒体建立了新闻网站。在政策的影响下，新闻网站发布的时政类新闻信息占据了整个互联网新闻信息的85%。与此同时，新闻网站的改革也拉开序幕，具体改革要求是向综合型、集团化、国际化发展。播客（Podcast）及视频分享网站在2006年的发展达到"井喷"状态。在内容制作方面，网络音视频内容由传统影视的专业机构制作发展到草根类个人网民制作的短片大量涌现；在网络服务商的功能方面，网络音视频的服务机构从传统面向用户单向点播的平台，转化到以可以为用户提供发布互动分

---

① 闵大洪：《2006中国互联网前行于理性和秩序的轨道》，《传媒》2006年第12期。

享为特征的播客平台。① 2006年是播客②快速发展的一年。国际在线、中国广播网等一批广电媒体网站开始提供播客服务。③

从主流媒体的角度来看,这一年有诸多代表性的融合事件。

(一)传媒领域自身融合方面

1. 新的业务融合:2006年,人民网、中国网、中经网、中国日报网等不少中央及地方重点新闻网站推出博客服务。中央重点新闻网站的作用在2006年得到突显,最有代表性的事例是政府网与党网的开通:由新华网承建的中央政府门户网站于1月1日正式开通,这是2005年12月28日温家宝总理主持召开的国务院常务会议的决定。7月1日,人民网"中国共产党新闻"栏目新版推出,在地位上实际已成为相对独立的"党网"。④

2. 新的组织和产权融合:2006年11月28日,成都日报报业集团与成都广播电视台合并,成立了全国中心城市第一家综合传媒集团。

2006年8月8日,"南方""羊城""广州"三大报业集团会同新华社广东分社,与广东移动联合创办手机报,同时提供彩信、WAP两种版本,传播上述3家所属主要报纸和《新华社快讯》《参考消息》共9种报纸的新闻。

2007年,全国性、省级传统媒体和新闻网站都有诸多新举措。4月份,人民网与东方宽频合作推出了中国第一家开播的网络宽频"人民宽屏",这是主流媒体利用新技术发展媒体的一个新典型。9月份,南方报业传媒集团旗下的21世纪报系与中央人民广播电台旗下的经济之声频道签署合作协议,宣布双方在多方面展开深度合作,诸如新闻资源共享、广告经营、市场拓展等。

---

① 闵大洪:《2006年中国广播电视科技发展》,《中国广播电视学刊》2007年第4期。
② 播客传播的主要形态有四种:一是广播电视媒体网站开设的播客频道;二是门户网站及博客网站开设的播客频道;三是基于Web 2.0运营技术和理念而开设的专门的播客网站;四是个人播客网站。
③ 闵大洪:《2006年中国广播电视科技发展》,《中国广播电视学刊》2007年第4期。
④ 闵大洪:《2006中国互联网前行于理性和秩序的轨道》,《传媒》2006年第12期。

2008年7月，上海文广与中央电视台的央视网合作，一起制作奥运会新媒体视频节目。两家主流媒体首次将合作领域扩展到网络媒体上。8月，苏州日报和苏州新闻网深度合作，苏州新闻网推出了数字报，这是全国地市级报刊中的首个尝试。与此同时还推出了数字报广告，有效延展了广告的覆盖面。

（二）传媒与电信融合方面

2006年，中央电视台获得IPTV集成播控平台的牌照。中央电视台的IPTV试验于2006年6月正式启动，先后在吉林、云南取得进展。IPTV业务试验主要围绕上海广播电视台和中央电视台的IPTV集成播控平台进行。这一年，上海电信、武汉电信、安徽电信以及内蒙古联通等都启动了IPTV项目招标，截至该年年底，国内的IPTV用户数量已达到45.6万户。中央电视台、中国国际广播电台、中央人民广播电台也都取得开展手机电视业务的牌照。南方广播影视传媒集团则取得省内开展IPTV等新兴电视全业务的牌照。

在这一阶段，传媒自身在进行体制机制改革的过程中，不同传媒领域的跨界融合，形式多样，程度加深。但是与电信的融合比较缓慢，体现在广电与电信融合方面的新型电视业务还缺少具体有力的政策支持。

二 3G带动的媒体融合（2009—2011年）

2009年1月7日，工业和信息化部正式发放3G牌照。随着3G业务的普及，中国信息网络发展规模发生了翻天覆地的变化。作为固定宽带的延伸，3G同时也是移动网络的有力支持。3G加快了移动通信网与PC宽带网络的融合步伐，以WLAN为公共热点覆盖的无线移动数据网络建设开始进入高速数据业务介入阶段，3G技术也开启了视频应用在电视、电脑和手机终端多频之间渗透与融合的序幕。传统媒体的视频化业务开始大量出现。同时由于2009年和2010年相关政策的推行，从三网融合的角度来看，2010年被认为是媒介融合的元年。

(一) 传统媒体新的业务和产品

2009年5月28日,《京华时报》推出的"京华播报"正式上线,这是国内首家利用3G无线网络开办的视频新闻平台。京华网也同时推出流媒体新闻业务,这是国内第一个获得网络视听节目许可证的报纸。2009年起,我国网络电视台陆续开办。12月28日,中央电视台的"中国网络电视台"(CNTV),作为国家综合网络视频公共平台正式上线。这一时期,还有湖南卫视的芒果TV、浙江广电的"深蓝网"、深圳卫视的"中国时刻"、上海文广的"网络新闻台"等。这些事件标志着中国电视全面进入网络传播的时代,自此,国内主流电视媒体与网络的融合发展进入了新阶段。

2011年7月,《人民日报》自身的业务融合有了新突破。该报全媒体新闻资源管理系统一期正式投入运营。由此,《人民日报》新闻稿件传输方式由过去长期实行的分散、多入口、人工干预的状况向集中、统一、自动化转变,新闻产品类型由传统单一文字报道为主向集文字、图片和音视频为一体的全媒体转型。

2011年7月,在山东全省有线网络的整合中,大众报业集团成为山东广电网络公司第二大股东,这在全国是首例。媒介融合中的所有权融合,是一个重大突破,也是我国传媒改革的重要一步。

(二) 与电信、互联网的融合

2009年6月6日,浙江报业集团与阿里巴巴签订战略合作协议,这是该集团确定"全国化全媒体"战略的具体步骤。11月,央视旗下的新媒体公司央视国际推出"爱西柚"和"爱布谷"两个视频网络互动应用测试版。中国网络电视台成立伊始,就加紧布局移动新媒体的建设,与多家手机终端经营商开展合作,利用无线新技术扩大国家网络电视台的覆盖面和影响力,并在2011年与腾讯公司共同宣布建立战略合作伙伴关系。

2010年4月,人民网与中联京华文化传播公司合资创办的人民视讯文化有限公司成立，该公司主要从事手机电视运营服务。

2011年2月22日，由新华网和中国移动联手打造的搜索引擎——盘古搜索引擎正式上线开通。4月18日，人民日报社《环球时报》旗下的环球网网络视频频道正式上线，开创了国内第一家原创新闻视频频道。6月22日，中国国际广播电台的互联网电视集成平台正式建成，并成为互联网电视集成业务牌照的获得者。6月30日，中央电视台与中国移动通信集团公司签署战略合作协议，目的是要建设新兴电视媒体——中国手机电视台。

三 大数据、云计算带动的媒体融合（2012—2013年）

大数据、云计算的应用，传媒体制机制改革的进一步深化，使得2012年到2013年的媒介融合和媒体发展都呈现出令人眼花缭乱的局面，传统媒体的意涵也在发生变化，网站已从曾经的新媒体、新媒体的代表者，逐渐褪去了"新"的色彩。主流媒体进入"两微一端"时期。

（一）传媒自身融合和新业务、新产品

2012年4月27日，人民网在上海证券交易所上市，成为第一家在国内A股上市的新闻网站，也是第一家在国内整体上市的媒体企业。5月17日，京华时报推出云报纸，这是全球首张云报纸。7月22日，《人民日报》开通官方微博。8月，《参考消息》微信订阅号上线。11月，新华网、人民网、新浪、腾讯等门户网站，都推出了手机新闻客户端。移动互联网的新闻信息的分发和传播进入了新的时期。

2013年7月1日，《人民日报》宣称开始利用二维码、图像识别等技术，推进业务融合，将原有以文字形态表现的新闻材料转变成适应多媒体传播的文字、音频、视频多种类型。10月，上海的解放日报集团和文汇新民联合报业集团宣布合并，这两家最大的主流媒体的合并，也是融合的体现。7月13日，中央人民广播电台与全国16家报业集团签署战略合作协议，这是传统主流媒体为应对新的形势探索的一个举措，是国内广播媒体与平面媒体最大规模的跨媒体项目。

（二）与电信、网络融合

2013年5月18日，中国网络电视台（出资方为央视国际网络无锡有限公司）与上海广播电视台（出资方为百视通技术公司）联合投资设立"爱上电视传媒有限公司"，负责全国唯一的IPTV中央集成播控总平台可经营性业务的运营。11月19日，爱上电视与中国电信签署IPTV合作协议，双方将加大对业务发展的投入，带动产业链上下游协同发展。

2013年还有一个具有重要意义的事件是，12月4日，工信部向中国移动、中国电信、中国联通颁发4G牌照。

第五节　媒体融合的第三阶段：2014年至今

2014年，我国进入了"4G时代"。4G技术的应用，为媒体融合提供了强有力的技术支撑，开启了移动互联传播成为主流的时期。在这一年，我国正式提出了推进传统媒体和新兴媒体融合的战略战术要求。从那时至今，媒介融合呈现出融合产品的换代升级、基于融合要求的体制机制改革进入更深入阶段。原有三网间融合的深度和广度都进一步增强，融合成为媒体发展的新常态。[①] 大数据、VR、人工智能技术进入传媒应用领域，主流媒体在建设融媒体方面，无论在体制、机制、模式、人员等方面都有了更多发展。在这一时期，融合的产品不断出现，如人民日报中央厨房，从试运行到正式运行，再到为其他媒体提供服务，成为一个服务商。各种不同主体之间的跨界融合，举措频出、纷繁多样。有主流媒体之间的融合，有主流媒体与电信企业的融合，有互联网企业进入通信领域从事媒体业务的融合，有网络新闻聚合平台与主流媒体的融合，有互联网巨头进入传媒的各种领域，如新闻报道、文娱、影视、体育、大数据等方面的业务。无论是从新旧媒体融合的角度，还是从"三网融合"的角度，融合已经进入

[①] 国家新闻出版广播电视发展研究中心：《中国视听新媒体发展报告（2015）》，社会科学文献出版社2015年版，第340页。

了全方位状态，视频内容已经如印刷媒体时代的文字和图片一样成为任何媒介的内容形式。

鉴于这一阶段每年都有太多融合发展新举措、新事例，以下分年叙述之，并以每一年最突出的事件作为标题。

一 建设国家广播电视网络（2014年）

1月，北京网络广播电视台（BRTN）"今日全球"开播。上海市委宣传部推进东方网去行政化改革，建立新平台，让"新媒体中的传统媒体"焕发活力。

2月，北京IPTV的产品升级、"BTV大媒体"移动客户端软件上线。

3月，人民日报媒体技术股份有限公司注册成立。该公司以社属报刊为主体拓展新媒体技术的创新、研发、运营等，同时，参与《人民日报》全媒体融合模型的构建，以"打造具有国际传播力的现代传播体系"。3月31日，原上海文化广播电视集团的事业单位建制撤销，改制设立国有独资的上海文化广播影视集团有限公司，正式运营。至此，上海传媒业的最新大动作——上海"大小文广"合并落地。

5月，湖南广播电视台在完成金鹰网与原芒果TV两大平台的整合之后，实行芒果TV独播战略。自此，湖南卫视拥有的完整知识产权的自制节目，由芒果TV独家播出，互联网版权一律不分销，以此打造自己的互联网视频平台。

5月28日，中国广播电视网络有限公司挂牌成立。根据该公司官网介绍，公司是贯彻党的十七届六中全会"整合有线电视网络，组建国家级广播电视网络公司"精神，经国务院批复，由中央财政出资，由广电总局负责组建和代管的。公司由财政部代表国务院履行出资人职责，财务关系在财政部单列，由广电总局和工信部按照职责对中国广电相关业务实行行业监管。[①]

[①] 中国广播电视网络有限公司简介，http：//www.cbn.cn/col/col87/index.html，2019年4月10日访问。

6月11日,"新华社发布"客户端正式上线。6月12日,人民日报客户端上线,人民日报客户端政务发布厅11月19日正式上线。6月16日,中国广播客户端完成基本功能建设。至此,中国最大的主流媒体在新媒体应用方面都迈出了一大步。

7月9日,南方报业集团正式上线新版南方网。新版网络实现了平台资源融合、体制融合、机制融合、人才融合四个方面的融合。7月22日,上海报业集团推出"澎湃新闻","澎湃新闻"定位为"时政新闻与思想分享",致力于生产并聚合优质的时政类深度新闻内容。"澎湃新闻"的问世一度带来非常巨大的影响和冲击力,它使专业人士相信,新媒体也可以如同传统媒体一样做出高质量的新闻,同时新媒体还有新的传播方式方面的优势。

12月1日,既是《广州日报》成立62周年的纪念日,又是广州日报报业集团全媒体平台中央编辑部成立之日。这一天,该编辑部发出了第一批稿件。

12月24日,中央电视台与中国移动达成战略合作协议,双方开展建设国家4G视频传播中心,全面开展4G新媒体业务。

12月,移动互联网创新服务平台——无线苏州、山东广播电视台"轻快"平台,被评为最具创新价值综合运营平台。

二 人民日报启动全媒体平台运行(2015年)

1月4日,天津网络广播电视台与大数据专业公司开展合作,在天津IPTV业务中建设了国内首个基于全样本采集、分析和用户7×24小时实时收视行为监测的大数据系统,颠覆了传统粗放型的运营模式,助力交互式电视直播。1月26日,百视通发布公告,百视通拟拆分为"五大事业群+总编室"的格局,其中五大事业群分别是:互联网事业群、云平台与大数据事业群、主机游戏事业群、电信渠道事业群、网络视频事业群。其中,前三项为新组建的事业群,电信渠道事业群是以百视通网络技术发展有限公司为载体整编组建,网络视频事业群以控股子公司风行网为载体组建。

第一章　媒介融合的理论与实践

2月5日，新华社与各地合作，开办广播电台，呼号"新华之声"。2月26日，卫星直播中心与中国北车集团签署战略合作协议，共同推进直播卫星高铁移动接收公共服务项目，解决高铁实时收听广播和看电视的问题。

3月2日，人民日报全媒体平台——中央厨房——投入运行。3月19日，中央人民广播电台与中国广播电视网络有限公司达成协议，成为全国范围内互联网电视业务运营独家合作伙伴，拓展互联网数据、节目内容传输分发、广播电视网络图文音视频等新业务。3月26日，CIBN互联网电视展示出了业界第一款支持TVOS[①]的互联网电视机顶盒。

6月4日，上海文广集团与阿里巴巴宣布，阿里将投资12亿参股上海文广集团旗下的第一财经，战略入股第一财经30%的股份，拟打造具有全球影响力的新型数字化财经媒体与信息服务集团。6月9日，湖南广播电视台、快乐阳光（芒果TV的运营机构）表示，芒果TV完成A轮融资5亿元。6月9日，百视通与华谊兄弟达成版权战略合作协议，双方表示将致力于打造国内首个电视端星粉互动产品"娱乐家"。该产品由华谊兄弟负责提供围绕明星IP、影视作品内容和组织线下活动，百视通方面负责技术和平台。6月15日，百视通发布公告称公司更名为"上海东方明珠新媒体股份有限公司"。至此，百视通与东方明珠重组合并完成，形成了"一条可供资产证券化、资产合并同类项的路径"的"百视通模式"。

8月13日，华人文化产业投资界基金联合阿里巴巴、腾讯、中央人民广播电台，共同发起设立微鲸科技有限公司，旨在打造内容生产和终端服务的互联网内容聚合平台。

9月5日，今日头条与中央电视台建立合作关系，开展深度合作。9月

[①] TVOS系统是国家新闻出版广电总局主推的为智能终端提供支持的操作系统。智能电视操作系统是一项被认为关系到广播电视文化安全和战略发展的关键性、基础性工作，是智能电视业务和智能电视终端的关键支撑技术。在广播电视传统媒体和新兴媒体加速融合发展趋势下，组织研发并推广应用自主智能电视操作系统，对于确保广播电视文化安全、把握智能电视产业发展主导权、支撑广播电视数字化网络化智能化快速可持续发展，意义重大。参见《智能电视操作系统TVOS工作组》，http://www.uutvos.org.cn/index.php/zh/，2019年4月26日访问。

10日，腾讯财经由机器人所写的一条新闻发表，该条新闻的题目是《8月CPI涨2% 创12个月新高》，这是国内首条机器人新闻。10月15日，新浪微博宣布以近亿美元投资"有信"（一个网络通信移动互联网公司），进军通信领域。通过该合作项目，微博客户端将增加有信入口，用户可以用微博直接拨打电话、接听电话。10月28日，四川日报报业集团的华西都市报与阿里集团组建封面传媒，以客户端为主打产品。

11月6日，阿里和优酷土豆宣布，双方最终达成收购协议。阿里子公司将以现金形式收购优酷土豆，阿里巴巴完成了收购优酷土豆集团的工作。至此，三大互联网巨头BAT全面渗入网络视频产业。11月7日，新华社推出写作机器人"快笔小新"。

三 中国广电成为第四个基础电信运营商（2016年）

2016年1月14日，工信部向中国广播电视网络有限公司就相关的电信信息业务颁发了七项许可的许可证。这些许可证对应的电信信息业务是：跨地区的因特网数据业务、因特网接入服务业务、网络托管业务、国内多方通信服务业务、国内因特网虚拟专网业务、呼叫中心业务、信息服务业务。1月22日，国家新闻出版广电总局政府网站移动终端平台（App）"广电信息"、微信公众号"国家新闻出版广电总局门户网站"正式上线。

2月15日，南方出版传媒股份有限公司在上海证券交易所上市。2月19日，人民日报全媒体平台"中央厨房"正式上线运营，这一平台的运用，使得人民日报实现重大报道"一体策划、一次采集、多种生成、多元传播、全天滚动、全球覆盖"，实现了"新兴媒体与传统媒体、网上与网下、母媒与子媒、国内媒体与国外媒体的四个'联动'"。[①] 2月29日，新华社客户端3.0版正式上线，在主流媒体与新媒体融合上有诸多创新：其中，"现场新闻"是此次新版客户端最鲜明的特点，它运用最新移动网

[①] 全媒派：《中央厨房正式上线！如何烹制新闻大餐？》，人民网，http：//media.people.com.cn/n1/2016/0301/c192370-28161771.html，2019年4月27日访问。

络技术、在新闻现场实时抓取尽可能多的现场要素，通过各种报道，把新闻现场实时全息化、全面化呈现给受众。①

3月27日，广东媒体融合发展投资基金成立。3月30日，人民网与上海报业集团共同打造面向"90后"的个性化推荐移动资讯阅读客户端"唔哩"。

4月12日，北京新媒体集团及其所属北京新闻媒体有限公司、北京时间股份有限公司成立。北京时间网站和新闻客户端同步上线。北京新媒体集团以北京广播电视台新媒体业务板块为基础，由北京市文资办出资组建。

5月5日，工信部向中国广播电视网络有限公司发放《基础电信业务经营许可证》，由此，中国广电正式成为我国第四个基础电信运营商。此举标志着广电与电信两大行业开始打破藩篱双向进入对方的领地。②

6月6日，重庆晨报的上游新闻客户端推出全国首个VR新闻频道。6月7日，由上海广播电视台、上海文化广播影视集团有限公司组建的融媒体正式成立，研发的"看看新闻Knews"正式上线运行。该产品覆盖了传统媒体和新媒体三种渠道：东方卫视频道、SMG所属东方明珠新媒体的IPTV和手机电视以及BesTV互联网电视平台和手机客户端。6月15日，人民日报社与腾讯签订媒体融合发展创新战略合作协议，双方围绕"融合·创新"的主体，在内容、渠道、平台、经营、管理等方面深度合作，从标准、技术、管理、运营等多个方面共同推动媒体融合发展。

8月22日，由人民日报和腾讯合作打造的中国媒体融合云正式上线。③

---

① 新华社：《新华社客户端3.0版上线发布》，新华网，http://www.xinhuanet.com/politics/zhibo2/khdfb/index.htm，2019年3月8日访问。

② 人民日报社：《融合平台——中国媒体融合发展年度报告（2016—2017）》，人民日报出版社2017年版，第308页。

③ 根据相关报道，这一平台的意义在于"将为所有合作媒体提供各类新型内容生产、大数据运营、人工智能等应用，一站式解决融合发展技术难题，从选题策划、采编生产、分发传播、盈利分成全流程突破融合瓶颈。中国媒体融合云通过让新型媒体技术'工具化''傻瓜化'，实现技术的'隐身'，让媒体人重新回归内容创作的核心竞争力"。参见《我国首个媒体融合云平台正式上线 "中国媒体融合云"让技术"隐身"》，人民网，http://media.people.com.cn/n1/2016/0822/c120837-28655186.html，2019年3月8日访问。

媒体融合又一次跨越发展。

9月6日，人民日报媒体技术股份有限公司分别与上海报业集团、广州报业集团签署战略合作协议。与上海合作方面，根据协议，双方在内容生产、业务运作和技术创新、融合云平台应用与新媒体运营支撑、资本运作等方面开展合作。与广州合作方面，根据协议，人民日报借助中央厨房的海内外渠道资源优势，将广州报业的内容纳入其全球推广体系，双方还在运营项目、智库咨询以及盈利模式构建等方面展开深度合作。

10月28日，新华网上市。媒体报道称，"新华网的成功上市是传统媒体与科技、金融深度融合的体现，是深化文化体制改革的重要成果"。[①]

12月21日，人民网发布《〈人民日报〉数字报纸停止收费的通知》，决定从2017年1月1日起取消收费。12月28日，上海六家国有资本机构入股澎湃新闻签约仪式举行。这些资本对澎湃新闻网运营主体——上海东方报业有限公司进行投资，公司增资总额6.1亿元。增资完成后，上海报业集团对东方报业有限公司的持股比例由100%变更为82.2%。澎湃新闻网由此正式启动一项提供新产品——澎湃新闻视频——的项目。与此同时，澎湃新闻英文项目"Sixth Tone"正式上线。东方报业集团所属的《东方早报》宣告休刊，休刊的起始时间为2017年1月1日。该报原有的新闻报道、舆论引导功能，全部转移给澎湃新闻网。这一改革举措的时代意义突出，纸媒的休刊，其舆论功能转移至新媒体，传统网站开拓移动端，打造移动端新产品，这些举措能够实行都是借助资本运作进行的。同时，这样的资本运作是在不突破既有的资本准入和产权结构的政策框架之下进行，是非常值得持续观察和研究的事例。

12月31日，中国国际电视台的中国环球电视网（China Global Television Network，CGTN）正式开播。CGTN包括六个电视频道，3个海外分台，1个视频通信社和新媒体集群。12月31日，京华时报宣布从2017年1月1日开始，纸质版休刊。京华时报成为北京市第一家停止纸质

---

① 《新华网在上交所正式挂牌上市》，新华网，http://www.xinhuanet.com//zgjx/2016-10/29/c_135789240.html，2019年3月8日访问。

印刷的都市报。与此同时，京华网、京华圈、京华微博、微信以及系列公号组成的新媒体矩阵推出，京华时报由此向全媒体转型。①

四　基于云服务的全媒体平台（2017年）

观察媒介融合的实践进程的历史结束于2017年，是因为这一年传统媒体的离场已经成为现实，两张曾经具有很大影响的报纸休刊。② 传统PC端呈现衰落趋势。③ 全媒体的建设、融媒体的建设，都要借助于移动端、云平台等。

1月3日，湖南广播电视台与华为公司签署协议，合作开展"全媒体—云多屏、云端协同"战略合作创新项目，打造基于云服务的全媒体平台。1月12日，中国广播电视网络有限公司和歌华有限公司联合成立广电大数据合资公司，共同搭建中国广电大数据分析、共享公司。

2月19日，中央电视台"央视新闻移动网"正式上线运行，37家省级和计划单列市广电机构入驻央视新闻移动网矩阵号。同日，人民日报推出移动直播平台"人民直播"，新华社启动"现场云"全国服务平台。

2月24日，浙报传媒发布公告，向控股股东浙报控股出售包括《浙江日报》《钱江晚报》在内的新闻传媒类资产，由此浙报传媒的主营业务转变为数字娱乐产业和大数据相关业务。④

3月15日，北京日报报业集团全资子公司——京报长安资产投资管理有限公司与中国工商银行北京分行、交通银行北京分行、华夏银行北京分行举行产业基金签约仪式，四方共同设立一支规模50亿元的产业基金，支持北京日报集团向媒体融合方向深度发展。

---

① 张丽波：《媒体融合的"势"与"能"》，光明网，http://theory.gmw.cn/2019-03/24/content_32672789.htm，2019年3月31日访问。

② 《京华时报》《东方早报》都于2017年伊始停刊。

③ 人民网研究院：《中国媒体融合传播指数报告》，人民网，http://media.people.com.cn/n1/2019/0326/c120837-30994743.html，2019年4月1日访问。

④ 李彪、王永祺：《2017年媒介融合趋势：从单向度融合到多层次融合》，《出版广角》2018年第3期。

6月13日，国家广播电视总局正式批准了中国移动广东分公司的 IPTV 传输业务，颁发了许可证。

7月4日，广东广播电视台与中国电信广东公司、华数传媒等机构共同建立广东安防新媒体 4K 生态产业联盟。

根据人民网研究院发布的《2017 年中国媒体融合传播指数报告》，① 到 2017 年，我国媒体融合传播渠道布局日趋完备，融合传播力水平大幅提升。主流媒体在官网、双微、自有客户端和入驻客户端等方面，完成布局。

五 2018 年及之后

随着时光进入 2017 年的末尾，2018 年的开端，我国媒体进入了"多点突破期"，进入了融合新时代。"主流媒体从上到下融合逐步向深度广度推进；主营业务营收稳定、新媒体增幅显著；报（台）网端打通梗阻"；占据了移动端用户阵地；视频直播常态化；政务服务成为融媒体的重要功能，多平台分发范围更广，传播力更强。②

在进入 2018 年之后，传媒主管机构进行了调整，推动建设县级融媒体成为媒体融合的一项新政策。如今，媒体融合进入了新时代，这就是建设"全程媒体、全息媒体、全员媒体、全效媒体"。媒体融合，从主流媒体的角度来说，融合的原则和目标就是"要坚持一体化发展方向，通过流程优化、平台再造，实现各种媒介资源、生产要素有效整合，实现信息内容、技术应用、平台终端、管理手段共融互通，催化融合质变，放大一体效能，打造一批具有强大影响力、竞争力的新型主流媒体"③。

本章回顾了中外学者对于"媒体融合"所下的定义，发现理论是灰色的，生命之树常青。作为一个互联网大国，基于新技术带来的网络发展、

---

① 《2017 媒体融合传播指数报告发布》，人民网，http://media.people.com.cn/n1/2018/0402/c14677-29901624.html，2019 年 4 月 1 日访问。

② 赵芮、常红：《中国媒体融合已进入 3.0 时代　呈现四大新特征》，人民网，http://world.people.com.cn/n1/2019/0220/c190972-30808295.html，2019 年 3 月 28 日访问。

③ 习近平：《加快推动媒体融合发展　构建全媒体传播格局》，《求是》2019 年第 6 期。

信息产业的发展、内容产业的发展，基于各种应用带来的各种新兴业务和综合业务的发展生动地呈现在我们的眼前。可以想见，未来中国的媒体发展记录中的"传统媒体""三网融合""新兴媒体""媒体融合"这些术语，都将会成为历史性的概念。

二十年媒介融合，历史画卷壮阔雄浑，波澜起伏，潮起潮落，悲欢离合，总体上与我国的社会主义现代化建设一并将中国带入距民族伟大复兴目标更近的历史阶段。

媒介融合是一个国家综合国力的体现。除了信息技术之外，还需要材料工业、加工制造业、工程技术领域的协同发展，还要有芯片集成电路等元器件领域的引领发展，还要有不断演进的技术标准，包括设施、设备、传输等各方面。同时，还要有国家的监管措施的配套和法律制度的完善，这包括产权制度、准入制度、市场监管制度、知识产权制度等。概而言之，媒体融合涉及媒体组织结构、内容生产方式、内容表现形态、信息传播方式、资金、技术、营利模式、产业结构、规制方式等诸多方面。

我们应当看到，在二十年媒体融合风起云涌的过程中，传统媒体在发展，但是它所面临的问题、困难、窘境，也是巨大的。在媒介转型过程中，主流媒体由于一直专注于对内容的控制、专注于媒体内容政治功能的实现，因此，在技术开发和应用方面处于弱势，在资本准入方面受制于政策，在发展中受到极大制约。同时，互联网技术的应用带来的新媒体、新的传播方式，能够更便利、更及时地满足人们的需求的同时，传统媒体的受众，无论是其传统渠道的终端还是新媒体的终端的受众都越来越少，与此相关联的是广告收入也越来越少。从产业发展的角度而言，媒介融合是广播电视、出版等传统传媒业之间，及其与具有媒体功能的电信业之间的产业融合——这些产业的边界日益模糊，从内容生产、传输平台、接收终端等多个维度走向融合。几大产业之间的交互融合，几乎完全瓦解了传媒市场的原有经济体系，传媒业的产业格局、市场结构正在发生颠覆性的变化。[①]

---

① 肖赞军、张惠：《传媒经营体制演进轨迹与特征》，《重庆社会科学》2016年第2期。

所以，媒介融合对于主流媒体来说，具有更为复杂和深刻的影响。传媒领域的主管部门，从国家意识形态的舆论宣传角度来说，形势非常严峻。主管方面认为：传统媒体已经到了革新图存的重要关口，媒体融合发展是传媒领域一场重大而深刻的变革。[①] 同样地，媒体融合对于传统媒体人而言，也是一场全方位的自我革命。

[①] 刘奇葆：《加快推动传统媒体和新兴媒体融合发展》，《人民日报》2014年4月23日第6版。

第二章　我国推进媒介融合政策的历史回顾与分析

媒介融合的原动力是技术的发展，主要是数字技术和网络技术的革新发展和应用使得原本相互区隔的媒体业务得以融合，相互区隔的传媒领域和电信信息领域得以融合，内容信息产业与上下游产业得以融合。虽然在融合的发展过程中，技术是原发力，市场需求是激励因素，但是能否融合、如何融合则主要受制于政策和法律。

研究我国与媒介融合相关的政策问题，需要结合20世纪70年代末改革开放之后我国的国情和发展历史。在这一宏观背景之下，审视与媒介融合相关的政策，必须关注如下方面：相关政策对于与媒介融合相关的技术发展、基础设施建设、产业发展、产权属性采取了怎样的态度；对于媒体自身融合、传媒与电信、网络融合采取了怎样的态度；对于与媒介融合相关的内容规范、监管体制和监管措施有怎样的设计和建构。在对现实政策进行具体研究之前，我们需要先对政策的基础性理论进行阐释，在对我国推进媒介融合的相关政策实践演变进行观察和回顾之后，我们还需要从理论层面对于政策进行剖析，以深化对于政策的认识和研究。

在本章，我们主要观察与我国的媒介融合直接相关的政策。在我国，政策文献来源包括：代表执政党领导和管理国家意志的表达；国家的建设规划；中央政府对于相关行业发展的意志表达；行业主管部门对于关涉媒介融合的问题的意见表达和采取的态度。这些意志、意见、态度的表达，具体来说呈现为如下政策文本类型：中国共产党全国代表大会的文件和中国共产党最高领导人的讲话；属于中共中央组成部分的具体职能部门发布的文件；国务院作为中央政府代表国家制定的各项政策文件；国务院办公厅自身以及与中共中央办公厅联合发布的文件；国务院各行业主管部门、各职能部门制定和发布的各项文件；各级地方政府制定和发布的相关文件。

我国促进信息技术发展的政策动因，源自20世纪70年代发端的世界信息化浪潮。虽然那时许多国家的工业化本身还未完成或真正开始，但是也都面临着优先选择信息化道路还是工业化道路的问题以及二者如何并举的问题。20世纪90年代，我国在促进信息化方面已经开始了政策引导和推进，这包括进行相关的机构调整；通过政府的相关组织、引导、激励活动推进信息化基础设施建设；促进新技术的研发。在推进信息化的进程中，新技术的研发、相关信息基础设施的建设、信息技术在社会和国民经济各领域的应用，是媒介融合政策制定的具体历史背景。

数字技术在信息传播领域的应用，使得以往模拟信号介质被数字介质所取代。模拟信号时代，频率资源稀缺和信息传输容量有限的问题解决了。电信传输渠道完全可以满足传递大容量的图文音视频内容，也就是说具备了传输电视节目的功能，于是电信与有线电视的边界在融化。数字技术和网络技术的应用，产生出新的传播模式，这对于传统电信和广播电视边界的消解产生了更进一步的影响。以往属于双向互动交流的人际传播的电信，在网络和数字技术支撑下也能够进行可互动的大众传播，即可以从事媒体性活动；以往只能进行单向传播、反馈缺失或不能及时互动的传媒，借助网络实现了人际传播模式下的互动性。在发达国家，早在70年代，就有人提出了媒介融合的问题。在我国，媒介融合的问题是随着20世纪90年代我国信息化战略的提出而进入政策领域的。

由此可见，我国媒介融合的相关政策，起始于信息化政策，在后来的实践过程中，沿着两个维度或并行或交集演进。这两个维度是：推进信息化建设的"三网融合"；占领网络舆论阵地的传统媒体与新兴媒体融合。

第二章　我国推进媒介融合政策的历史回顾与分析

"推进信息化建设的'三网融合'"的维度：20世纪80年代我国开始认识到信息化的重要性。但是，这一时期在很大程度上是把信息化当作实现工业化的条件，也就是仅把信息化当作工业化的手段来认识，因此这时对于信息化的重要性的认识还是有局限的。后来将信息化与工业化并重，才对信息化建设本身赋予了目的性。此后，国家便一直坚持推进信息化建设，通过政策的方式传达国家推进信息化的意志，"三网融合"的政策也成为其中一个重要方面。但是，不同于推行整体信息化政策的一以贯之，由于"三网融合"主要是电信领域和广播电视领域的融合，广播电视在我国被特别强调意识形态属性，"三网融合"政策的推行经历了充满波折的过程。

"推动传统媒体与新兴媒体融合"的维度：随着互联网的普及，传统媒体也开始利用互联网建设新的传播渠道，这就是早期办网站，后来做"两微一端"、中央厨房。但是在相当长的时间内，这不是一种融合的思维，而仅仅是传统媒体"以我为主"地使用新的传播手段而已。在缺少融合思维、对于新技术又缺乏专业性把握和相关投入的情形下，面对商业网站的迅猛发展，以及各种新兴的互联网传播平台和新业态不断涌现，主流媒体在新的传播格局中逐渐失去阵地，日益陷入窘境。执政党基于对这一现象的观察和对相关问题的严峻性认识，表达了要推动传统媒体与新兴媒体融合的意志。2014年之后，明确显示国家和执政党意志的政策和要求，就是推动传统媒体和新媒体的融合。虽然，这一维度政策的推行远远晚于第一个维度，但是政策落实则是雷厉风行。

"媒介融合"最终将国家的信息化建设、文化建设、国家安全的保障、意识形态的维护深深地捏合在一起。因此，以历史眼光来审视媒介政策的制定、政策内容的变化以及其中呈现出的政策制定者的意志目标，意义重大。

第一节　政策概念的意涵与结构

"政策"（policy）最早是一个外来词，但是伴随着中国政治制度的精密化和体系化，它已经成为具有完全本土意义、与国家体制相适应的社会构建活动和工作术语，发挥着基础性的结构功能。近百年来，"政策"所指代的国家意志、目标设定、组织运作和符号表达在我国政治、经济和文化生活中一直处于主导地位。

一 "政策"词源及本土化

据《牛津英语词源词典》，"policy"（英文"政策"）一词最早出现于1406年，其时的含义为"行动的计划和管理的途径"（plan of action, way of management）。往上追溯，"policy"一词有三个来源，一个是法语的policie（意为 civil administration，民政）；一个是拉丁语的 politia（意为 the state，国家）；一个是希腊语中的 politeia（意为 state, administration, government, citizenship，国家、管理、政府和公民身份），以及 polites（意为 citizen，公民）或者 polis（意为 city, state，城市、城邦）。

由此可知，该词的西方渊源应该是关于早期西方社会（城市）治理手段的表述，并且与西方的历史性语境紧密联系。按德国学者柯武刚的解释，"政策"是"在追求某些目标上对政治手段的系统利用"，而其语境历经岁月变迁，到近现代逐步稳定为"私人产权""法治"以及"民主的、受限制的政府"。[1] 英国学者科尔巴奇在名为《政策》的小册子中对当今西方社会的"政策"概念进行了一般意义上的描述。他认为，政策是当今社会治理的核心概念，是政府意志的体现；政策从根本上说是观念框架的一部分，通过观念使人们通过某种维度来理解社会；政策的特征包括秩序、权威和专业知识；政策暗示着系统性和一致性，"权威"为政策提供了合法性，政策水平来自认知水平。[2]

现代汉语中"政策"一词，据考证出自日本：明治维新之后，日本学者在译介西方文献中"policy"一词时，将其释为"政策"，其后被国人沿

---

[1] ［德］柯武刚、史漫飞：《制度经济学：社会秩序和公共政策》，韩朝华译，商务印书馆2000年版，第2—38页。

[2] ［英］科尔巴奇：《政策》，张毅、韩志明译，吉林人民出版社2005年版，第9—28页。

用①。虽然该词为日本学者所造,却并不意味着这个词完全脱离中华文化之基础。因为"政策"之表达的诸多源流,还是来自古代汉语。古代汉语当中,"政"与"策"曾有诸多含义,其中不乏与今天的"政策"概念相近之运用。

我国对"政策"语词的最早运用可上溯到清末维新运动前后。目前所查,该词首次出现是梁启超1899年的《戊戌政变记》,文中有"皇上政策若首注重于学校教育,可谓得其本矣"②之说。梁氏的话语体系受日本影响颇深。1898年,梁氏因维新失败逃亡日本,创办《清议报》,还专门撰写《论学日本文之益》的社论,鼓励大家通过学习日文而获得新学。梁启超的政治文本中,持续将此词在国内语境中加以运用:在《灭国新法论》(1901)中,批评地方政府所谓"疆吏政策"(地方官吏对外借款政策),呼吁"慎勿学张之洞、盛宣怀之政策以毒天下也";在《"清议报"一百册祝辞并论报馆之责任及本馆之经历》(1901)中,用以描述中外关系:"务使吾国民知我国在世界上之位置,知东西列强待我国之政策,鉴观既往,熟察现在,以图将来";在《杂答某报》(1906)中,抨击孙文民族革命理论:"是即孙文新发明之社会革命的政策耶!吾反复十百遍而不解其所谓"。③

1900—1920年,"政策"一词在国家主流文本中使用频次明显增加,语境逐步确定。研究者搜索了《孙中山全集》,发现在孙氏的早期文牍中,该词的运用与梁启超一样,用来形容西方外事策略以及清廷政务。随着中国政治局势之演变以及党派政治的发展,1920年前后,该词由泛化虚指逐步内化自指和实指,开始用来概括党内政纲。如孙中山《中国国民党宣言》(1923):"本党同人爰据斯旨,依三民、五权之原则,对国家建设计划及现所采用之政策,谨依次陈述于国民之前"④。《中国国民党第一次全

---

① 刘庆龙、韩树军:《中国社会政策》,河南人民出版社2008年版,第1—2页。
② 梁启超:《戊戌政变记》,中华书局1954年版,第87页。
③ 陈书良编:《梁启超文集》,燕山出版社2009年版,第121、145、531页。
④ 孙中山:《孙中山全集》(第七卷),中华书局1981年版,第3页。

国代表大会宣言》（1924）① 开始用"对内政策""对外政策"来概括诸如统一之下的各省自治、废除不平等条约等具体政纲。

研究者对民国初期国家主流文本（主要是孙中山、蒋介石的文章和演讲）的分析发现，1924年到1928年前后，国民党的"政策"概念成为"党国体制"语境之下的具体运用，凸显了政策行为与政治体制的互动性。党派利益通过政策手段在很大程度上代表了国家利益，并与基本的政治制度相匹配。②

研究者同时搜索了三次国内革命战争和抗日战争期间毛泽东的各类文章，发现该词也有广泛的使用。非常明确的是，在政治斗争、军事斗争和社会冲突不断激化的大环境下，"政策"在政治行动和党的建设中的地位进一步提升，在毛泽东的一系列文本中成为"一切行动的出发点"，③ 在建

---

① 孙中山：《孙中山全集》（第九卷），中华书局1981年版，第119页。

② 如孙中山在《北上宣言》中指出，"盖以民族、民权、民生三主义为基本，而因应时势，列举救济方法，以为最少限度之政纲，语其大要，对外政策：一方在取消一切不平等条约及特权；一方在变更外债之性质……对内政策：在划定中央与省之权限，使国家统一与省自治……且当以全力保障人民之自由……"参见孙中山《孙中山全集》（第七卷），中华书局1981年版，第3页。从此时起，政策就成为国民党以党治国，以党策代国策语境下的一个概念。蒋介石关于政策一词的使用，如蒋介石《复廖仲恺泛论粤局与政治及主义之关系书》（1923）："今日吾党政策，约言之只有二道：一曰，先求得政权而后实行主义。一曰，先行主义而后求得政权"；《告中国国民党同志书》（1927）："民众之最大多数为农工，我党本以协助农工运动，与发展其组织为基本政策"；《一切政治制度要以建国大纲为基础》（1928）："非实现我们总理的建国大纲，不能满足我们衣食住行的需要。这是取譬于通常一类的事情。此外如教育、实业、及一切政治制度、政纲、政策的基础，总不能离开这原则"等，参见国民党中央党史委员会出版，秦孝仪主编的《先总统蒋公思想言论总集》，1984年版。

③ 毛泽东在《论政策》（1940）一文中提到"各项统一战线中的策略原则和根据这些原则规定的许多具体政策，全党必须坚决地实行"；《两个中国之命运》（1945年，这是毛泽东在中国共产党第七次全国代表大会上的开幕词）："我们需要一个正确的政策。这个政策的基本点，就是放手发动群众，壮大人民的力量，在我们党领导之下，打败侵略者，建设新中国"；在《关于情况的通报》（1948年）提到"只有党的政策和策略全部走上正轨，中国革命才有胜利的可能。政策和策略是党的生命，各级领导同志务必充分注意，万万不可粗心大意"；在《关于工商业的政策》（1948年）提到"政策是革命政党一切实际行动的出发点"，等等。参见中共中央文献编辑委员会《毛泽东选集》，人民出版社1991年版。

第二章 我国推进媒介融合政策的历史回顾与分析

国早期,更成为构造基本政治制度的基础。《毛泽东选集》是对今天的主流话语仍旧有着深刻影响的政治文本。如果对其中的"政策"词汇进行文本、语义和语境的分析,我们发现有以下几个特点:

第一,该词是在国内战争、民族战争和党内路线斗争语境之下的概念,具有强烈的对抗性质①,这直接导致中华人民共和国成立前后,凡政策提出之场合,常包含路线之争论或者对敌之假想;

第二,在获得统治地位(政权)的过程中,政策首先构造了政治结构,而以政策为导向的政治结构,又构造了与之相匹配的政治制度。这种制度体系一方面必然为政治结构提供合法性的保障,另一方面,也为政策的调整、统治方式的改变(改革)制造了"逆境"。政策与制度的互动(制约与突破)成为政治行为的基础和前提;

第三,该词沟通务虚与务实,具有层次性:宏观层面强调观念上的统一,微观层面则强调政策的执行力。其效力在不同的历史阶段有不同的表现,有时候效果惊人,有时候形同虚设(表现为政策失灵);

第四,该词是党内自上而下的话语表述,具有垄断性和单向性。它拒绝反对和评价,具有强烈的政治传播(宣传)的色彩。在意识形态领域,政策更像是一种观念性的象征,与某些口号、某种意识形态以及宣传行为和社会行动结合紧密。从整风运动开始,政策宣传逐步确立为党和政府传播行为的核心内容。

中国的国家治理结构从根本上说,是一个政策导向的社会。虽然政策与制度,尤其是法律制度的对应关系随着国家法治进程的推进而发生变化。但是在目前,决定这些关系走向的仍然是与政策导向相互依存的基本政治制度。如传播法学者魏永征所说,首先,"共产党的政策是法律的灵魂,共产党的政策既为法律的制定提供依据,又对法律的实施起直接的指导作用"②;另外,在很长的历史阶段,政策代行了法律的功能,"虽然共

---

① 或许这就是德罗尔所谓政策"逆境"在中国的具体体现,这种逆境有时候是现实存在,有时候是心理状态。

② 魏永征:《新闻传播法教程》,中国人民大学出版社2002年版,第25页。

产党的政策不等于法,但当党的某些规范性政策由于某些原因还来不及制定为法律、法令,而在实际生活中又必须予以执行时,这些政策也可以起到法的作用"①。政策对法律以及其他一切社会规范的制约性和替代性,现在仍然存在。

为了实现这种替代性,国家构造了党和政府并行,或者称之为二元的社会管理结构,党的系统通过会议、讲话、文件等多种形式,组织、人事、纪律等多方面权威,社会动员、群众运动等多种手段,实现了政策的有效性。党的组织结构与国家政权的力量交织在一起,构成了具有中国特色的政策与法律框架,或者说社会控制和运行体系。

二 政策的结构分析：元政策及其应用

政策的层次性是本土化过程的另一个衍生结果,或者说现实结果,其发展和丰富是一个长期的历史过程。张金马在《政策科学导论》(1992)中将政策分为三个类型(层次)：基本政策、具体政策与元政策。他引用叶海卡·德罗尔(又译德洛尔)的话说,基本政策主要是"确定具体政策应采取的态度,应依据的假设,应遵循的指导原则,是一种主导政策";而具体政策,就是党或政府为解决具体问题而给有关部门和个人规定的行动准则;至于元政策,指的是规范与引导政策制定行为本身的准则或指南,即关于"如何制定政策的政策"。②

决定政策的本源属性及其生成发展的底层因素是"元政策"。"元政策"(Meta-policy)③是西方公共政策学的一个概念。较早见于德罗尔的《公共政策制定检讨》(1968)。他提出政策制定的第一个阶段就是"元政策"制定阶段,"即对制定政策的政策进行分析,包括处理价值,处理实在,处理问题,调查、处理和开发资源,设计、评估与重新设计政策系

---

① 魏永征:《中国新闻传播法纲要》,上海社会科学院出版社1999年版,第19页。
② 张金马:《政策科学导论》,中国人民大学出版社1992年版,第27—31页。
③ 所谓"元XX"(英文中一般以meta为前缀)的词汇组合基本是外来用法,散布于社会科学和自然科学领域。目前使用较多的包括"元科学""元信息""元数据""元语言""元逻辑""元数学""元程序""元宇宙"等,一般表示针对本体及其本源的研究。

统，确认问题、价值和资源，决定政策战略等七个环节"。① 从这个表述上来看，元政策应该不仅仅是一个操作处理的平台，它应该还有一个包含"价值""实在""问题""资源""政策系统"的基本语境层面，或者说"政策环境"层面。

1986年，德罗尔在著作《逆境中的政策制定》中对元政策有进一步的阐述。他认为，元政策制定应该是对政策制定过程的完善和科学化，其针对的对象主要是："中央政策制定的过程系统，政府机构中对政策制定和政策执行至关重要的部分，那些同中央政策制定密切相关、并影响到后者质量的整个统治以及一般文化与社会的诸多方面和机构。"他特别指出，"元政策制定不能也不应该和统治方式重建相分离"，"政策制定基础的发展往往是必不可少的"②。这里他突出了文化和社会因素层面对政策制定的影响，并将其与"政策变迁"乃至"统治方式的重建"相联系。

从政策分析的角度，美国政策学者戴伊提出了公共政策制定过程中与社会环境和制度环境的互动。他通过社会、政治体系和公共政策的互动关系，说明在政策分析过程中，不能忽视社会、经济、政治（制度与体系）和文化诸多因素，以及政策与环境的互为因果，互相作用。

概言之，无论从政策本体结构还是外在的政策分析角度，德罗尔等学者注意到，环境因素应该是影响政策制定的更为深入和基础的动力源泉。

我们认为，元政策在一般意义上代表着政策自身的本源架构。也就是说，元政策是政策的最早发起方和策源地，它为政策提供生态系统和前提条件，为政策的存在起到情境设定的作用。从政策分析角度，元政策是先期形成的制约政策走向的各种历史和现实因素，它包含共时性和历时性两个维度，同时观照政治文化传统和经济社会环境。以下大致从五个方面归纳当代中国的背景下，元政策包含的主要内容。

---

① 转引自陈振明《政策科学：公共政策分析导论》，中国人民大学出版社2003年版，第77—78页。
② ［美］叶海卡·德罗尔：《逆境中的政策制定》，上海远东出版社1996年版，第214—218页。

第一，主流意识形态和基本价值观。就当代中国而言，主流意识形态是以马克思主义为核心的中国特色社会主义，这是政治合法性的来源，它直接决定了政策制定过程中的价值衡量；第二，政策传统和价值偏好。即使在改革过程中，政策突变的情况也不多见，比如每次中央全会的公告，与上一年相比，大部分是在继承的基础上进行微调，传统同样具有合法性功能。价值偏好则体现在，由于经济发展同样是政治合法性的来源，各级政府长期以来都更关注 GDP 所体现的社会发展状况。第三，政治制度和政治结构。从广义上说，政治制度对于政策有着决定性的制约力，政治制度为各个领域的改革设定了底线。从微观上来说，这种制约性包括有效性都是通过既有的政府结构和管理理念得以实现。第四，社会环境和文化传统，政治、经济、文化现状对改革有深刻的影响和制约，而历史传统在其中起到了根本的、基础性的作用。第五，国际环境和文化交流。信息时代文化融合为改革提供更为广阔的视野和选择，国际舆论一定程度上影响到决策者对某些问题的考虑。

虽然国内学界对元政策的研究成果还不多，但是决策层面对元政策类似因素的关注以及实践一直存在。2010 年，中共中央在关于"十二五"规划的建议中第一次提出"顶层设计"的概念，实质上是将"元政策"层面的政策制定纳入改革设计的重点视野之中。2012 年党的十八大报告提出 24 个字的核心价值观①，一定程度上是对我国元政策进行重新架构的努力，并希望这些价值观达成社会共识，从而为相关政策的制定提供合法性基础。实际上，改革本身就是德罗尔所谓"逆境中的政策制定"，其面临的，就是元政策层面中的各种因素及其制约，或者说就是"统治方式的重建"②。

元政策的概念及应用是政策分析走向系统化的体现。它提供了一个来

---

① 党的十八大确定的社会主义核心价值观包括：富强、民主、文明、和谐，自由、平等、公正、法治，爱国、敬业、诚信、友善。
② ［美］叶海卡·德罗尔：《逆境中的政策制定》，上海远东出版社 1996 年版，第 214—218 页。

第二章 我国推进媒介融合政策的历史回顾与分析

自本源特征和历史性视野的分析工具和概括术语，帮助我们从更为基础的层面上去分析政策、定位政策、理解政策；并且在更加清晰的政策版图上，为政策制定和变迁提供切实可靠的解释。

根据政策结构和元政策理论所提供的方法论，下面对于改革开放以来我国推动媒介融合的政策历史及演变进行进一步阐释。

第二节 改革开放以来我国推动媒介融合的政策回顾

一 信息化带动的"媒介融合"时期的政策（1980—1999年）

（一）我国20世纪末的信息化政策：广电、电信业务严格分野

"信息化和经济社会的发展规律密切相关。以信息技术为先导的现代科学技术革命（或高技术革命），首先引起了产业的信息化革命，并开始导致社会的信息化变革"。[1] 1983年就有人发表文章提出，"由于社会信息化水平对国民经济具有如此巨大作用，发展我国的信息生产和信息服务应该成为一项重大的国策"。[2] 1984年，邓小平同志在为新华社题词时，写下了"开发信息资源，服务四化建设"。[3] 1986年有出版的著述谈论信息

---

[1] 秦麟征对于"信息化"的阐释，有助于我们理解信息化的意涵：以信息化作为新的现代化标准，来衡量科学技术开发利用信息资源的水平和新智能文化的发展状况，衡量经济部门中（工业、农业等）产业结构的变化和社会变革的程度等，是经济社会发展的必然结果。因此，未来的现代化至少在相当长的一段时间内，意味着在科学技术发展推动下的经济（工业、农业等）的信息化，国家安全事业的信息化，社会事务和社会生活的信息化，以及文化发展的信息化（新智能化）。参见秦麟征《现代化的必由之路——信息化发展战略初探》，《国外社会科学》1987年第12期。

[2] 朱嘉明：《信息生产和信息社会》，《晋阳学刊》1983年第1期。

[3] 新华社：《新华社中国经济信息社正式挂牌》，中国政府网，http://www.gov.cn/xinwen/2016-04/26/content_5068064.htm，2019年3月31日访问。

化和信息社会的问题。① 80 年代末，国家在制订"八五"计划时，正式提出信息化建设方针。从此之后，信息化成为国民经济和社会发展中的主题之一。1991 年，当时的中共中央总书记江泽民强调："四个现代化，哪一化也离不开信息化"。1993 年底国家开始正式启动"三金工程"，即"金桥""金关""金卡"工程。这就是建设"信息准高速国道"，发展国民经济信息化的工程。在"三金工程"的起步过程中，互联网络成为国民经济信息化的基础设施。

1996 年 3 月，八届人大四次会议把推进信息化纳入《国民经济和社会发展"九五"计划和 2010 年远景目标纲要》，"国民经济信息化的程度显著提高"，被列为国家"九五"计划的一项重要目标。

1997 年 4 月 18 日至 21 日，国务院在深圳召开了第一次全国信息化工作会议。全国各省和国务院 40 多个部委的负责人参加了此次会议。时任副总理邹家华在讲话中提出的"统筹规划、国家主导、统一标准、联合建设、互联互通、资源共享"二十四字，是我国进行信息化建设的指导方针。会议通过了《国家信息化总体规划》，这一政策文件的主要精神是：进行国家信息化建设，统筹规划是关键，应政府统率、国家主导；加快中文信息资源开发应成为重中之重；积极扶持民族信息产业发展，这是国家信息化的基础；在国家统筹规划下，联合开发，实现资源共享；多渠道筹措和用好资金；建立健全法律规范保障体系。这个《规划》提出了"我国信息基础设施的基本结构是'一个平台，三个网'。一个平台即指互联互通的平台，三个网即指电信网、广播电视网和计算机网"，这是最早提出"三网"问题的政策性文件。那时，"从上到下，对于国内因特网资源的开发和利用是积极的"。②

1998 年，根据第九届全国人民代表大会第一次会议批准的国务院机构改革方案和《国务院关于机构设置的通知》，中央国家机构进行了重大调

---

① 秦麟征：《后工业社会理论和信息社会》，辽宁人民出版社 1986 年版，第 236—249 页。

② 楼晓寒：《创建中国名牌新闻网站之我见》，《信息经济与技术》1997 年第 12 期。

第二章 我国推进媒介融合政策的历史回顾与分析

整,新设了信息产业部,对于原国家广电部进行了改组。这次机构调整对于"三网融合"后来的发展进程产生了巨大影响。国务院办公厅印发《信息产业部职能配置、内设机构和人员编制规定的通知》和《国家广播电影电视总局职能配置内设机构和人员编制规定的通知》,对信息产业部和国家广电总局这两个机构如何组建和具体职能职责划定做出了规定。

根据上述三个文件,信息产业部被定位为主管全国电子信息产品制造业、通信业和软件业,推进国民经济和社会服务的信息化,是国务院组成部分。将原广播电影电视部改组为国家广播电影电视总局(正部级)。国家广播电影电视总局为国务院主管广播电视宣传和广播电影电视事业的直属机构。[①] 在确立广电总局的职能时,原来还有一项重要的安排,是"将原广播电影电视部的广播电视传送网(包括无线和有线电视网)的统筹规划与行业管理、组织制订广播电视传送网络的技术体制与标准的职能,交给信息产业部"。但事实上,这项关涉三网融合的关键管理职能,并没有真正按照国务院的要求进行调整。电信网的建设和广播电视传输网,尤其是与电信网实际上具有同样功能的有线电视网则在很长的时间内由两个部门管理,各自建设。这对于后来广电网和电信网的融合业务双向进入整合困难埋下了伏笔。

---

① 这一文件对于广电总局的职责规定,与技术发展应用和传输网络建设相关的方面包括:(1)管理广播电影电视科技工作,制订有关技术政策和标准,指导广播电影电视系统适用高新技术的科学研究和开发应用;研究广播电影电视方面的经济政策。(2)按照国家的统筹规划、宏观政策和法律法规,对广播电视专用网进行具体规划并管理;制订广播电视专用网的具体政策、规章和技术标准,指导分级建设和开发工作,保证广播电视节目的安全播出;受信息产业部委托,编制广播电视专用频段的规划,指配广播电视频率(频道)和功率等技术参数;参与制订国家信息网络的总体规划。这些职能具体由科技司负责发挥。(3)科技司组织拟定广播电影电视科技发展规划、技术政策和标准,拟定有关管理规章并进行监督检查;组织拟定广播电视网络的具体发展规划,指导广播电视网络的分级建设和开发工作;组织编制广播电视专用频段的规划,指配广播电视频率(频道)和功率等技术参数;指导监测、计量检测工作;管理广播电视系统的技术维护工作;承办广播电影电视科技管理和对外科技交流工作。同时,针对新改组的广电总局的职能,还规定"把音像制品和广播电视节目分开,将用于广播电台、电视台播出的广播电视节目的进口管理职能,由新闻出版署划入国家广播电影电视总局"。

在这个过程中,社会上、行业间关于"三网合一"还是"三网融合",电信网和有线电视网是"对等进入"还是"不对等进入",都有截然不同的观点。新的广电部门启动了有线电视省级、市级干线网建设。随之带来的问题是,"许多地方在网络建设中,采取自成体系独立建网的做法,出现了有线广播电视网重复建设造成国家资源和资金浪费等问题。"[①] 针对这种情形,1998 年 6 月 26 日,国务院办公厅发出《国务院办公厅关于加强广播电视传输网络建设管理的通知》,对于网络建设提出了相关要求,包括总体要求和五个方面的具体要求。总体要求是,"广播电影电视主管部门应坚决按照党的十五届二中全会和九届全国人大一次会议通过的政府机构改革方案和国务院批准的'三定'规定执行,即广播电视传输网络的管理,应严格实行政企分开,成立企业化的广播电视传输公司,接受信息产业主管部门的统筹规划和行业管理,广播电影电视主管部门不得进行行政干预。广播电视传输网络的建设,要搞好与国家通信主干网、专用电信网和新建网的衔接和协调,充分利用现有通信网络,切实避免重复建设。各级地方政府均不得自行批准新建广播电视传输网络项目,确需新建的,要严格按程序上报信息产业部和国务院审批"。五个方面的具体要求是:(1)坚决制止重复建设;(2)确保广播电视节目安全传输;(3)加快广播电视行业改革步伐;(4)大幅度降低网络租费;(5)继续遵守电信部门与广播电视部门的分工。

在"制止重复建设"部分,国务院要求广播电视有线网络建设分两类情况处理:一类是从中央到县一级的广播电视传输光缆干线,广播电视部门未建的,原则上不得再建。要通过各种方式充分利用国家通信主干网和其他已建成的网络,不再搞重复建设。确需新建,须符合国家信息化规划并经过信息产业主管部门同意。另一类是城市市区和县以下的广播电视分配网,也就是从市、县广播电视台的播出前端到用户的网络,应由广播电视部门形成相对完整的专用网,以适应广播电视节目管理和发展用户的特

---

① 见国务院办公厅 1998 年 6 月 26 日所发《国务院办公厅关于加强广播电视传输网络建设管理的通知》。

殊要求。分配网中的入户接点以上部分，新建须经信息产业主管部门统筹规划同意；分配网中的入户部分，由广播电台、电视台根据发展用户的需要进行安排。

在"确保广播电视节目安全传输"部分，规定建立广播电视网络传输公司、接受信息产业主管部门在制定广播电视传输网的统筹规划和全国统一技术标准等方面行业管理的同时，为给管住管好广播电视宣传提供必要条件，必须进一步明确，建立有线电视频道、设立网上播出前端和经营广播电视节目传送业务等，须经广播电视主管部门许可。

在"加快广播电视行业改革步伐"部分，提出要建立企业化的广播电视网络传输公司。指出广播电视网络传输公司的归属方式可以有两种：一是在省、自治区、直辖市组建包括广播电台和电视台在内的广播电视集团的基础上，将网络传输公司纳入集团；二是将各级广播电视部门已形成的传输网络资产划入同级广播电台、电视台，由广播电台、电视台组建广播电视网络传输公司。网络传输公司按照国家有关规定保障广播电视节目的安全传输，同时处理好与电信等方面的合作关系。同时，《通知》还特别要求"在作出有关规定之前，广播电视网络传输公司暂不上市，确有需要的个案报批。广播电台、电视台及其播出业务、节目制作和广告经营不得上市"。

在"继续遵守电信部门与广播电视部门的分工"部分，提出按照规定，电信部门不得从事广播电视业务，广播电视部门不得从事通信业务，对此必须坚决贯彻执行。对各类网络资源的综合利用，暂只在上海试点。

1999年9月17日，国务院办公厅转发《信息产业部国家广播电影电视总局关于加强广播电视有限网络建设的意见的通知》。该通知特别强调，"电信部门不得从事广电业务，广电部门不得从事通信业务，双方必须坚决贯彻执行"，还指出，"广播电视及其传输网络，已成为国家信息化的重要组成部分"。在后来的信息化建设过程中，"三网融合"被国家反复提及，这表现在多项政策性文件中，但是广电和电信所形成的行业格局和业务分野，使得作为双方融合集中体现的"IPTV"电视业务的发展过程历尽曲折。在此期间，两大行业一个以市场意识和技术引领为主导进行发展，一个以政治意识和宣传为主进行发展，形成了两个行业的巨大反差。两个行业主管部门之间的对抗和努力介入对方业务领域的举措，被称为"二十年的缠斗"。①

（二）传媒领域和互联网领域的相关政策：自发的初步融合

20 世纪 90 年代，互联网热潮带来的商业网站是一种新兴事物。那时商业门户网站可以进行各种内容，包括新闻和时政类内容的采编发布。传统媒体开始上网，开始做电子报，建设新闻网站（页）。作为网站的新媒体，无论是主流媒体所办网站，还是商业网站，都可以从事新闻内容的传播。但这并非意味着我们的新闻采编传播是可以放开的，这只是早期政策滞后粗放形态的表现，是互联网发展初期新闻传播的监管和政策未走出我国特色的自发状态，这不是自觉意识的政策产物。传媒领域当时更加专注的是在报刊领域加大改革力度，推进报刊出版集团的建设。

二 信息化加快建设与传媒深化改革时期的政策（2000—2005 年）

2000 年是一个重要的时间节点。经过 20 世纪 90 年代的发展，到了新千年，我国的信息化建设、传媒改革、互联网发展都显现出了新气象。属于上层建筑的政策和立法作为对经济基础的变化和社会发展的反映，不断有新的文件推出。2000 年是我国"九五"计划的最后一年，中国加入 WTO 的谈判进入最后的关键阶段。相关的信息化政策代表了这一时期国民经济与社会发展的总体需求，传媒领域和互联网领域的相关政策和规范的制定，对于传媒改革、三网融合带来了复杂的影响。

这一段时间，国家有若干项关于文化产业发展的政策对传媒业的发展，也包括对后来的新旧媒体的融合产生了极大的影响。

---

① 高清范：《广电电信缠斗二十年，互联网异军突起》，http：//www.hdpfans.com/portal.php？mod=view&aid=721，2019 年 4 月 3 日访问。

（一）信息产业领域的相关政策：三网融合的政策准备

2000年，国务院发布《国务院关于印发鼓励软件产业和集成电路产业发展若干政策的通知》。此时政府已经认识到，软件产业和集成电路产业是信息产业的核心和国民经济信息化的基础，信息产业发展水平是综合国力的体现，也是国际间竞争的焦点所在。根据这一政策，国务院要求各地人民政府和国务院有关部门，要抓紧研究制定相应的实施细则和配套政策，尽快组织实施。

2000年10月，中共中央关于制定"十五"计划的建议中，在"加快国民经济和社会信息化"部分，提出"要加强现代信息基础设施建设"，"抓紧发展和完善国家高速宽带传输网络，加快用户接入网建设，扩大利用互联网，促进电信、电视、计算机三网融合"。2001年3月15日，九届人大四次会议通过的《关于国民经济和社会发展第十个五年计划纲要》中正式提出了"三网融合"。按照"十五"计划，"十五"期间我国将建立具有相当规模、面向未来、结构合理、高速宽带的国家信息网络体系，为全面推进国民经济信息化奠定基础。同时继续调整网络整体布局，优化网络组织，加快用户接入网的建设，以光纤尽量靠近用户为原则，根据业务需求和技术条件，充分利用现有网络资源，因地制宜采用光纤、铜缆、同轴电缆和无线等接入技术和手段。在本地接入领域引入竞争机制，逐步开放接入网的建设和经营，加快宽带接入网的建设速度，促进视频、数据、话音等多种业务的综合接入。大力发展以IP为基础的宽带超高速互联网的建设，尽快建成从中央到地方的国家主干高速信息通道，为实现国民经济信息化构架安全、迅速、便捷的信息网络基础设施，要求"第一，推广信息技术和产品的应用。围绕网上应用，催化出一批新的产业和服务，面向消费者，提供多方位的信息产品和网络服务。第二，信息资源的开发利用。集中力量开发建设重点信息资源，出精品工程，重点组织好政府信息、产业信息、企业信息、市场信息等重点领域的信息资源开发与上网，鼓励发展教育教学信息库、医疗医药信息库、影视等生活和娱乐信息库"，① 等等。这些已经包含了通信行业可能涉足的传媒领域的业务。从这一文件的相关规定可以看出，国家意识到信息化建设对于信息内容传播的影响，但是，还没有一种明确的意识如何利用信息化推进传媒的建设。

根据相关资料提供的信息，那时信息产业部计划成立有线电视网络司，拟将广电有线电视网纳入信息产业部统管，甚至连组建的机构和负责人的人选都确定了。② 2002 年相关工作方案已呈时任总理，但是那时发生了鑫诺卫星被攻击事件。③ 考虑到播出内容的安全问题，广电网作为传输专网被保留。广电网以保证安全播出为由，并没有迈出与电信网融合的步伐。而电信行业则借助我国加入 WTO 的机会，加大开放力度，迎来了大发展。

2005 年 8 月 20—21 日，首届"中国信息化政策与趋势报告会"在北京举办。在这次会议上，国家发展和改革委员会、国务院信息化工作办公室、国家信息化专家咨询委员会、国家信息中心、中国信息协会等部门领导针对国家"十一五"信息化专项规划要点、信息化与新形势下的跨越式

---

① 傅欣：《"十五"计划的制定看我国 21 世纪初期的信息产业政策》，《情报杂志》2002 年第 12 期。

② 慧聪网：《广电电信缠斗二十年，互联网异军突起》，http：//info.broadcast.hc360.com/2015/07/201014636282.shtml，2019 年 4 月 3 日访问。

③ 2002 年"6 月 23 日到 6 月 30 日，境外'法轮功'邪教组织在李洪志的操纵和指挥下，非法发射无线电信号，攻击我鑫诺卫星。该卫星转发器上传输的'村村通'广播电视工程中的中央电视台 9 套节目和 10 个省级电视台节目受到严重干扰，部分农村和边远山区群众无法正常收看新闻、气象、汛情预报、世界杯足球决赛和其他节目。这是一起由李洪志操纵和指挥境外'法轮功'邪教组织实施的，干扰我广播电视节目正常播出和卫星正常使用的严重违法活动，违反了有关国际公约和民用通信的基本准则，危及国家安全，侵犯了公众权益。这一违法活动扰乱了空中无线电波的正常秩序，对无线电安全业务造成严重威胁。我们对境外'法轮功'邪教组织践踏国际法则和公共道德的卑劣行径给予严厉谴责。"引自中华人民共和国信息产业部无线电管理局《关于谴责境外"法轮功"邪教组织非法信号攻击鑫诺卫星的严正声明》，人民网，http：//www.people.com.cn/GB/shizheng/19/20020708/771197.html，2019 年 3 月 31 日访问。

发展、国家信息化发展战略要点、信息化与构建和谐社会等问题进行了商讨。①

在这一时期，三网融合中的电信和广电领域的跨行业发展的体现，就是通过电信网络传输电视节目的IPTV。② 信息化的建设，为IPTV的发展提供了技术和设施的基础和条件。虽然在国家层面确立了信息化战略，国务院一直强调三网融合，市场也有需求，群众也欢迎，但是实践中限于体制的制约、两大行业的对垒，使得IPTV的发展并不顺畅。直到2005年4月下旬，国家广电总局向上海文广新闻传媒集团发放了国内第一张IPTV运营牌照，IPTV的运营，才有了法律保障措施上的进展。随后，中国电信、中国网通与上海文广合作进行了IPTV试验。央视国际、南方广电传媒以及中国国际广播电台也分别获得IPTV牌照。

信息产业部对于"十五"的发展有一段总结反映出融合的意义，"信息服务业成为产业新的增长引擎。传统电信业务稳步增长，宽带和多媒体业务高速发展；传统的出版、媒体、娱乐等行业网络化趋势日益明显；软件及相关服务业规模持续快速增长。基于网络的信息服务不断扩展和深入，信息服务业将成为推动产业持续发展的新兴力量"。③

（二）传媒领域的政策：体制改革走向深入

进入21世纪，互联网的发展已呈现出革命性的影响。加入WTO，促使我们扩大包括文化传媒领域在内的对外开放程度，传统媒体领域的改革步伐在不断加大。与此同时，执政党、监管部门愈来愈认识到在网络环境

---

① 姜锡山：《中国信息化政策与趋势》，《数码世界》2005年第21期。
② "IPTV"的英文是"Internet Protocol Television"，意思是"网路协定电视"。是指用宽频网络（宽带）作为介质传送电视信息的一种系统，将广播电视节目通过宽频上的网际协议向订户传递数码电视服务。IPTV即交互式网络电视，是一种利用宽带网，集互联网、多媒体、通讯等技术于一体，向家庭用户提供包括数字电视在内的多种交互式服务的崭新技术。
③ 信息产业部：《国家信息产业部发布信息产业"十一五"规划》，中国政府网，http：//www.gov.cn/gzdt/2007-03/01/content_ 538496.htm，2019年4月3日访问。

下的舆论引导和维护传播秩序是一个重要的问题。因此，对于传播秩序的规范，也就是对于内容管控的政策、立法不断出台。

2001年3月30日，中央宣传部和国务院新闻办公室在北京召开"互联网新闻宣传经验交流会"；8月14、15日在上海召开"地方新闻网站发展座谈会"；8月20日，中宣部、国家广电总局、国家新闻出版总署推出《关于深化新闻出版广播影视业改革的若干意见》。文件第十六条规定"加强新闻网站建设"，明确了新闻网站建设的指导原则、新闻网站的定位与报道方针以及管理和经营上的要求。11月20日、21日，中宣部和国务院新闻办公室又在北京召开"互联网新闻网站经验交流会"等。时任中共中央政治局委员、书记处书记、中宣部部长丁关根，国务院新闻办公室主任赵启正及有关领导分别在这些会议上及在视察中央和地方新闻网站时一次次作出指示，表明执政党已经非常关注网络媒体在新闻传播领域中的作用，强调要牢牢把握住网络媒体和新闻舆论的主动权。①

2002年，新闻出版领域连续出台相关政策，推动新闻出版领域的市场化进程，推动出版集团的组建和发展。6月，原新闻出版总署出台《关于新闻出版业集团化建设的若干意见》。7月，中宣部、原新闻出版署出台《关于进一步加强和改进出版工作的若干意见》，再次要求积极推进出版业集团化建设，重点工作是培育大型的出版集团，并且要以资本为纽带继续进行体制创新。8月，原新闻出版总署出台《出版集团组建基本条件和审批程序》《发行集团组建基本条件和审批程序》。但到2002年底，出版集团仍然没有确立市场主体地位。2003年12月，国务院办公厅发布了《关于印发文化体制改革试点中支持文化产业发展和经营性文化事业单位转制为企业的两个规定的通知》，明确提出了出版集团可以转制为企业。在出版集团转制为企业后，在保留原投资主体的前提下，允许吸收国内其他社会资本投资，还可通过股份制改造，实现投资主体多元，符合条件的可申请上市。

2005年4月13日，国务院发布《国务院关于非公有资本进入文化产

---

① 闵大洪：《2001年的中国网络媒体》，《新闻实践》2002年第1期。

业的若干决定》。该决定对于哪些传媒领域非公资本不可进入、哪些可有条件地进入、哪些可以放开做出了具体规定。① 这一政策决定了我国文化传媒领域改革的底线,对于后来的融合进程和融合模式都产生了直接的影响。

2005年12月,中共中央、国务院下发《关于深化文化体制改革的若干意见》。文件规定了"文化体制改革的指导思想、原则要求和目标任务",在"培育现代文化市场体系"方面,提出要"大力推进文化产业升级,用先进科学技术促进文化产业发展,积极采用数字、网络等高新技术和现代生产方式,改造传统的文化创作、生产和传播模式,延伸文化产业链;发展数字广播、数字电视、数字电影、数字出版、动漫和网络游戏等,建设大容量数字化文化资源库;加大对印刷业、电影制作放映业和演出业的技术改造;加快技术设备更新,统一技术标准,建设先进安全的现代广播电视传输网络,促进网络整合,更好地利用和发挥广电传输网络的功能"等。

(三) 网络发展与秩序规范方面的政策:法制建设、制度建设逐步推进

2000年以后,互联网领域迎来法制建设的快速发展,一系列规范连续出台。

2000年9月25日,国务院发布了《互联网信息服务管理办法》,这一行政法规迄今有效,是互联网领域各项规章、规范性文件制定的依据。这

---

① 该文件中,第五部分规定"五、非公有资本可以投资参股下列领域国有文化企业:出版物印刷、发行,新闻出版单位的广告、发行,广播电台和电视台的音乐、科技、体育、娱乐方面的节目制作,电影制作发行放映。上述文化企业国有资本必须控股51%以上";"六、非公有资本可以建设和经营有线电视接入网,参与有线电视接收端数字化改造,从事上述业务的文化企业国有资本必须控股51%以上。非公有资本可以控股从事有线电视接入网社区部分业务的企业";"九、非公有资本不得投资设立和经营通讯社、报刊社、出版社、广播电台(站)、电视台(站)、广播电视发射台(站)、转播台(站)、广播电视卫星、卫星上行站和收转站、微波站、监测台(站)、有线电视传输骨干网等;不得利用信息网络开展视听节目服务以及新闻网站等业务;不得经营报刊版面、广播电视频率频道和时段栏目;不得从事书报刊、影视片、音像制品成品等文化产品进口业务"。

一法律文件确立了我国互联网领域内容监管的框架和基本制度：将互联网信息服务分为经营性和非经营性两类；对经营性互联网信息服务实行许可制度；对非经营性互联网信息服务实行备案制度，未取得许可或者未履行备案手续的，不得从事互联网信息服务。该《办法》第五条对"从事新闻、出版、教育、医疗保健、药品和医疗器械等互联网信息服务"的，规定"依照法律、行政法规以及国家有关规定须经有关主管部门审核同意的，在申请经营许可或者履行备案手续前，应当依法经有关主管部门审核同意"。要求"从事新闻、出版以及电子公告等服务项目的互联网信息服务提供者，应当记录提供的信息内容及其发布时间、互联网地址或者域名；互联网接入服务提供者应当记录上网用户的上网时间、用户账号、互联网地址或者域名、主叫电话号码等信息。互联网信息服务提供者和互联网接入服务提供者的记录备份应当保存60日，并在国家有关机关依法查询时，予以提供。"第十五条规定了互联网信息服务提供者不得制作、复制、发布、传播的信息。根据该《办法》，有关互联网信息的主管部门是"国务院信息产业主管部门和省、自治区、直辖市电信管理机构"，"新闻、出版、教育、卫生、药品监督管理、工商行政管理和公安、国家安全等有关主管部门，在各自职责范围内依法对互联网信息内容实施监督管理。"

2000年11月7日，国务院新闻办公室和信息产业部联合发布《互联网站从事登载新闻业务管理暂行规定》。该规定确立了从事新闻信息服务的条件，从此将商业门户网站排斥在时政类新闻的采编和首发门外。

这个规定的出台，规范了新闻采编和网络传播秩序。那些商业网站以及一些虽是国有性质的但属于非新闻机构开办的网站都不能再进行新闻信息的直接首发。这样也就有了一些观察结论：在中国互联网的发展中，2001年业界经历了前所未有的大动荡大分化大改组。①

2001年5月25日，互联网领域行业自律组织——中国互联网协会成立。不久，在2001年7月，中国互联网协会开始着手制定《中国互联网行业自律公约》。2002年3月26日，中国互联网协会在人民大会堂召开签约

---

① 闵大洪：《2001年的中国网络媒体》，《新闻实践》2002年第1期。

大会，正式发布《中国互联网行业自律公约》。2002年9月29日，朱镕基总理签发了第363号国务院令，公布《互联网上网服务营业场所管理条例》（2002年11月15日起施行）。随后开展的对"网吧"等上网经营场所的专项治理行动，在原定10月1日结束后，又延期至12月31日。

2003年、2004年广电总局连续发布两项规章，其中2003年发布的《互联网等信息网络传播视听节目管理办法》，迅速被2004年7月6日广电总局发布的《互联网等信息网络传播视听节目管理办法》（该办法自2004年10月11日起施行）① 所取代。《互联网等信息网络传播视听节目管理办法》确立了媒介融合背景下的我国关于视听内容监管的基础框架，具体内容包括监管体制、监管机制、监管手段等。概括而言，就是确立了广电总局对视听节目传播的监管主体地位，确立了该领域的设立制作、传播主体的许可制度。这个规章适用于以互联网协议（IP）作为主要技术形态，以计算机、电视机、手机等各类电子设备为接收终端，通过移动通信网、固定通信网、微波通信网、有线电视网、卫星或其他城域网、广域网、局域网等信息网络，从事开办、播放（含点播、转播、直播）、集成、传输、下载视听节目服务等活动。从事信息网络传播视听节目业务，应取得"信息网络传播视听节目许可证"。"信息网络传播视听节目许可证"由广电总局按照信息网络传播视听节目的业务类别、接收终端、传输网络等项目分类核发。业务类别分为播放自办节目、转播节目和提供节目集成运营服务等。

2004年3月20日，信息产业部发布的《非经营性互联网信息服务备案管理办法》开始施行。这一规定制定的目的为规范非经营性互联网信息服务备案行为及备案管理。该《办法》第十一条规定：拟从事新闻、出版、教育、医疗保健、药品和医疗器械、文化、广播电影电视节目等互联网信息服务，根据法律、行政法规以及国家有关规定应经有关主管部门审核同意的，在履行备案手续时，还应向其住所所在地省通信管理局提交相关主管部门审核同意的文件。根据这一规定，到2004年底，未登记备案的网站都被关闭。

---

① 现这一文件被《专网和定向传播视听节目管理办法》取代而失效。

7月20日，腾讯公司发布通告，将对QQ群创建者和管理员进行实名登记。

2005年9月25日，国务院新闻办公室和信息产业部颁布《互联网新闻信息服务管理规定》。《规定》明确了"互联网新闻信息服务"包括通过互联网登载新闻信息、提供时政类电子公告服务和向公众发送时政类通讯信息。这标志着我国关于互联网新闻信息管理的法制化程度又提升了一步，对于新闻信息服务的要求更加具体化。至此，关于互联网内容监管体制大体形成，广电、工信、新闻办（后来是国家互联网信息办公室）各有自己的主管范围，同时也有相互重合。但是，这些关于内容的监管职责分工，从某种意义上讲，对于后来中央所强调的传统媒体和新兴媒体融合，并不具有推动作用。

11月1日起，公安部门联合信息产业部、银监会在全国范围统一开展手机违法短信息治理工作。11月初，新闻出版总署启动"互联网出版违规警告制度"。12月，手机实名制被确定。

三 "新媒体时期"的政策（2006—2010年）

2006年被称作"新媒体元年"。伴随着新媒体时代的到来，我国在推进媒介融合的政策方面，从国家宏观政策、立法到具体行业政策方面，也呈现出多样不同的情形。

（一）信息通信领域政策：三网融合实质推进

2006年10月11日，党的十六届六次会议通过了《中共中央关于构建社会主义和谐社会若干重大问题的决定》。在《决定》第五部分"建设和谐文化，巩固社会和谐的思想道德基础"的第三节中指出："加强对互联网等的应用和管理，理顺管理体制，倡导文明办网、文明上网，使各类新兴媒体成为促进社会和谐的重要阵地。"

2007年3月10日，国家信息产业部发布《信息产业"十一五"规划》。在"主要任务与发展重点"方面，提出"促进全社会网络资源的整合利用。充分挖掘现有潜力，提高资源利用率，鼓励企业通过联合建设、

第二章　我国推进媒介融合政策的历史回顾与分析

租用、购并等方式实现资源共享，协调开放紧缺资源；促进全社会网络资源的整合利用，推进'三网融合'"；"加强数字视听产品相关标准的研究制定，建立共性技术支撑平台。支持开发信源编解码、内容保护等共性技术，促进数字电视发射、传输和接收系统设备，数字内容制作软件和设备，家庭网络产品及关键件的产业化"；"加快有线网络的数字化改造，建设基本覆盖全国的有线、地面、卫星互为补充的数字电视网，主要城市基本完成模拟电视向数字电视的过渡"。

2008年1月1日，国务院办公厅转发发展改革委、科技部、财政部、信息产业部、税务总局、广电总局六部委联合发布的《关于鼓励数字电视产业发展若干政策的通知》，该《通知》提出："以有线电视数字化为切入点，加快推广和普及数字电视广播，加强宽带通信网、数字电视网和下一代互联网等信息基础设施建设，推进'三网融合'，形成较为完整的数字电视产业链，实现数字电视技术研发、产品制造、传输与接入、用户服务相关产业协调发展。"

2009年5月19日，国务院批转发展改革委《关于2009年深化经济体制改革工作意见的通知》，责成工业和信息化部、广电总局、发展和改革委员会、财政部要落实国家相关规定，实现广电和电信企业的双向进入，推动"三网融合"取得实质性进展。

2009年，国务院发布《电子信息产业调整和振兴规划》，强调推进"三网融合"。要求"积极发展移动多媒体广播电视、网络广播影视、手机广播电视等新兴文化业态，推动文化产业升级"，并指出这是增强文化产业整体实力和竞争力的重点工作之一。

2010年1月13日，国务院总理温家宝主持召开的国务院常务会议，决定加快推进电信网、广播电视网和互联网三网融合。1月21日，国务院发布《国务院关于印发推进三网融合总体方案的通知》，推出了《推进三网融合的总体方案》。这一政策文件强调了推进三网融合的目的是：进一步提高国民经济和社会信息化水平，推动社会管理和公共服务信息化，促进信息产业、文化产业和社会事业发展，满足人民群众日益增长的物质文化生活需要。该通知指出了我国在推进三网融合进程中所存在的问题是：广电、电信业务双向进入政策有待完善和落实；广电有线网络运营机构转企改制刚刚起步，尚未建立全国统一运营的市场主体；有线电视网数字化改造、电信宽带网建设任务还很繁重，网络重复建设和使用效率低下；新形势下确保网络信息安全、文化管理的能力有待提高。

这一通知所传递的信息显示，国家对于三网融合的意义的认识已经上升到更高的高度。决策者关于三网融合对建构现代传播体系、增强舆论领导力的意义开始有了明确的意识和表达。但是三网融合问题，自2000年中共中央提出之后，有十年之久没有太大进展。十年过去了，广电既没有建设成一个全国统一网络，运营主体也未完成转企改制工作、建成全国统一运营主体，双向进入业务工作开展得很慢。在上海文广集团于2005年获得IPTV运营许可证之后，传输业务服务审批许可工作一直处于停滞状态。

经过长时间的博弈之后，国务院下决心对于三网融合的推进采取更为坚决的措施。但是从广电行业来看，始终没有积极推动的举措，反而，对于广电与电信"业务双向进入"具体体现的IPTV业务，一直在进行严格控制和防范。

（二）传媒与网络领域政策：强化融合条件下的渠道控制

这一段时期传媒领域的政策，对推进传媒的体制改革深化，推进传媒的集团化、市场化发展，鼓励传媒进行资本运作、上市等，都具有积极意义，为后来的传统媒体和新兴媒体融合提供了必要的基础。但是，具体主管部门所制定发布的监管文件和采取的监管措施，从融合的目标看，则同样呈现出复杂的情形。

2008年，原广电总局加大对视听节目内容监管的力度。先后于3月20日、5月19日、10月27日三次公布互联网视听节目服务抽查情况，对违规网站分别给予了责令停止服务或警告处罚。[①]

2009年原新闻出版署出台《关于进一步推进新闻出版体制改革的指导

---

① 闵大洪：《2008中国网络媒体：踏上新征程》，《传媒》2008年第12期。

意见》，中央办公厅、国务院办公厅印发《关于深化中央各部门各单位出版社体制改革的意见》，于是我国出版领域开始全面推进转企改制工作。

2009年7月29日，广电总局发出《广电总局关于印发〈关于加快广播电视有线网络发展的若干意见〉的通知》，该意见虽然也提到"三网融合"，但具体内容都是围绕广播电视有线网络发展提出的，包括如何加快有线网络整合步伐；如何推进有线网络运营单位转企改制，培育合格市场主体；加快有线电视数字化整体转换和网络双向化改造等。从这些具体举措的列举和要求来看，这一文件仅仅是强调如何尽快建设广电有线网，对于与融合相关的问题几乎没有涉及。

2009年5月，国务院新闻办公室出台了《重点新闻网站转企改制试点工作方案》，这一文件对于新闻网站转企改制工作做出了系统并且具体的安排。首先将10家重点新闻网站列入转企改制试点，[①] 转企改制要求新闻网站在体制机制、传播手段、服务方式、内容营销、新技术开发等各个方面，都要发挥比以往更多的创新性和主动性，并真正按照市场的规律、按照现代企业的规律、按照资本运作的规律进行操作。转企改制试点工作于2009年10月启动。这里"转企改制"的意思就是把仍然是事业单位的官办媒体的新闻网站转变为企业，并通过股份制改造在股市上市融资。[②] 新闻网站的改制，是我国新闻传媒领域深化改革过程中顺应历史发展的举措。

2009年8月11日，广电总局发布《广电总局〈关于加强以电视机为接收终端的互联网视听节目服务管理有关问题〉的通知》。在这一文件中，我们看到的则是与三网融合推进的目标不尽协调的要求。这一规定对于从事有线电视播出和传输行为的机构和组织设立了一些新的义务和责任。这

[①] 这十家新闻网站是：人民网、新华网、央视网3家中央重点新闻网站和北京千龙网、上海东方网、天津北方网、湖南华声在线、山东大众网、浙江在线和四川新闻网7家地方重点新闻网站。

[②] 《媒体网站转企上市的现状、困惑与对策》，人民网，http://media.people.com.cn/GB/137684/13112258.html，2019年3月31日访问。

一文件对于试图尝试拓展自身业务的电视机制造厂商的积极行为进行了遏制。①

2010年，广电总局发布344号文《关于三网融合试点地区IPTV集成播控平台建设有关问题的通知》。对于IPTV集成播控平台开展平台建设、统一规划管理、运营模式、内容管理、安全监管和进度等方面做出了具体指示和要求。这一文件虽然对电信网络运营IPTV的业务给予了肯定，但是其中所规定的各项审批许可环节，实际上对于融合的产物IPTV的发展所带来的影响是消极的，与积极推进三网融合的中央政策，存在巨大差距。

四　网信新时期的政策（2011—2015年）

2011年5月，国家互联网信息办公室成立（以下简称网信办）。网信办的主要职责包括：落实互联网信息传播方针政策和推动互联网信息传播法制建设；指导、协调、督促有关部门加强互联网信息内容管理；负责网络新闻业务及其他相关业务的审批和日常监管；指导有关部门做好网络游戏、网络视听、网络出版等网络文化领域业务布局规划；协调有关部门做好网络文化阵地建设的规划和实施工作；负责重点新闻网站的规划建设，组织、协调网上宣传工作；依法查处违法违规网站；指导有关部门督促电

---

① 这一文件的具体规定是：一、通过互联网连接电视机或机顶盒等电子产品，向电视机终端用户提供视听节目服务，应当按照《互联网视听节目服务管理规定》（广电总局、信息产业部令第56号）、《互联网等信息网络传播视听节目管理办法》（广电总局令第39号）的有关规定，取得"以电视机为接收终端的视听节目集成运营服务"的《信息网络传播视听节目许可证》。二、开展以电视机为接收终端的互联网视听节目集成运营服务，应当建立具有节目播控、节目导视、版权保护等功能的集成播控系统，健全节目内容管理制度、安全保障制度和应急处理机制，确保所传播视听节目内容可管、可控。三、通过互联网等信息网络向电视机终端用户传播的视听节目，应当符合《广播电视管理条例》、《互联网视听节目服务管理规定》、《互联网等信息网络传播视听节目管理办法》及《广电总局关于加强互联网视听节目内容管理的通知》的有关规定。传播的影视剧应依法取得广播影视行政部门颁发的《电影片公映许可证》、《电视剧发行许可证》或《电视动画片发行许可证》；传播的理论文献影视片须依法取得广播影视行政部门颁发的《理论文献影视片播映许可证》。各级广播电视管理部门在接到本通知后，要对辖区内从事以电视机为接收终端的互联网视听节目服务的情况进行检查，发现有擅自从事相关业务的机构，依法予以处理。

信运营企业、接入服务企业、域名注册管理和服务机构等做好域名注册、互联网地址（IP 地址）分配、网站登记备案、接入等互联网基础管理工作；在职责范围内指导各地互联网有关部门开展工作。网信办的设立，以进一步指导、协调、督促有关部门加强互联网信息内容管理为宗旨，在应对三网融合的监管方面，理顺工信部在网络新闻和网络内容监管方面的职责。

在这一时期，国家信息化建设政策，已经找到了新的依据和逻辑起点，那就是要建设现代传播体系，提升我们的文化传媒的传播力、影响力，保证国家文化和意识形态安全。这也成为中共中央深改组提出《推进传统媒体和新兴媒体融合的意见》的渊源，成为全面推进传统媒体与新兴媒体融合政策的序曲。

（一）宏观政策：推动传统媒体与新兴媒体融合发展

2011 年，《国家"十二五"发展规划纲要》提出了"加快实现三网融合"的规划目标，强调"以广电和电信业务双向进入为重点，建立健全法律法规和标准，实现电信网、广电网、互联网三网融合，促进网络互联互通和业务融合"。2011 年 10 月 15 日至 18 日，中国共产党第十七届中央委员会第六次全体会议审议通过了《中共中央关于深化文化体制改革、推动社会主义文化大发展大繁荣若干重大问题的决定》。《决定》提出"发展现代传播体系"，其具体内容就包括"推进电信网、广电网、互联网三网融合，建设国家新媒体集成播控平台，创新业务形态，发挥各类信息网络设施的文化传播作用，实现互联互通、有序运行"。

2012 年 2 月，中共中央办公厅、国务院办公厅印发《国家"十二五"时期文化改革发展规划纲要》。《规划》在"加强文化传播渠道建设"方面，具体列出"积极推进下一代广播电视网、新一代移动通信网络、宽带光纤接入网等网络基础设施建设，推进三网融合，创新业务形态，发挥各类信息网络设施的文化传播作用，实现互联互通、有序运行。在确保播出安全的前提下，广播电视播出机构与电信企业可探索多种合资、合作经营模式"等内容。

2012年6月28日，国务院下发《国务院关于大力推进信息化发展和切实保障信息安全的若干意见》，强调"加快推进三网融合。总结试点经验，在确保信息和文化安全的前提下，大力推进三网融合，推动广电、电信业务双向进入"，"加快相关法律法规和标准体系建设，健全适应三网融合的体制机制，完善可管、可控的网络信息和文化安全保障体系"。此时，决策层清晰地表达了"可管""可控"的意志。

2013年国务院进行机构改革，将国家新闻出版总署、国家广播电影电视总局的职责整合，组建国家新闻出版广电总局。新机构的主要职责是：统筹规划新闻出版广播电影电视事业产业发展；监督管理新闻出版广播影视机构和业务以及出版物、广播影视节目的内容和质量；负责著作权管理等。2013年3月22日，国家新闻出版广电总局正式挂牌，同时加挂国家版权局牌子。

2014年8月18日，中央全面深化改革领导小组第四次会议审议通过了《关于推动传统媒体和新兴媒体融合发展的指导意见》，这是我国自互联网发展以来，关于"媒介融合"最具突出地位的政策文件。在这一文件中，执政党对于媒介融合的意志；对于媒介融合的意义、要求和目标认识；看待融合的思维和进行融合的路径等都明确地、全面地、具体地表达出来。之后，"媒体融合"成为更加经常使用的语汇。前述关于媒介融合的学术史考察，发现此时研究"媒体融合"的文献发表量激增，也是源于该政策文件的出台。

2015年8月25日，国务院办公厅下发《国务院办公厅关于印发三网融合推广方案的通知》。根据这一文件，三网融合的工作目标包括了"安全保障能力显著提高"，这一目标具体是指"在中央网络安全和信息化领导小组的领导下，网络信息安全和文化安全管理体系更加健全，技术管理能力显著提升，国家安全意识进一步增强"。

2015年12月25日，习近平总书记视察解放军报社时，强调要利用互联网的特点和优点，推进理念、内容、手段、体制、机制等全方位创新。

要研究把握新闻传播规律和新兴媒体发展规律，强化互联网思维和一体化发展理念，推动各种媒介资源、生产要素有效整合，推动信息内容、技术应用、平台终端、人才队伍共享融通。至此，媒介融合，无论是从宏观的层面所指的信息技术作为引擎引发的人类社会的改变、传统大众传媒时代的改变、电信信息领域与传媒相互区隔的消融，还是在我国具体语境中，中观和微观层面上所指的我国的"三网融合"、传统媒体和新兴媒体的融合，在总体政策上，形成了完整的推进、保证、规范的政策体系。

（二）信息产业政策：继续完善适应三网融合的体制机制

2011年，工信部《新一代信息技术产业发展"十二五"规划》出台，明确以"物联网"为中心，五年实现"三网融合"。

2012年6月18日，国务院提出《国务院关于大力推进信息化发展和切实保障信息安全的若干意见》，要求加快相关法律法规和标准体系建设，健全适应三网融合的体制机制，完善可管、可控的网络信息和文化安全保障体系。

2013年8月17日，国务院办公厅发布《国务院关于印发"宽带中国"战略及实施方案的通知》，该文件开宗明义：宽带网络是新时期我国经济社会发展的战略性公共基础设施，发展宽带网络对拉动有效投资和促进信息消费、推进发展方式转变和小康社会建设具有重要支撑作用。加快和提升宽带建设的速度和水平，对于三网融合、促进媒体发展也具有基础性的支撑作用和提升作用。

（三）传媒与网信政策：健全融合条件下的媒介规制

2011年10月28日，广电总局印发《持有互联网电视牌照机构运营管理要求》。根据文件表述，总局针对互联网电视集成业务牌照机构、互联网电视内容服务机构提出了相关要求，目的是"进一步规范互联网电视服务秩序，保障国家文化安全，促进三网融合工作的顺利进行"。这些要求涉及四个方面：互联网电视集成业务管理；互联网电视内容服务管理；互联网电视业务运营管理；互联网电视机顶盒等终端产品管理。这一文件是总局对于广播电视领域媒介融合的三大形式之一的"互联网电视"[①]细化管控的文件。

2012年6月11日，国家广电总局发布《关于IPTV集成播控平台建设有关问题的通知》，这一通知对于电视和电信融合的模式进行了进一步的具体设计。具体内容包括IPTV集成播控平台建设的体系、模式、功能、职责等方面。核心是加强内容的集成播控，严格内容服务者的义务，限定内容传输者的行为范围。2012年7月9日，国家广电总局和国家互联网信息办公室联合发布《关于进一步加强网络剧、微电影等网络视听节目管理的通知》。明确规定互联网视听节目服务单位按照"谁办网、谁负责"的原则，对网络剧、微电影等网络视听节目一律实行自审自播、先审后播。其中一些规定将网络剧的监管更进一步向电视剧监管看齐。比如，"从事生产制作并在本网站播出网络剧、微电影等网络视听节目的互联网视听节目服务单位，应同时依法取得广播影视行政部门颁发的'广播电视节目制作经营许可证'和'信息网络传播视听节目许可证'"；"网络剧、微电影等网络视听节目涉及重大革命和重大历史题材，应遵照广播影视有关管理规定执行"；"凡在广播影视行政部门备案公示，但未取得'电影片公映许可证''电视剧发行许可证'的电影和电视剧等，不得在网上播出"。

2013年1月4日，国家广电总局发布《广电总局关于促进主流媒体发展网络广播电视台的意见》，这是广电主管部门推动广播电视进行新媒体发展及与新媒体融合的一项举措。《意见》对"网络广播电视台"进行了界定：网络广播电视台是以宽带互联网、移动通信网等新兴信息网络为节目传播载体的电台电视台，是新形态的广播电视播出机构，是网上视听节目服务的重要平台，是网上舆论引导的重要阵地。这一意见不是从三网融合的角度，而是从传统媒体如何借助网络寻求新的传播载体的角度来发展传统媒体。该《意见》提出，要坚持台台并重、融合发展、规模运营的发展原则，同时强调，各级广电行政部门应争取将网络广播电视台建设纳入国家或地方文化发

[①] 这三大方式是互联网电视（也称OTT）、IPTV、手机电视。

展规划，列为文化发展重点扶持对象，各级政府将公益性信息发布专项建设工作交由网络广播电视台承担，争取国家财税、金融相关政策落到实处。该规定除了对于网络电视台的建构、与传统广播电视台的关系做出规定之外，还有一项很重要的规定，就是要求网络广播电视台未来可以根据情况转企改制，成为企业性质的市场主体。这对于广电领域来说，是一个重大突破。在广电领域，除了传统电视、IPTV、互联网电视、手机电视、传统广播电视台的网站，又有了一种新的融合形态——网络广播电视台。

2014年6月24日，国家新闻出版广电总局下发了《关于立即关闭互联网电视终端产品中违规视频软件下载通道的函》。在函件中，广电总局要求上海、浙江两地对互联网电视集成牌照的申请主体——华数公司和百视通公司进行整顿，要求两公司立即关闭其所有的互联网电视终端产品中各类商业视听网站客户端软件及各类视频聚合软件和互联网浏览器软件的下载通道；对已经下载的软件，立即予以技术处理；在未完成整顿之前，不得发行新的互联网电视终端产品。如果网上有害节目通过其互联网电视集成平台的终端产品进入电视机的问题不能得到有效解决，要追究开办主体的责任。事实上，广电总局此次发出的"关闭函"是对不执行"181号文"情形的一个具体反映。

2015年3月31日，新闻出版广电总局、财政部联合印发《关于推动传统出版和新兴出版融合发展的指导意见》。《指导意见》包括总体要求、重点任务、政策措施、组织实施共四部分16条内容。《指导意见》的出台，为促使传统出版影响力向网络空间延伸、实现传统出版和新兴出版融合发展指出了方向、提出了任务、说明了路径、提供了遵循依据。2015年4月，新闻出版广电总局印发《关于当前阶段集成播控平台建设管理有关问题的通知》，这一文件又进一步明确了有关IPTV建设中一些管控措施。

2015年7月20日，总局办公厅印发《关于做好移动互联网视听节目服务增项审核工作有关问题的通知》，明确了移动互联网视听节目服务的内容和表现形态，以及通过移动互联网手机电视门户网站开展专网手机电视内容服务应符合相应业务的具体要求。

2015年11月6日，国家互联网信息办公室、国家新闻出版广电总局在京联合举行首批新闻网站记者证发证仪式，为新华网、人民网、央视网等14家中央主要新闻网站首批594名记者发放新闻记者证。对新闻网站发放的新闻记者证，与传统媒体发放的记者证是一样的，持有者具有同等的权利，也具有同等的责任和义务。这表明了主管部门对传统媒体和新闻网站的管理，对传统媒体记者和今后新闻网站记者的管理，是一个标准、一个要求。主管部门表示对于已发证的记者，将按照《新闻记者管理办法》进行严格管理，还要结合网络媒体特点，进一步研究完善相关的管理制度和办法。与此同时，网信办表示着手建立包括商业网站在内的网络新闻信息从业人员职业资格准入制度。

五　全面融合时期的政策（2016—2018年）：打造新型主流媒体

2016年2月4日，国家新闻出版广电总局、工信部令第5号公布了《网络出版服务管理规定》，该规定旨在规范网络出版行为、加强内容监管、促进网络出版产业发展。

2016年2月19日，习近平总书记到人民日报、新华社、中央电视台三家中央新闻单位进行实地调研，并主持召开党的新闻舆论工作座谈会，发表重要讲话。讲话强调，推动融合发展，要主动借助新媒体传播优势；融合发展的关键在融为一体，合而为一；要尽快从相"加"阶段迈向相"融"阶段，从"你是你，我是我"，进而变成"你就是我，我就是你"，着力打造一批新型主流媒体。

2016年3月1日，国务院三网融合工作协调小组办公室印发《关于在全国范围内全面推进三网融合工作深入开展的通知》。

2016年3月17日，《中华人民共和国国民经济和社会发展第十三个五年规划纲要》发布。其中，第六篇"拓展网络经济空间"中第二十五章"构建泛在高效的信息网络"建设规划的内容，为媒介融合、传统媒体和新媒体融合、建设融媒体、拓展文化传媒新业态提供了更为有利的基础和条件。根据规划，要"加快构建高速、移动、安全、泛在的新一代信息基础设施，推进信息网络技术广泛运用，形成万物互联、人机交互、天地一体的网络空间"，"构建先进泛在的无线宽带网"。在"加快信息网络新技术开发应用""丰富文化产品和服务方面"，第六十八章第三节列出，"加快发展现代文化产业、发展网络视听、移动多媒体、数字出版、动漫游戏等新兴产业，推动出版发行、影视制作、工艺美术等传统产业转型升级。推进文化业态创新，大力发展创意文化产业，促进文化与科技、信息、旅游、体育、金融等产业融合发展。推动文化企业兼并重组，扶持中小微文化企业发展。加快全国有线电视网络整合和智能化建设。扩大和引导文化消费"；第四节列出，"建设现代传媒体系加强主流媒体建设，提高舆论引导水平，增强传播力、公信力。以先进技术为支撑、内容建设为根本，推动传统媒体和新兴媒体在内容、渠道、平台、经营、管理等方面深度融合，建设'内容+平台+终端'的新型传播体系，打造一批新型主流媒体和传播载体。优化媒体结构，规范传播秩序"。

2017年1月，国务院发布《关于促进移动互联网健康有序发展的意见》。这一文件因应社会主义市场经济发展，贯彻现代国家政府权力有限的理念，从建构现代传播体系的目标出发，对移动互联网发展的环境和要素，做出了具体规定。[①] 2017年4月，文化部发布《关于推动数字文

[①] 这一文件在推动移动互联网具体发展的措施方面的规定有以下几个方面："4.完善市场准入制度。深入推进简政放权、放管结合、优化服务，进一步取消和下放相关行政审批事项，加快落实由先证后照改为先照后证，简化审批流程、提高审批效率。建立完善与移动互联网演进发展相适应的市场准入制度，健全电信业务分级分类管理制度，健全移动互联网新业务备案管理、综合评估等制度。在确保安全的前提下，引导多元化投融资市场发展，积极稳妥推进电信市场开放，推动形成多种资本成分和各类市场主体优势互补、相互竞争、共同发展的市场新格局"；"13.繁荣发展网络文化。把握移动互联网传播规律，实施社会主义核心价值观、中华优秀文化网上传播等内容建设工程，培育积极健康、向上向善的网络文化。加大中央和地方主要新闻单位、重点新闻网站等主流媒体移动端建设推广力度，积极扶持各类正能量账号和应用。加强新闻媒体移动端建设，构建导向正确、协同高效的全媒体传播体系。在互联网新闻信息服务、网络出版服务、信息网络传播视听节目服务等领域开展特殊管理股试点。大力推动传统媒体与移动新媒体深度融合发展，加快布局移动互联网阵地建设，建成一批具有强大实力和传播力、公信力、影响力的新型媒体集团"。

化产业创新发展的指导意见》。在"三、着力发展数字文化产业重点领域"这一部分规定,"(十)丰富网络文化产业内容和形式。实施网络内容建设工程,大力发展网络文艺,丰富网络文化内涵,推动优秀文化产品网络传播。鼓励生产传播健康向上的优秀网络原创作品,提高网络音乐、网络文学、网络表演、网络剧(节)目等网络文化产品的原创能力和文化品位。利用社交平台与用户开展线上线下交流,提升消费体验。保护激励原创,促进网络文化产业链相关环节的融合与沟通,研究建立规范合理的分成模式。深入推进互联网上网服务行业转型升级,开拓线下体验服务新领域"。

2017年5月7日,国务院印发《国家"十三五"时期文化发展改革规划纲要》。《纲要》从"提高舆论引导水平"这一目的出发,对于媒体融合提出了相关规划。到这一时期,我国关于媒体融合政策的理念、主旨、思路、方向已经非常全面和清晰了。[①] 2017年9月,新闻出版广电总局发布《新闻出版广播影视"十三五"发展规划》。《规划》明确提出,把深度融合、一体发展作为关系行业生存发展的战略工程,中央和省级媒体要走在前、先突破,实现化学反应,取得融合一体化的实质飞跃。支持建设统一指挥调度的融媒体中心、全媒体采编平台等"中央厨房",重构新闻采编生产流程,生产全媒体产品,提高内容供给、产品生产、信息传播和服务能力。推动设立国家出版融合发展投资引导资金,带动社会资本积极参加传统出版与新兴出版融合发展。探索以资本为纽带的媒

---

① 这一文件的具体规定是这一项:"(二)推动媒体融合发展。扶持重点主流媒体创新思路,推动融合发展尽快从相'加'迈向相'融',形成新型传播模式。支持党报党刊、通讯社、电台电视台建设统一指挥调度的融媒体中心、全媒体采编平台等'中央厨房',重构新闻采编生产流程,生产全媒体产品。明确不同类型、不同层级媒体定位,统筹推进媒体结构调整和融合发展,打造一批新型主流媒体和媒体集团"。在"完善现代文化市场体系和现代文化产业体系"项下,列出(四)强化文化科技支撑。落实中央财政科技计划管理改革的有关要求,通过优化整合后的科技计划(专项、基金等),支持符合条件的文化科技项目。运用云计算、人工智能、物联网等科技成果,催生新型文化业态。加强虚拟现实技术的研发与运用。推动"三网融合"。制定文化产业领域技术标准,深入推进国家文化科技创新工程。依托国家级文化和科技融合示范基地,加强文化科技企业创新能力建设,提高文化核心技术装备制造水平。加强文化资源的数字化采集、保存和应用。

体融合发展路径,支持传统新闻出版广播电视媒体控股或参股互联网企业和科技企业。

《规划》明确提出,以中国广播电视网络有限公司为主体,加快全国有线电视网络整合和智能化建设,尽快实现全国一张网,建立互联互通、安全可控的全国性数字化文化传播渠道,推进三网融合。《规划》多次强调了针对不同平台一视同仁的监管政策,"进一步加强网络传播市场建设和管理,对网络传播影视剧包括境外影视剧等,实行同一尺度、同一标准"。

总体来说,《规划》在立足开放、激活、注重市场作用的前提下,对长期制约我国文化传媒领域发展的一些政策性因素,① 做了很大调整。

六 深度融合发展时期的政策(2019年至今):构建全媒体传播格局

2019年1月25日,习近平总书记针对媒体融合发表了重要讲话,特别强调要推动媒体融合向纵深发展,指出要"运用信息革命成果,加快构建融为一体、合二为一的全媒体传播格局"。

2019年8月,科技部、中央宣传部、网信办、财政部、文化和旅游部、广播电视总局共同研究制定了《关于促进文化和科技深度融合的指导意见》,《意见》提出,加强文化创作、生产、传播和消费等环节共性关键技术研究,以数字化、网络化、智能化为技术基点,重点突破新闻出版、广播影视、文化艺术、创意设计、文物保护利用、非物质文化遗产传承发

---

① 如"规划"中所列内容:"打破层级和区域限制,加快图书、报刊、广播、电影、电视资源聚合、产业融合。鼓励支持传媒企业跨地区跨行业跨所有制兼并重组,培育一批主业突出、具有创新能力和竞争力的新型骨干传媒公司。"同时又指出,"支持符合条件的新闻出版广播影视企业通过资本市场上市融资、再融资和并购重组做大做强。"既"支持传统新闻出版广播电视媒体控股或参股互联网企业和科技企业",同时也向社会资本敞开了大门,"允许非公有制广播影视企业以控股形式参与广播影视制作机构改制经营。"明确提出要开展国资系上市传媒企业股权激励试点工作,"开展国有控股上市传媒企业股权激励试点,探索建立国有传媒企业股权激励机制。"同时,对于一直以来严格管控的新闻单位,也给予了一定的市场化空间:"完善新闻出版单位事业与企业分开、采编与经营分开工作机制,允许公益性新闻出版单位中经营性部分转制为企业进行公司制、股份制运作"等。

展、文化旅游等领域系统集成应用技术，开发内容可视化呈现、互动化传播、沉浸化体验技术应用系统平台与产品，优化文化数据提取、存储、利用技术，发展适用于文化遗产保护和传承的数字化技术和新材料、新工艺。

2020年9月，中共中央办公厅、国务院办公厅印发了《关于加快推进媒体深度融合发展的意见》。《意见》要求深刻认识全媒体时代推进媒体深度融合的紧迫性，坚持正确方向，坚持一体发展，坚持移动优先，坚持科学布局，坚持改革创新，推动传统媒体和新兴媒体在体制机制、政策措施、流程管理、人才技术等方面加快融合步伐，逐步构建网上网下一体、内宣外宣联动的主流舆论格局，建立以内容建设为根本、先进技术为支撑、创新管理为保障的全媒体传播体系。

2020年11月，广电总局印发《关于加快推进广播电视媒体深度融合发展的意见》，要求推进各级广电媒体协同联动，整合网上网下资源渠道，一体运营网上网下业务，集中力量做优主平台、拓展主渠道、做强主账号，建立健全资源集约、协同高效、方式创新、内宣外宣联动的全媒体传播矩阵，占据全媒体传播主流地位。中央级广电媒体围绕自身定位，加快打造新型主流媒体"旗舰"，形成引领效应和示范效应。省级广电媒体立足服务地方经济社会发展，加快资源整合步伐，推进品牌化和规模化运营，打造区域性传播平台。市级广电媒体因地制宜，加强上下联动和横向合作，加快自身融合发展步伐。发挥广电媒体的特色和优势，积极参与县级融媒体中心建设。以有条件、有实力的广电媒体为龙头，推进多种形式的集群化发展，建设形态多样、手段先进、优势突出、竞争力强的新型主流媒体"航母"。

综上所见，管理层看待媒介融合政策的两个维度，最终统一到"构建现代传播体系"的同一维度上。所以无论是信息政策，还是媒体政策，还是融合政策，都可以用一个涵盖这些术语全部外延的语汇来表示，这就是一国的"传播政策"。

第三节 我国媒介融合政策分析

进入21世纪以来，传播版图和媒介生态发生了重大变化。以数字技术和网络技术等新兴信息技术为基础建构的互联网的出现，不仅意味着一个全新媒介形态的产生，同时也为媒体多功能一体化提供了前所未有的平台。伴随新的信息技术的开发和应用，媒介融合成为一种现实。媒介融合，即传统媒体和新媒体在互联网基础上从技术到功能、从经营到管理的有机整合，已经成为媒介生产升级换代的基本路径。与此同时，基于自由联通和主体多元的网络化传播给媒介监管带来全新挑战，各国从信息化发展趋势，互联网传播特性，以及本国政体国情、政策传统和传播价值观出发，对规制理念、架构和体系持续进行着调整。

我国新形势下的传媒政策转型，或者说当前媒介基本政策的制定，有两个基本立足点。一个是来自元政策层面（主要是政治制度和价值取向）的意识形态安全；另一个是与政治合法性密切相关的国民经济的可持续发展。因此，一手抓发展（融合）、一手抓管理自然成为互联网政策的主旋律。其中，意识形态安全，即内容管理则是更为侧重的方面。

与此同时，网络安全被提高到维护国家政治安全、文化安全、意识形态安全的层面。习近平总书记在《关于〈中共中央关于全面深化改革若干重大问题的决定〉的说明》中提出，"面对传播快、影响大、覆盖广、社会动员能力强的微博、微信等社交网络和即时通信工具用户的快速增长，如何加强网络法制建设和舆论引导，确保网络信息传播秩序和国家安全、社会稳定，已经成为摆在我们面前的现实突出问题"。[①] "传播秩序"被提到网络安全的核心地位，成为当前网络监管的目标和价值追求。

2016年4月，习近平总书记在网络安全和信息化工作座谈会上正式提出"网络安全观"："安全是发展的前提，发展是安全的保障，安全和发展要同步推进。"结合此前提出的"没有网络安全就没有国家安全"的论断，

[①] 习近平：《习近平谈治国理政》，外文出版社2014年版，第84页。

"安全观"和"发展观"应该就是党在新形势下对我国以互联网为代表的媒介监管的基本观点,或者说,新型的网络安全观塑造了当代的媒介监管格局。

为配合强化意识形态安全的政策导向,当前我国媒介监管的主体思路,首先是将传统的内容、渠道、人事之全面控制模式施之于新媒体之上,推动传统媒体和新媒体在导向和内容管理上统一尺度、统一标准;其次,尽量将原来行政化和政策性的监管手段纳入法律的范畴,即政策法制化;最后,结合互联网产业和传播的特点,创新管理方式,赋予网络服务平台方和社会机构(各级各类行业协会组织、伦理委员会)管理主体的责任和义务,形成新的监管结构和治理架构。而原本处于媒介监管第一线的监管部门则通过调控、约谈、倡议等方式,更加专注于对各级"类监管"机构的组织建设、队伍建设以及政策落实的指导和监督,即从"管行为"向"管主体"转型。

值得强调的是,媒介融合时代我国媒介监管政策及其转型基本围绕着一系列新型传播规制观而展开。体制转型的基础是思想转型。我国新形势下的传播规制观,包括宏观层面的"网络安全观";目标层面的"网络法制观"(政策法制化,以法治媒)和"传播秩序观"(包括"主流媒体观"和"融合发展观",即传统媒体与新兴媒体的融合);微观机制层面的"统一尺度观"(融合监管观)和"主体责任观"。这些基本规制观塑造了我国媒介监管的元政策基础,在此基础之上,逐步形成国家在新时代对于传播组织权的集约和重构。

媒介融合作为一项正式的政策措施,起自2014年8月中央全面深化改革领导小组第四次会议通过的《关于推动传统媒体和新兴媒体融合发展的指导意见》。至此,媒体融合成为一个热词,也成为主流传媒领域积极推进的运动,学术研究和新闻报道也以之为主要议题。《指导意见》对于推动传统媒体和新兴媒体融合表达了执政党坚决的意志、急迫的态度和明确的要求,这是因为互联网的发展造就的舆论生态,从执政党把握舆论主导权的角度来说,已经构成全新的挑战。

第二章 我国推进媒介融合政策的历史回顾与分析

我们从以下数据和事实可以看出这一意见提出的背景和形势。据统计资料，从2012—2013年起，在传统新闻业居于主导地位的报业，从报纸种数、出版数到广告经营额出现全面的连年减退，其中省市级报纸减退尤其严重。① 电视和广播的广告营业额从2013年出现下降趋势，其间偶有起伏，但央视黄金时段招标竞拍已无复当年盛况。② 与传统媒体相反，互联网的广告营业额则呈现逐年攀升的状态。

表2-1　2011—2017年报纸种数和总印量增减（总印量单位为亿份）

	2011	2012	2013	2014	2015	2016	2017
报纸种数	1928	1918	1821	1912	1906	1894	1884
报纸出版份数	467.43	482.26	482.41	463.80	430.09	390.07	362.50

表2-2　21世纪第二个十年广告营业额比较（亿，CNY）

	2011	2012	2013	2014	2015	2016	2017
广告总额	3126.60	4698.00	5019.80	5605.60	5973.40	6389.10	6896.40
报纸	489.45	555.63	504.70	501.67	501.12	359.26	348.63
电视	897.90	1132.30	1101.10	1278.50	1146.70	1239.00	1234.40
广播	90.95	141.50	141.18	132.84	124.49	172.64	136.00
互联网	296.70	439.12	638.80	969.09	1589.00	2305.20	2975.00

传统媒体和网络媒体这种此消彼长的后果，CNNIC在2017年1月发布的《中国互联网新闻市场研究报告》中，作了透彻而尖锐的描述。"报告"指出：在互联网上，新闻生产主体已经多元化，不仅有中央和省级新闻网

---

① 具体报纸种数、出版数，参见崔保国主编《中国传媒产业发展报告（2018）》，社会科学文献出版社2018年版，第12页；其中缺2017年数字情况，以及省市级报纸情况，参见《中国新闻出版产业分析报告》，中国出版传媒网，http://www.cbbr.com.cn/article/123452.html，2018年7月30日，广告营业额数字，据国家工商总局发布，载《现代广告》2017年第4期、2018年第4期。

② 据国家工商总局发布。

站，还有商业网站和依托于社交平台的个人和机构的自媒体；新闻生产和分发分离、算法分发成为新闻的主要分发方式；社交媒体成为用户获取、评论、转发新闻的主要平台和社会热点新闻的传播源头；社交平台、手机浏览器和新闻客户端成为新闻的三大分发渠道；媒体"去中心化"和传播"多层次化"的特征明显显现。由此，"报告"明确无误地作出结论："随着智能手机和移动互联网的迅速普及，新的信息技术为新闻传播带来巨大深远的影响，原有单一、线性的传播形态彻底被颠覆"。单一、线性传播正是传统媒体传播的常规形态。这里需要注意，不是改变，而是颠覆；不只是一般的颠覆，而是彻底颠覆。

数十年来，传统媒体一贯是党和政府的思想宣传阵地，发挥着正确舆论导向、正面宣传等重要功能。而在网络空间，尽管国家出台了互联网新闻信息许可制①并规定只有传统媒体和宣传部门才允许申请设立拥有新闻采编权的"新闻网站"②，但在新的网络传播形态下，传统媒体所设立的新媒体面对商业网站和无数自媒体，其竞争之激烈却是前所未有。而在这场竞争中，传统媒体及其创设的新媒体并不乐观。CNNIC 的这份报告指出，尽管主流新闻网站的公信力更胜一筹，但是商业网站稳居流量优势，其中腾讯新闻和今日头条位列前两位。还有其他权威资料也可以为 CNNIC 的这个描述佐证。如 2011 年人民网公司上市前在其招股说明书中引用某调查机构就独立访问者数量、人均页面浏览量等统计综合排名，人民网只居第 50 位，而腾讯等四大商业网站则稳居前 10 名③。2015 年，另一家机构对新闻客户端阅读覆盖率的调查也表明：腾讯新闻、今日头条、网易新闻、搜狐

---

① 参见《国务院对确需保留的行政审批项目设定行政许可的决定》第 372 项，2005 年。
② 主管部门已经就此发布过三次部门规章：国新办和信息产业部《互联网站从事登载新闻业务管理规定》（2000）、国新办和信息产业部《互联网新闻信息服务管理规定》（2005）、国家互联网信息办公室《互联网新闻信息服务管理规定》（2017）。2017 年"规定"是目前有效文件。按照这些文件，"新闻网站"是指新闻单位和宣传部门创设的、有权采制编辑和发布新闻的网站，只能转载新闻的商业网站不能称为"新闻网站"。
③ 参见《人民网股份有限公司首次发行股票招股说明书》，2012 年 4 月 23 日。

第二章 我国推进媒介融合政策的历史回顾与分析

新闻四家客户端稳居前4位,人民日报、央视新闻等被列于15位以后。[①]

与之相应,国有新媒体与商业媒体的财务差距显著拉开,也已是众所周知的情况。如2014年人民网在上市3年后,营业总收入为15.84亿元,较上年增长54.11%;净利润3.3亿元,较上年增长21.02%。[②] 就其本身来说成绩不俗。但是在香港上市的腾讯公司,这年总收入为人民币789.32亿元(128.99亿美元),同比增长31%;净利润为人民币238.1亿元(38.93亿美元),同比增长54%。诚然,腾讯并不是专营传媒,但其年报显示,在2014年末QQ空间智能终端月活跃账户达5.76亿,同比增长30%;微信和WeChat合并月活跃用户达5亿,同比增长41%,从而"成为中国领先的移动新闻平台"(人民网年报没有相应数据),这显然大大增强了自身市场地位。[③]

新闻传播的主要舞台转移到网络空间,而主流媒体(传统媒体加上它们设立的新闻网站和其他新媒体以及党和政府部门创设的网络媒体)在那里却不能占有多数用户,势必严重影响舆论主导权。面对这种新闻舆论的新格局、新态势、新挑战,中央不失时机引入"媒体融合"的概念,并赋予崭新内容。前述分析构成了媒体融合这一政策的"元政策"要素。

所以,在中国官方,媒体融合并不是单纯的理论论述,更不仅仅是对于网络时代媒体生态变化的某种描述,而是提出一项政策,一项应对措施,一项重要战略部署。自此,"媒体融合"成为一个具有关涉执政党掌握舆论主导权,具有明确意涵的政策词语,具有如下特点:

1. 针对性。中央清醒认识到主流媒体在网络空间遭遇的挑战,提出媒体融合正是与之针锋相对。习近平总书记在2013年8月19日召开的全国宣传思想工作会议上发表的重要讲话(以下简称"八一九讲话")中提出"加快传统媒体和新兴媒体融合发展"时,就明确揭示了"很多人特别是

[①] 参见信诺数据《2015年1月至10月中国移动互联网新闻客户端发展分析报告》,2015年12月15日。

[②] 参见《人民网股份有限公司2014年年度报告》,2015年4月13日。

[③] 参见腾讯控股有限公司截至2014年12月31日止全年业绩公布,2015年3月19日。

年轻人基本不看主流媒体，大部分信息都从网上获取"的现状，他要求，"必须正视这个事实，加大力量投入，尽快掌握这个舆论战场上的主动权"，并且提出"不能被边缘化了"。

在党的十八届三中全会和中央全面深化改革领导小组第四次会议之间，时任中宣部部长刘奇葆发表《加快推动传统媒体和新兴媒体融合发展》一文，可以进一步看出中央对此的思考。在刘奇葆看来：新兴媒体发展之快、覆盖之广，对传统媒体带来很大冲击，"超乎想象"。他从三个方面来概括这样的冲击：一是媒体格局，传统媒体的受众规模缩小，市场份额下降，越来越多的人通过新兴媒体获取信息，青年一代更是将互联网作为获取信息的主要途径。二是舆论生态，新兴媒体议题设置、影响舆论的能力日益增强，大量社会热点在网上迅速生成、发酵、扩散，势必影响传统媒体的舆论引导。三是意识形态，他写道："互联网已经成为舆论斗争的主战场，直接关系我国意识形态安全和政权安全。"正是从总体国家安全观[①]的高度，刘奇葆尖锐指出，"传统媒体已经到了一个革新图存的重要关口"。"面对这种严峻形势，推动传统媒体和新兴媒体融合发展刻不容缓，这是我们应当肩负起的历史责任。"[②]

2. 战略性。以习近平总书记指出的"经济建设是党的中心工作，意识形态工作是党的一项极端重要的工作"这个引起普遍关注的重要论断为开端，引出的主题就是宣传思想工作，而媒体融合正是在宣传思想工作框架中作为一项创新措施提出来的，从而成为党的意识形态工作和宣传思想工作的组成部分。

在此之后的党的十八届三中全会，也是在"健全坚持正确舆论导向的体制机制"的议题下提出媒体融合的。而再后的《关于推动传统媒体和新兴媒体融合发展的指导意见》，本身就是中央深化改革领导小组的议题，

---

① 总体国家安全观于2014年4月15日由习近平在中央国家安全委员会第一次会议上的讲话中正式提出，尔后在2015年7月1日全国人大常委会通过以总体国家安全观为指导的新的《国家安全法》。

② 刘奇葆：《加快推动传统媒体和新兴媒体融合发展》，《人民日报》2014年4月23日第6版。

其中提出媒体融合"是落实中央全面深化改革部署、推进宣传文化领域改革创新的一项重要任务"。

深化改革、意识形态和宣传工作、宣传文化领域改革创新，在党的工作中都居于众所周知的战略地位，可见媒体融合在其中并非一项学术议题，也不是某种局部措施，而是一项具有战略意义的全局性政策举措。

3. 主体性。与国际和我国有些学者单纯从传播技术、表现方式等方面考察媒体融合，将融合理解为不同形态的媒体和不同传播手段的合作不一样，中国官方提出"传统媒体和新兴媒体的融合发展"的命题，始终是以传统媒体作为主体的；是立足于党和政府创办并主管的传统媒体，采用新兴媒体的各种先进传播技术和手段，从而在线下和线上都成为在社会舆论中居于主导地位的主流媒体。正如《关于推动传统媒体和新兴媒体融合发展的指导意见》所指出的，媒体融合"是适应媒体格局深刻变化、提升主流媒体传播力公信力影响力和舆论引导能力的重要举措。通过融合发展，使我们的主流媒体科学运用先进传播技术，增强信息生产和服务能力，更好地传播党和政府声音，更好地满足人民群众的信息需求"。

纵观媒体融合的提出和发展，始终是以党和政府为主导，对体制内的传统媒体进行整合和推进并创设若干单独的网络媒体，而并不涉及我国自有互联网以来蓬勃兴起的那些"体制外"的商业网站和网络平台。在官方语汇里，一般说媒体是指新闻媒体，而后者不在其中。如果说有关系，那么它们只是主流媒体的竞争对手或者"融合"对象。

4. 政务性。媒体融合不只是一个概念，而是伴随着转变思维方式、采用多种先进传播技术、调整组织结构和管理体制、改进内容、革新传播手段等多种措施。在我国体制内，具有强烈的政务色彩。在中央作出决定以后，各家媒体主管部门、媒体单位闻风而动。新闻出版、广播电视、互联网等部门和领域均就"媒体融合"作出部署[1]，以致 2014 年有"媒体融

---

[1] 如 2015 年 3 月国家新闻出版广电总局和财政部印发《关于推动传统出版和新兴出版融合发展的指导意见》，2016 年 7 月国家新闻出版广电总局印发《关于进一步加快广播电视媒体与新兴媒体融合发展的意见》等。

合"元年之称。《国家"十三五"时期文化发展改革规划纲要》(2017)、《新闻出版广播影视"十三五"发展规划》(2017)都把推进"媒体融合"列为一项重要内容。

"媒介融合"作为一种实际现象的对应表达,在此前的章节都有了相关阐释和描述。"三网融合"和"媒体融合"的发展在特定时期、特定政策的影响下,呈现出独特的发展历史。如今,我们无论是从信息化的建设、现代传播体系的建设,还是从构建"一把尺子""一个标准"管控机制、更好满足人们对美好生活的愿望的角度,或是为产业发展提供更好环境的角度来看,都迎来了时代的春天。但是回顾媒介融合的政策史,给我们带来的思考是:在传媒领域,主管部门在制定具体政策时,需要具有更多历史担当,大胆改革,解放思想;需要将人民的利益真正置于首位。而维护人民利益的具体化,就是尊重人民的需要,承认人民的需求。很多的互联网公司能够迅猛发展,关键就在于它们开发了满足人民需求、用户需求的产品和服务。对于政策的制定者来说,首先是要承认这样的需求,如此才不会陷入保守、刻板、狭隘、守旧的思维窠臼之中,才能以积极的态度避免利益之争,制定符合时代发展的政策。在我国,媒介融合是一个亘古未有的社会实践,在已经来到的"全息媒体"时代,我们的政策制定需要在激活媒体活力方面下大功夫,为媒体在运营和市场竞争中提供更多的保障性条件。

第三章　媒介融合背景下我国传媒监管建构与历史演变

　　法律和政策的制定、推行或适用，是立法者和政策制定者为实现特定的管理目标而采取的举措。所有这些静态、动态手段的集合，构成了国家对特定领域的监管。如今，随着现代社会的发展，传媒监管也逐渐从单纯依靠国家公权力，发展为多元主体参与的多重机制协同发挥作用的治理形态。本章中，我们将对媒介融合背景下的我国传媒监管制度的建构与演进过程进行研究和审视。

　　随着互联网技术的应用和推广，新闻传播活动发生了结构性转型，具有融合性、多元性、社交性特征的新兴媒体成为人们获取信息和发表意见的优先选择。其中，网络媒体以更倾向于获取利润的价值导向、更加融合的媒介形式以及更多元的所有权分布等特性，对当前媒体的形态、业态乃至新闻生态产生了深刻影响。与此同时，碎片化、情绪化的信息和意见流动促使新闻传播进入"后真相"时代，片面虚假信息、极端仇视言论等更成为新闻生态乃至社会稳定的威胁。在这一背景下，如何通过制度手段规避网络媒体（尤其是社交媒体）传播中的负面影响，实现网络空间的良序善治，成为当前国内外媒介监管的时代命题。

　　融合时代我国互联网内容监管面临的一个现实情况是，管理重心从行政部门环节向服务平台环节转移，这一点与传统媒体管理有很大不同。传统媒体的新闻宣传功能，基本处在党和政府的直接管理之下；而网络媒体主体多元性决定了，很大一部分信息传播活动是在党和政府的直接控制之外。正因为网络传播方式的不可控性，"传播秩序""舆论导向"被提到网络安全的核心地位，成为当前网络监管的重要目标。习近平总书记在《关于〈中共中央关于全面深化改革若干重大问题的决定〉的说明》（2013年11月）中特别提出，"如何加强网络法制建设和舆论引导，确保网络信息传播秩序和国家安全、社会稳定，已经成为摆在我们面前的现实突出问题"。① 2016年，他又特别指出，"过不了互联网这一关，就过不了长期执政这一关。党管媒体，不能说只管党直接掌握的媒体。党管媒体是把各级各类媒体都置于党的领导之下，这个领导不是'隔靴搔痒式'领导，方式可以有区别，但不能让党管媒体的原则被架空"。②

鉴于互联网传播移动化、多元化和扁平化的趋势，2017年1月，中办、国办印发《关于促进移动互联网健康有序发展的意见》，就新时期传播秩序建构提出具体措施："一、加大中央和地方主要新闻单位、重点新闻网站等主流媒体移动端建设推广力度，积极扶持各类正能量账号和应用；二、通过网络信息服务、网络出版服务、网络视听服务等领域的股份和人事安排，有效监控非国有领域的传播质量和舆论导向；三、大力推动传统媒体与移动新媒体深度融合发展，加快布局移动互联网阵地建设，建成一批具有强大实力和传播力、公信力、影响力的新型媒体集团"。不难发现，"传播秩序观"同时也就包含了一种具有中国特色的"融合发展观"，或者说新时期传播秩序的建构是以媒体融合、制度融合为背景和基础的媒介权力重构。

2019年1月，习近平总书记在十九届中共中央政治局第十二次集体学习时重申，"推动媒体融合发展、建设全媒体成为我们面临的一项紧迫课题。要运用信息革命成果，推动媒体融合向纵深发展，做大做强主流舆论，巩固全党全国人民团结奋斗的共同思想基础"，"要抓紧做好顶层设

---

① 习近平：《习近平谈治国理政》，外文出版社2014年版，第84页。
② 习近平：《论党的宣传思想工作》，中央文献出版社2020年版，第183页。

计，打造新型传播平台，建成新型主流媒体，扩大主流价值影响力版图"。①

为重构传播秩序，党的十八大之后，国家最高决策层逐步形成了新型网络治理观，以统领新时代党管媒体的探索和实践，为监管体制转型夯实基础和创造条件。我国新形势下的网络治理观包括宏观层面的网络安全观；目标层面的网络法制观和传播秩序观（包括主流媒体观和融合发展观）；微观机制层面的统一尺度观（融合监管观）和主体责任观。这些基本的规制思路构成了我国传媒监管的元政策基础，或者说通过观念架构塑造了我国现时代传媒监管的新格局，形成了国家在新时代对于传播组织权（传播秩序）的集约和重构。

第一节 顶层设计：网络安全观的提出及领导体制构建

我国新形势下的传媒监管转型是一个自上而下的政策推动过程，顶层设计起到了至关重要的作用。而顶层设计及相关政策获得合法性并得以落实的前提是，社会各阶层对网络媒体监管的迫切性和实现路径达成共识。这是"网络安全观"提出的基本语境，也是近些年来国家领导人不断强调、申明观点的内在原因。

2016年4月，习近平总书记在网络安全与信息化工作座谈会上第一次提出要统筹把握安全与发展的辩证关系："安全是发展的前提，发展是安全的保障，安全和发展要同步推进。"结合2014年2月27日习近平总书记在中央网络安全与信息化领导小组第一次会议上提出的"没有网络安全就没有国家安全"的论断，新形势下网络安全观实际上包含两大核心内容，一个是"安全观"，即网络安全是国家安全的重要组成部分，网络信息系统的安全具有基础性和全局性；另一个是"发展观"，即网络安全与国家信息化发展相伴而生，信息化发展为国家安全提供了更高的阈值，两者的

---

① 习近平：《论党的宣传思想工作》，中央文献出版社2020年版，第356页。

规划和建设应该同步进行，协调配合。

无论是"安全观"还是"发展观"，都是国家决策层在研判网信（网络安全和信息化）事业发展形势的基础上，对网络安全的战略地位所做出的基本判断，也是我国互联网政策的出发点和立足点。所谓"网络安全"，按照《网络安全法》（2017）的定义，是指"通过采取必要措施，防范对网络的攻击、侵入、干扰、破坏和非法使用以及意外事故，使网络处于稳定可靠运行的状态，以及保障网络数据的完整性、保密性、可用性的能力"[①]。从这个定义看，网络安全主要强调的是技术（运行）安全，即信息基础设施以及信息系统所面临的风险；但是从该部法律的具体规定（尤其是第十二条和第四十八条）来看，内容安全同样是重点强调的环节（作为信息安全的一部分）。正如2013年11月党的十八届三中全会通过的《中共中央关于全面深化改革若干重大问题的决定》所指出的，要"形成从技术到内容、从日常安全到打击犯罪的互联网管理合力，确保网络正确运用和安全"[②]。

一 "网络安全"话语的历史衍变

在互联网监管领域，"网络安全"有一个长期的话语建构、内涵丰富、价值发现和组织完善的过程。早在我国接入互联网国际专线之前，"计算机系统安全"就被提出。国务院于1994年2月出台的《中华人民共和国计算机系统安全保护条例》（147号令）第三条规定：计算机信息系统的安全保护，应当保障计算机及其相关的和配套的设备、设施（含网络）的安全，运行环境的安全，保障信息的安全，保障计算机功能的正常发挥，以维护计算机信息系统的安全运行。第七条规定：任何组织或者个人，不得利用计算机信息系统从事危害国家利益、集体利益和公民合法利益的活

---

① 参见2016年11月全国人民代表大会常务委员会发布的《中华人民共和国网络安全法》第七十六条第二款。

② 参见2013年11月习近平在党的十八届三中全会上关于《中共中央关于全面深化改革若干重大问题的决定》的说明。

动,不得危害计算机信息系统的安全。这里的"计算机信息系统安全"主要是指运行安全。

1994年4月,中国正式接入互联网国际专线。随后,中国公用互联网(CHINANET)等四大骨干网先后建成。1995年12月,新华社播发《中共中央办公厅、国务院办公厅加强电脑资讯网络国际联网管理的通知》,首次就互联网信息带来的便利和弊端做出评价,指出由于管理措施薄弱,一些淫秽色情等有害讯息流入国内,必须采取措施保障计算机信息系统安全。此时,内容安全被提出,主要指淫秽色情内容的社会危害性问题。

1997年,公安部发布《计算机信息网络国际联网安全保护管理办法》(公安部令第33号),将计算机安全概括为内容安全(第五条)和运行安全(第六条)两个方面,内容安全置于运行安全之前。其中对内容管理提出了九项更为具体的要求。[1] 这九项禁止性规定的表述具有典型意义,为后来的内容标准表述提供了范本。此时,网络安全仅属于公安部门的管辖范围。

随着国民经济和社会信息化建设的深入,网络安全工作的战略地位不断提升,被视为国家推进信息化的重要保证。1999年,国务院成立"国家信息化工作领导小组"。在其下设机构中,"计算机网络与信息安全管理工作办公室"是主要部门。不过在当时,领导小组的具体工作是由信息产业部来承担[2],也就是说,当时的网络与信息安全重心还是在信息基础设施和运行安全方面。

---

[1] 具体内容是:"任何单位和个人不得利用国际联网危害国家安全、泄漏国家机密,不得侵犯国家的、社会的、集体的利益和公民的合法权益,不得从事违法犯罪活动"(第四条)。这一条基本上继承了1994年《计算机系统安全保护条例》第三条的精神,表达方式上更加明确。第五条则具体列举了九种违禁内容,包括"(一)煽动抗拒、破坏宪法和法律、行政法规实施的;(二)煽动颠覆国家政权,推翻社会主义制度的;(三)煽动分裂国家、破坏国家统一的;(四)煽动民族仇恨、民族歧视,破坏民族团结的;(五)捏造或者歪曲事实,散布谣言,扰乱社会秩序的;(六)宣扬封建迷信、淫秽、色情、赌博、暴力、凶杀、恐怖,教唆犯罪的;(七)公然侮辱他人或者捏造事实诽谤他人的;(八)损害国家机关信誉的;(九)其他违反宪法和法律、行政法规的"。

[2] 参见《国务院办公厅关于成立国家信息化工作领导小组的通知》(1999年12月)。

2000年12月28日，第九届全国人民代表大会常务委员会第十九次会议通过《维护互联网安全的决定》，其中提到的"互联网安全"主要包含互联网的运行安全（第一条）；国家安全和社会稳定（第二条）；社会主义市场经济秩序和社会管理秩序（第三条）；保护个人、法人和其他组织人身财产等合法权利（第四条）；违法及犯罪行为（第五条）五个方面。分析这五个方面，第一个方面是运行安全，第二、三、四个方面惩治的都是内容安全的问题，主要包括颠覆国家政权和现行制度、传播虚假信息、侮辱诽谤他人等情况。我国网络安全的主要内容此时已经基本成形。

2001年8月，中共中央、国务院决定组建"国家信息化领导小组"，明确提出加强信息化建设和国家信息安全的领导。在领导小组构成上，主管意识形态工作的中央政治局常委李岚清和中宣部部长丁关根同列副组长（组长朱镕基，副组长胡锦涛、李岚清、丁关根、吴邦国、曾培炎）。这个小组的建立标志着内容安全工作提升到国家战略层面。同年12月，领导小组第一次会议提出"信息安全存在隐患"的问题。2003年国务院换届后，成立了新一届国家信息化领导小组，国务院总理温家宝担任组长。同年在国家信息化领导小组之下成立了国家网络与信息安全协调小组，组长由中央政治局常委、国务院副总理吴邦国担任。

2006年，中央正式提出"坚持推进信息化建设与保障国家信息安全并重"的方针。中办、国办在《关于印发2006—2020年国家信息化发展战略的通知》中提到信息安全问题仍比较突出："在全球范围内，计算机病毒、网络攻击、垃圾邮件、系统漏洞、网络窃密、虚假有害信息和网络违法犯罪等问题日渐突出，如应对不当，可能会给我国经济社会发展和国家安全带来不利影响。"通知提出坚持"积极发展、加强管理"的原则，"理顺管理体制，明确管理责任，完善管理制度，正确处理好发展与管理之间的关系，形成适应互联网发展规律和特点的运行机制"，"建立和完善维护国家信息安全的长效机制"。同时，"规范网络文化传播秩序，使科学的理论、正确的舆论、高尚的精神、优秀的作品成为网上文化传播的主流"。由此，规范"传播秩序"成为实现网络安全的基本手段之一，内容安全的内涵进一步丰富。

2008年国务院机构改革后（工信部成立），国家信息化管理体制发生较大变化。国家信息化领导小组的咨询机构国家信息化专家咨询委员会先后两次立项进行有关国家信息化管理体制机制方面的研究。2012年上报的政策建议稿《国家信息化管理体制机制研究》指出，当前我国信息化管理体制机制中存在四个方面问题：一是管理机构缺乏权威，顶层管理职能缺位，全局性战略性的问题无法突破；二是协调机制不力，从2008年起国家信息化领导小组就没开过会，无法解决跨部门、跨地区以及中央和地区的协调问题；三是部门各自为政，重复建设严重，存在多头立项、多头审批问题，网络设备的利用效率只有5%—10%；四是条块突出，综合效能低下，信息孤岛加剧，安全风险进一步加大，统一应用和管理难以实现。[①] 这个报告虽然针对的是国家信息化的主要领域比如电子政务建设中的管理弊端，但其反映出的体制障碍实际上也是整个网络管理所面临的问题。

一年后，党的十八届三中全会（2013年11月）通过《中共中央关于全面深化改革若干重大问题的决定》，针对互联网领域提出"积极利用、科学发展、依法管理、确保安全"的方针，要求加大依法管理网络力度，完善互联网管理领导体制，"通过整合相关机构职能，形成从技术到内容、从日常安全到打击犯罪的互联网管理合力，确保网络正确运用和安全"。《决定》说明中特别提到网络管理所存在的内容安全短板，"面对传播快、影响大、覆盖广、社会动员能力强的微博、微信等社交网络和即时通信工具用户的快速增长，如何加强网络法制建设和舆论引导，确保网络信息传播秩序和国家安全、社会稳定，已经成为摆在我们面前的现实突出问题"。

在这个背景下，2014年2月27日，我国成立中央网络安全与信息化领导小组，作为党和国家互联网管理和信息化工作的最高决策机构（习近平任组长，李克强、刘云山任副组长）。这是党的十八届三中全会以后，由总书记直接担任组长、总理担任第一副组长的第三个跨党政军的重

[①] 汪玉凯：《中央网络安全和信息化领导小组的由来及其影响》，《中国信息安全》2014年第3期。

要机构（另两个为全面深化改革领导小组和国家安全委员会），也是第一次将网络安全提升国家安全的重要前提和内容。习近平总书记在该小组第一次会议上提出："网络安全和信息化是一体之两翼"，"没有网络安全就没有国家安全，没有信息化就没有现代化"；他尤其强调，"做好网上舆论工作是一项长期任务，要创新改进网上宣传，运用网络传播规律，弘扬主旋律，激发正能量，大力培育和践行社会主义核心价值观，把握好网上舆论引导的时、度、效，使网络空间清朗起来"。

有学者指出，决策机构把网络安全放在更为突出的位置："尽管在2003年组建的国家信息化领导小组下面，曾经单设了一个国家网络和信息安全协调小组，但这样的设置有可能造成网络安全协调与信息化领导的两张皮。而这次成立的中央网络安全与信息化领导小组，根据新的历史条件，特别是国家的网络安全上升到一个十分紧迫问题的情况下，突出网络安全并将其与国家信息化整体战略一并考虑，无疑具有重大战略意义。"[1]

二 "网络安全观"的提出及制度完善

如果说"中央网络安全和信息化领导小组"是领导体制构建的组织保证，那么思想基础则是"网络安全观"的正式提出。2016年4月，习近平在网络安全和信息化工作座谈会上第一次提出要树立正确的网络安全观："安全是发展的前提，发展是安全的保障，安全和发展要同步推进。"在此基础上，习近平总书记提出当前网络安全主要有五个特点：是整体的而不是割裂的；是动态的而不是静态的；是开放的而不是封闭的；是相对的而不是绝对的；是共同的而不是孤立的。可以说，新型的网络安全观塑造了当代的传媒监管格局。传播秩序、国家安全和社会稳定成为媒介监管所要追求的核心价值。

顶层决策机构成立后，除提出"网络安全观"的理论建构外，还推进了网信管理体制的建设和国家层面的互联网立法。为解决网络监管的权责

---

[1] 汪玉凯：《中央网络安全和信息化领导小组的由来及其影响》，《中国信息安全》2014年第3期。

和效率问题，国务院2014年8月下发《国务院关于授权国家互联网信息办公室负责互联网信息内容管理工作的通知》，授权重新组建的国家互联网信息办公室负责全国互联网信息内容管理工作，并负责监督管理执法。同时，国家互联网信息办公室同时加挂中央网络安全和信息化领导小组办公室的牌子。从2014年起，网信办出台了一系列互联网信息内容方面的规定和制度，涉及内容审查、行业准入、人员管理到平台责任等方方面面。

2018年深化党和国家机构改革，中央网络安全和信息化领导小组改为中央网络安全和信息化委员会，优化中央网络安全和信息化委员会办公室职责，国家计算机网络与信息安全管理中心由工信部调整为由中央网信办管理。当前我国互联网管理体制，是在中央网络安全和信息化委员会的领导下，网信办负责处理互联网信息内容和统筹管理工作；工信、公安、文化、新闻出版广电等部门和军队负责相关业务的监督管理。① 中央、省、市形成三级网信和相关业务管理工作体系，部分省市网信办向区县一级延伸。

法制建设层面，2016年11月7日，全国人民代表大会常务委员会通过《中华人民共和国网络安全法》，确立了网络安全的内涵以及网络秩序维护和内容控制的合法性。前文提到，虽然在概念上，"网络安全"强调的是技术安全，但就这部法律整体而言，同样重视内容安全。其第十二条规定，"保障网络信息依法有序自由流动"将传播内容确认为网络安全的重要环节："任何个人和组织使用网络应当遵守宪法法律，遵守公共秩序，尊重社会公德，不得危害网络安全，不得利用网络从事危害国家安全、荣誉和利益，煽动颠覆国家政权、推翻社会主义制度，煽动分裂国家、破坏国家统一，宣扬恐怖主义、极端主义，宣扬民族仇恨、民族歧视，传播暴力、淫秽色情信息，编造、传播虚假信息扰乱经济秩序和社会秩序，以及侵害他人名誉、隐私、知识产权和其他合法权益等活动。"《网络安全法》明确了网络安全中"运行安全"和"信息安全"的两重性，其中"信息安全"又包括个人信息保护和传输信息安全（内容安全）两个部分，这为

---

① 参见2017年1月，中办国办印发的《关于促进移动互联网健康有序发展的意见》。

相关领域的行政立法和执法提供了上位法的依据。

三 媒介监管语境下的"内容安全"

综合来看，传媒监管语境下的网络"内容安全"包括以下几个层面：第一是国家安全层面，即政治安全和意识形态安全；第二是公共安全层面，即防范扰乱社会秩序和稳定的虚假信息；第三是文化安全层面，即违反道德伦理、历史传统等的内容；第四是权利保障层面，即侵犯他人名誉、隐私（包括个人信息保护）、知识产权等合法权益的内容。这四个层面的安全构成了我国媒介内容监管的主要框架。

至此，我国顶层设计中"网络安全观"及领导体系建构基本成形。为确保新时期网络安全战略的实现，网络舆情和不同传播主体的可管可控，最高管理层提出了"加强网络法制建设和舆论领导"[1] 两条基本路径，这也就是"网络法制观"和"传播秩序观"所指向的内容。

第二节 传播秩序建构和舆论领导

实现"正确的舆论导向"是我国传媒政策的核心目标之一，其基本路径是"确保新闻宣传工作的领导权始终掌握在对党忠诚可靠的人手中"[2]。某种程度上，这反映了党对于传播秩序的基本要求。"传播秩序观"是"党管媒体"原则在新形势下的必然延伸，这里主要指媒介融合背景下"网络信息传播秩序"。2016年时任《人民日报》总编辑杨振武提出：新媒体不能脱离党的领导，更不能成为"法外之地"。如果管不住互联网，党管媒体的原则在互联网上就会被架空，我们就会犯下历史性错误。[3]

传播秩序建构是"管理"和"引导"的二位一体。具体而言，一方面

---

[1] 习近平：《习近平谈治国理政》，外文出版社2014年版，第84页。
[2] 新华社：《习近平视察解放军报社时的讲话》，新华网，http://www.xinhuanet.com/zgjx/2015-12/26/c_135932625.htm，2019年12月1日访问。
[3] 杨振武：《把握好政治家办报的时代要求——深入学习贯彻习近平同志在党的新闻舆论工作座谈会上的重要讲话精神》，《新闻战线》2016年第3期。

要加强媒体管理法制化、体系化，为"党管媒体"创造条件；另一方面要通过政策调控，培育和壮大网络领域的"国家队"，建设社会主义的网络宣传体系，实现"网络信息依法有序的自由流动"①。这两个方面构成了新时期媒介监管建构的主要进路。

一 网络内容管理：新闻采编特许和网络实名制

融合时代法制建设的内容另有专章讨论，这里仅从网络内容管控（传播秩序建构）的几个关键环节分析国家综合管理手段的建立和实施。习近平总书记在2014年2月专门就"党管媒体"的原则贯彻到新媒体领域提出，"所有从事新闻信息服务，具有媒体属性和舆论动员功能的传播平台都要纳入管理范围，所有新闻信息服务和相关业务从业人员，都要实行准入管理"。②

根据我国传媒法学家魏永征的归纳，为管住管好互联网，保证媒体的正确舆论导向，国家主要从新闻采编特许、用户网络实名制、网络服务商管理责任等方面加以严格化，这些措施形成了具有突出中国特色的规制网络空间公众传播活动的体系和制度。③

（一）新闻采编特许和准入

2005年国务院新闻办和工信部发布《互联网新闻信息服务管理规定》，将管理的对象设定为"时政类新闻"，即"有关政治、经济、军事、外交等社会公共事务的报道、评论，以及有关社会突发事件的报道、评论"。按此界定，娱乐、生活服务、财经、科技、学术等类信息，除非直接涉及社会公共事务，通常不包括在内。按照上述"规定"，中央、省级和省级政府所在市的直属新闻单位经过审批开办的网站，可以认定具备"互联网新闻信息服务许可一类资质"，发布自行采编或制作的新闻，称为"新闻

---

① 参见《网络安全法》第十二条。
② 习近平：《论党的宣传思想工作》，中央文献出版社2020年版，第183—184页。
③ 孙江主编：《传媒法与法治新闻研究》，中国政法大学出版社2016年版，第72页。

网站"。而包括商业门户网站在内的其他网站,不能自采首发时政类新闻,经过审批只能转载中央和省级直属新闻单位发布的新闻,属于具备"二类新闻服务许可资质"。

为规范"二类新闻服务资质"单位传播合格内容,监管部门建立了"规范稿源"制度。2015年国家网信办公布了380家可供网站转载新闻的名单,2016年又公布了一个新的扩大版名单。转载非"规范稿源"内容会被"约谈"或处罚。同时,违规自行发布时政类新闻的网站会被处罚,甚至被关闭违规频道。确保涉及时政的新闻和评论只能限于中央和省级新闻体制内的媒体发布,以此引领网上的政治议题设置,确保网上信息以正能量为主,抵制各种谣言和灰色、黑色的负面声音。这是把党管媒体原则延伸到互联网上的重要制度。

2017年,国家网信办以规章层级效力的文件再次发布《互联网新闻信息服务管理规定》,对网络新闻管理制度做出适当调整,包括:

——撤除将限制范围仅限于时政类新闻的界限:"2005年《规定》所称新闻信息,是指时政类新闻信息,包括有关政治、经济、军事、外交等社会公共事务的报道、评论,以及有关社会突发事件的报道、评论。"2017年《规定》删除了"是指时政类新闻信息"这九个字,从而将限制延伸到所有"新闻信息","包括"一词后列举的内容只能理解为限制的重点。

——将互联网新闻服务许可的涵盖范围延伸至各种其他终端和移动端:"通过互联网站、应用程序、论坛、博客、微博客、公众账号、即时通信工具、网络直播等形式向社会公众提供互联网新闻信息服务,应当取得互联网新闻信息服务许可,禁止未经许可或超越许可范围开展互联网新闻信息服务活动。"

——承认单独的、并非原有新闻单位延伸的互联网新闻单位存在:"申请互联网新闻信息采编发布服务许可的,应当是新闻单位(含其控股的单位)或新闻宣传部门主管的单位。"此条不仅在于重申"两类资质"的划分,而且确定新闻宣传部门还可以设立不依赖于传统媒体的"一类资质"新闻网站。

（二）网络实名制

互联网从一开始就实行用户入网实名制，用户办理入网手续必须提供身份证件。《电信条例》第五十九条规定："任何组织或者个人不得以虚假、冒用的身份证件办理入网手续。"但是，从这条规定不能推演出用户上网发布言论必须提供真实身份证件。

最初提出规定实名上网的是2004年教育部发布的《关于进一步加强高等学校校园网络管理工作的意见》。2011年，北京市新闻办、公安局等部门发布《北京市微博客发展管理暂行规定》，推行微博账号实名制。

以国家法律确立上网实名制始于2012年全国人大常委会《关于加强网络信息保护的决定》，其中规定："网络服务提供者为用户办理网站接入服务，办理固定电话、移动电话等入网手续，或者为用户提供信息发布服务，应当在与用户签订协议或者确认提供服务时，要求用户提供真实身份信息。"2015年《反恐怖主义法》也规定，电信、互联网等业务经营者、服务提供者"应当对客户身份进行查验。对身份不明或者拒绝身份查验的，不得提供服务"（第二十一条），并且对经营者、服务者未履行查验义务而拒不改正的规定了罚则（第八十六条）。《网络安全法》第二十四条有同样规定并在第六十一条规定了相应罚则。从此实名制正式成为法律规定。

网络空间并未脱离物理存在，网上活动都会留下痕迹即数字脚印。理论上，只要获取发送信息的IP地址，就可以追踪到发布人。司法机关曾通过电邮的IP地址查获用电邮将国家秘密发送到境外的行为人并依法予以惩处。推行上网实名制主要作用在于两点，一是提升侦查网上违法犯罪活动的工作效率，降低成本；二是形成一种威慑氛围，使众多用户意识到自己网上言论如果违法会有法律后果，要承担法律责任。

（三）强化网络服务提供者义务

根据网上信息可控可管的原理，有关规章很早就规定了服务商对自己网络空间中出现违法内容的注意义务。2012年，全国人大常委会《关于加强网络信息保护的决定》正式提出网络服务提供者"对其用户发布的信息的管理"职责，"发现法律、法规禁止发布或者传输的信息的，应当立即停止传输该信息，采取消除等处置措施，保存有关记录，并向有关主管部门报告"。《网络安全法》第四十七条作出同样的规定并在第六十八条规定了相应罚则。2015年，《刑法修正案（九）》设立拒不履行信息网络安全管理义务罪，以强化督促服务商履行管理义务。从网络服务商的性质上来看，它是商业公司、市场主体，没有行政管理的权力。网络服务商与用户是服务和接受服务的关系，用户不是网络公司的雇员，双方不存在管理和被管理关系。在这种情况下，网络服务商管理用户的职权只能通过契约设置。《关于加强网络信息保护的决定》中规定：为用户提供信息发布服务应当与用户签订协议。

2014年，国家网信办发布规范性文件《即时通信工具公众信息服务发展管理暂行规定》，用户在注册账号时"应当与即时通信工具服务提供者签订协议，承诺遵守法律法规、社会主义制度、国家利益、公民合法权益、公共秩序、社会道德风尚和信息真实性等'七条底线'"。这就要求用户以自己名义授予服务商监督管理违背"七条底线"内容的职权。用户注册时服务商会显示包括遵守"七条底线"在内的格式合同，用户承诺后方可履行注册程序。用户上传内容若有超越"七条底线"，服务商即可删除。

另外，针对网上违法违规内容，有关法规、规章还授权主管行政部门直接采取措施，向网络服务商发出指令进行处置。当前服务商按照主管部门指令对违法信息采取删除、阻断、封号等做法已经成为管理网络公众传播的日常操作。

二 网络新闻宣传体系的构建

除通过法律手段强化管理之外，构建新型网络宣传体系是构建传播秩序的另一个重要手段。加大中央和地方主要新闻单位的用网、建网力度，进而"建设有中国特色的社会主义网络新闻宣传体系"是我国互联网政策的长期目标。早在1999年10月，中共中央办公厅就转发过《中央宣传部、中央对外宣传办公室关于加强国际互联网络新闻宣传工作的意见》，文件从争夺21世纪思想舆论制高点的高度，明确了网络新闻宣传工作的发展方向："建设有中国特色的社会主义网络新闻宣传体系，是党的新闻宣传工作的一项重要而迫切的任务。"

2000年5月，中央下发《国际互联网新闻宣传事业发展纲要（2000—2002年）》，该文件提出了互联网新闻宣传事业建设的指导原则，即"积极发展、加强管理、趋利避害、为我所用"。同年12月12日，经国务院新闻办公室批准，人民网、新华网、中国网、央视网、国际在线、中国日报网、中青网等中央新闻网站正式成为我国首批重点新闻网站。紧接着，国务院新闻办公室又先后批准建立了千龙网、东方网、北方网、东北新闻网、浙江在线、红网、中国江西网等24家全国重点地方新闻网站。

2002年11月6日，江泽民指出："因特网的发展尤为迅速，它已成为中国新闻传媒的重要组成部分。"这是党和国家最高领导人首次明确网络媒体的地位。到2003年底，建立独立域名的新闻单位已经超过700家。同年，国务院新闻办主任赵启正提出，再花三年左右的时间使国家新闻单位100%上网，省级重点新闻单位90%上网。同时集中力量建设一批重点网站，包括以英文为主的外文网站。[①] 国新办副主任蔡名照也提出，"网上传播什么、不传播什么，都有一个主张什么、反对什么的问题，都有一个舆论导向的问题，都有一个代表什么样的文化发展方向的问题"，"要让互联网站真正成为传播先进文化的重要阵地"[②]。

2004年9月，党的十六届四中全会《中共中央关于加强党的执政能力建设的决定》强调："高度重视互联网等新型传媒对社会舆论的影响，加快建立法律规范、行政监管、行业自律、技术保障相结合的管理体制，加强互联网宣传队伍建设，形成网上正面舆论的强势。"这是中央第一次从"管"（管理）和"调"（建设）的两个角度对互联网政策加以确认。

[①] 赵启正：《中国媒体正在迎接网络时代》，《当代劳模》2003年第11期。
[②] 蔡名照：《网络媒体必须增强社会责任感》，《中国信息界》2003年第12期。

我国对于网络新闻宣传体系建设的系统阐述，出现在2006年9月中央办公厅、国务院办公厅印发的《国家"十一五"时期文化发展规划纲要》之中。纲要在"新闻事业"部分专门提到"办好新闻网站"（第十五条），措施主要有三个：一是推进重点新闻网站建设，拓展即时通信、博客、播客，聚合新闻服务等业务领域；二是建设一批实力强、影响大的新闻网站，形成与我国地位相称的具有国际竞争力的综合网络媒体集团；三是规范网上信息源的转载和非新闻单位网站的信息发布，建立市场化供稿机制。该文件提出在整个传媒领域应"始终把坚持正确舆论导向放在首位"，"扶持党报、党刊、通讯社、电台、电视台、重点新闻网站和时政类报刊，增强持续发展能力，成为拥有知名品牌和较强社会影响力、竞争力的优势媒体，充分发挥舆论主阵地、主力军作用"。

此后，我国构建网络舆论领导体系的思路逐步清晰。2008年，胡锦涛在《人民日报》考察时强调："要从社会舆论多层次实际出发，把握媒体分众化、对象化的新趋势，以党报党刊、电台电视台为主，整合都市类媒体、网络媒体等多种宣传资源，努力构建定位明确、特色鲜明、功能互补、覆盖广泛的舆论领导新格局。"

2010年以后，传媒产业进入加速融合发展阶段，网络视听成为舆论引导的重点领域。国务院下发《关于印发推进三网融合总体方案的通知》，提出加强和改进网络与信息管理工作，坚持党管媒体的原则，健全和完善文化舆论宣传管理体系，确保网络信息安全和文化安全。这个文件初步确定了广电部门负责专网视听传播的集成播控（内容审查和集成）、电信部门则负责传播分发。同年，广电总局发布《关于三网融合试点地区IPTV集成播控平台建设有关问题的通知》，明确了IPTV集成播控平台的建设和管理由广播电视播出机构负责，基本确立了IPTV的主导方。2012年，广电总局发布《关于IPTV集成播控平台建设有关问题的通知》，提出建设全国统一的IPTV集成播控平台体系、实行中央与省级集成播控平台（总分）两级运营的模式。以中国网络电视台（爱上传媒）为主体的IPTV总平台和以各省广电系统的网络电视台为主体的分平台架构逐步形成。

党的十八大以后，保障"网络信息传播秩序"成为网络空间治理的重要环节。2013年8月，习近平总书记在全国宣传思想工作会议上提出"必须巩固和壮大主流思想舆论"。11月，他在《关于〈中共中央关于全面深化改革若干重大问题的决定〉的说明》中提出，"面对传播快、影响大、覆盖广、社会动员能力强的微博、微信等社交网络和即时通信工具用户的快速增长，如何加强网络法制建设和舆论引导，确保网络信息传播秩序和国家安全、社会稳定，已经成为摆在我们面前的现实突出问题"。这是中央领导人第一次提出"网络信息传播秩序"的问题。

2016年2月，习近平总书记在党的新闻舆论工作座谈会上阐明了新闻舆论工作的职责，即"高举旗帜、引领导向，围绕中心、服务大局，团结人民、鼓舞士气，成风化人、凝心聚力，澄清谬误、明辨是非，联接中外、沟通世界"。要承担起这个职责和使命，必须把政治方向摆在第一位，坚持党性原则。"党的新闻舆论工作坚持党性原则，最根本的是坚持党对新闻舆论工作的领导。党和政府主办的媒体是党和政府的宣传阵地，必须姓党。"

一周后，习近平总书记在网络安全和信息化工作座谈会上要求，"加强网络内容建设，做强网上正面宣传，培育积极健康、向上向善的网络文化，用社会主义核心价值观和人类优秀文明成果滋养人心、滋养社会，做到正能量充沛、主旋律高昂"。他同时指出，"形成良好网上舆论氛围，不是说只能有一个声音、一个调子"。

在此基础上，2017年中办、国办印发《国家"十三五"时期文化发展改革规划纲要》，提出传媒发展的具体目标："现代传播体系逐步建立，传统媒体与新兴媒体融合发展取得阶段性成果，形成一批新型主流媒体和主流媒体集团，网络空间更加清朗，社会舆论积极向上。"当时的国家新闻出版广电总局据此提出，在十三五期间，新闻出版广播影视治理体系和治理能力现代化应取得积极进展，全国广播电视和网络统一监测监管结构化体系和监测监管系统基本建成①。

---

① 参见《国家新闻出版广电总局关于印发"新闻出版广播影视'十三五'发展规划"的通知》，2017年9月。

2019年1月25日，习近平总书记在十九届中共中央政治局第十二次集体学习时重申："要把我们掌握的社会思想文化公共资源、社会治理大数据、政策制定权的制度优势转化为巩固壮大主流思想舆论的综合优势。要抓紧做好顶层设计，打造新型传播平台，建成新型主流媒体，扩大主流价值影响力版图。"[1]

三 传统媒体与新兴媒体融合：全媒体传播

2014年8月，中央全面深化改革领导小组第四次会议审议通过《关于推动传统媒体和新兴媒体融合发展的指导意见》提出"一手抓融合、一手抓管理"的基本传播政策。"媒体融合"成为当前传媒产业发展的主旋律，并正式上升为国家战略。

传统媒体与新兴媒体的融合发展是新形势下传播秩序建构的物质基础。这种融合不是形式上的简单相加，而是传统媒体和新兴媒体在内容、渠道、平台、经营、管理等方面的深度融合，即"一体化发展"，这是本世纪初开始的传统媒体用网、建网历史进程的转型和升级[2]，即通过技术更新和内容建设，建设一批"形态多样、手段先进、具有竞争力的新型主流媒体，建成几家拥有强大实力和传播力、公信力、影响力的新型媒体集团，形成立体多样、融合发展的现代传播体系"[3]。

2014年4月，中宣部部长刘奇葆在《人民日报》发表长文阐述推动传统媒体和新兴媒体融合发展的基本思路。他提出，媒体融合的内在要求和基本方向是"一体化发展"，即实现各种媒介资源、生产要素的有效整合，实现信息内容、技术应用、平台终端、人才队伍的共享融通，形成一体化的组织结构、传播体系和管理体制。他特别提到，在进行技术升级、平台拓展、内容创新的同时，要重组媒体内部组织结构，建立科学有效的媒体

---

[1] 习近平：《论党的宣传思想工作》，中央文献出版社2020年版，第356页。

[2] 参见刘奇葆《加快推动传统媒体和新兴媒体融合发展》，《人民日报》2014年4月23日第6版。

[3] 参见2014年8月，中央全面深化改革领导小组第四次会议审议通过的《关于推动传统媒体和新兴媒体融合发展的指导意见》。

管理体制,破除制约融合发展的体制机制壁垒,对网上网下、不同业态进行科学有效管理,使传播秩序更加规范。①

(一) 三网融合

新世纪以来,我国传统媒体与新兴媒体互动发展的实践证明,体制融合的障碍,很大程度上来自既有体制的条块分割。我国对媒介融合的尝试起自"三网融合",这是一个协调既有利益(主要是广电和电信)、破除制度壁垒的典型案例。

我国媒体融合的基本情境,既受到现有管理体制(条块分割)的制约,更受到文化产品特殊性(意识形态属性)的影响,所以在消除市场壁垒,提倡双向进入的同时,呈现出强化市场准入、限制所有权、加强结构规制的特征。实践上,我国三网融合的体制难点,则是重新平衡和调配广电和电信产业之间的利益关系,包括管理职能的处理。

2008年我国组建工业和信息化部,这是我国通过大部制来解决产业壁垒的一次尝试。但是由于广电总局的相关管理职能并没有纳入其中,互联网、电信网和有线电视网"三网"仍然保持分立状态②。2010年,国务院下发《关于印发推进三网融合总体方案的通知》,提出三网融合重点是"落实广电、电信业务的双向进入",广电企业可经营增值电信业务,国有电信企业可从事除时政类节目之外的广播电视节目生产制作。这个文件初步确定了广电部门负责集成播控、电信部门负责传播分发的服务方向。2012年,国务院下发《关于大力推进信息化发展和切实保障信息安全的若干意见》要求大力推进三网融合,健全适应三网融合的体制机制,完善可管、可控的网络信息和文化安全保障体系。同年,广电总局发布《关于IPTV集成播控平台建设有关问题的通知》,提出建设全国统一的IPTV集

---

① 参见刘奇葆《加快推动传统媒体和新兴媒体融合发展》,《人民日报》2014年4月23日。

② 沈金成、王良元:《为三网融合铺平道路——浅析基于大部制下的三网融合政策与体制》,《中国电信业》2008年第11期。

成播控平台体系、实行中央与省集成播控平台两级运营的模式。但是由于体制壁垒，在将近三年（2012—2015）的时间里，三网融合并没有得到实质推进。

到2015年5月，国务院办公厅下发《关于印发三网融合推广方案的通知》，要求广电、电信业务双向进入扩大至全国，加快推动IPTV集成播控平台与IPTV传输系统对接。之后广电总局下发了《关于当前阶段IPTV集成播控平台建设管理有关问题的通知》，要求推动IPTV集成播控总平台与IPTV传输系统加快对接。这次文件的一个明显变化是，特别要求在中央网络安全和信息化小组的领导下，探索三网融合下"党管媒体"的有效途径，推进国家新媒体集成播控平台建设，实现网络信息安全和文化安全管理体系更加健全，技术管理能力显著提升，国家安全意识进一步增强。作为政策回应，2016年国家广播电影电视出版总局出台的《专网及定向传播视听节目服务管理规定》明确区分了广电和电信的职能边界，广电负责内容提供和集成播控，电信负责传输分发。但是在实施过程中，随着IPTV市场的大发展，两者之间的利益冲突反而更加激烈。

2017年IPTV的用户达到1.22亿，业务收入121亿元。2017年6月9日，广电总局发布通知，要求中国联通、中国移动对IPTV传输服务中存在的问题进行整改。文中对联通、移动违规性质语焉不详，但业内认为所谓违反"专网规定""有严重安全隐患"的措辞，应该指的是联通单方面开展内容集成，侵犯了广电集成播控平台的职责范畴。其实早在5月26日，爱上电视传媒总平台（央视网和百视通）牵头，联合21家地方二级播控平台就已经向中国联通发出了"关于敦请中国联通规范开展IPTV业务"的函，要求中国联通进行业务整改。

不能否认，正是这种做内容的缺乏渠道和用户，掌握渠道和用户的没法决定内容，导致IPTV虽然在技术上融合了不同的媒体形式，却无法真正达到深度融合。由于历史造成的条块分割，既有的管理体制难以实现统一的许可和标准，我国的融合政策最终只能走上形式融合，实质上内容与网络相分离、相分制的道路。这种条块分割在地方上则体现为全国范围的未能形成统一的网络运营，各地无序运营带来了运营数据的壁垒和资源分配的不集中，广告价值急剧缩水。所以从IPTV的角度分析，媒介融合不仅仅是电信与广电的打通，还应是各地理区划和运营数据的打通，实现资源的集约和共享。虽然IPTV的管理模式尚处于完善阶段，但从国家强化互联网监管总体趋势上看，掌握内容审查、实现意识形态安全的部门明显具有优先权，在未来的IPTV权力格局中占据主动位置。

（二）融媒体和全媒体方向

体制上的壁垒尚待破解，国家对传统媒体与新兴媒体融合的要求更加迫切。近年来，伴随移动互联网的迅猛发展，全媒体传播的发展趋势尽显，媒体融合的步伐更加深入。2017年，中办、国办印发《关于促进移动互联网健康有序发展的意见》，提出在移动互联网的大趋势下，"大力推动传统媒体与移动新媒体深度融合发展，加快布局移动互联网阵地建设，建成一批具有强大实力和传播力、公信力、影响力的新型媒体集团"[1]。

2018年，习近平总书记在全国网络安全和信息化工作会议上提出，"媒体融合是一场自我革命。媒体融合不是简单的一加一，而是要发挥传统媒体和新兴媒体各自优势，实现优化整合、深度融合""推动信息内容、技术应用、平台终端、人才队伍、管理服务共享融通，向移动端倾斜，打造一批具有强大影响力、竞争力的新型主流媒体"[2]。当年8月，习近平总书记在全国宣传思想工作会议上提出："要扎实抓好县级融媒体中心建设，更好引导群众、服务群众。"既包含同业态融合，又包含多业态融合的县级融媒体概念正式提出。融媒体关键词从"相加"到"相融"、从"三网融合"到"移动互联"、从"中央厨房"到"融媒体中心"，改革理念不断深化。9月，中宣部对在全国范围推进县级融媒体中心建设作出部署安排，要求在2018年先行启动600个县级融媒体中心建设，2020年底基本

---

[1] 吕建楚：《打造新型媒体集团、争当勇立潮头标兵》，《视听纵横》2017年第2期。
[2] 中共中央党史和文献研究院编：《习近平关于网络强国的论述摘编》，中央文献出版社2020年版，第77页。

实现在全国的全覆盖。2019年1月,中宣部发布《县级融媒体中心建设规范》《县级融媒体中心省级技术平台规范要求》。

2020年9月,中办、国办下发《关于加快推进媒体深度融合发展的意见》,这是在2014年中央深化改革领导小组提出媒体融合指导意见之后,中央就加快传统媒体和新兴媒体在体制机制、政策措施、流程管理、人才技术等方面的融合步伐正式发文,要求"建立以内容建设为根本、先进技术为支撑、创新管理为保障的全媒体传播体系"。全媒体的政策理念包括全程媒体、全息媒体、全员媒体和全效媒体四个方面,可以看作媒介融合改革政策的进一步深化。全程媒体指的是全面覆盖受众的所有生活和工作场景;全息媒体指的是运用所有传播手段和形式通达用户;全员媒体指的是主流媒体拧成一股绳;全效媒体指的是线上线下效果与目标统一,传统与融合媒体的宣传理念一致,形成线上与线下的同心圆。

第三节 管理融合:网上网下统一尺度

融合时代传媒监管建构的一个重要环节是传统媒体和新兴媒体在管理上的融合。具体而言,就是在操作层面上"推动传统媒体和新媒体在导向和内容管理上统一尺度、统一标准"①。早在2016年,时任《人民日报》总编辑杨振武就提出,"会管互联网,重在管导向,使新媒体在导向上与传统媒体一个标准、一个要求、一条底线"②。2017年6月1日,国家新闻出版广电总局发布《关于进一步加强网络视听节目创作播出管理的通知》,要求网络视听节目坚持与广播电视节目同一标准、同一尺度,把好政治关、价值关、审美关,实行统筹管理,不允许在广播电视播出的节目,同样不许在互联网(含移动互联网)上传播。同年12月,在第五届中国网络视听大会上,时任广电总局副局长田进透露下一步广电政策的三个发力

---

① 田进:《掌握好新闻舆论这个重要阵地》,《人民日报》2016年6月19日第5版。
② 杨振武:《把握好政治家办报的时代要求——深入学习贯彻习近平同志在党的新闻舆论工作座谈会上的重要讲话精神》,《新闻战线》2016年第3期。

点，分别是严管电视节目的网络传播、影视剧网络传播的同一标准以及网上引进节目的管理。2019年习近平总书记提出，"要使全媒体传播在法治轨道上运行，对传统媒体和新兴媒体实行一个标准、一体管理"[①]。这说明推进网上网下统一标准已经成为媒介政策的核心内容。

这里"同一尺度、同一标准"指的是将广播电视的内容审查标准和制度全面延伸到网络视听节目各个领域，包括两个维度的延伸，一个是范围，由原来重点对核心政治功能（主要是时政新闻信息）的把关，发展为对非虚构、虚构类节目在内的所有类型视听节目的把关（包括网络电视剧、微电影、电影、动画片、纪录片，以及文艺、娱乐、科技、财经、体育、教育等网络视听节目）；一个是尺度，由重点强调政治方向，延伸为对价值取向（弘扬社会主义核心价值观）和审美倾向（坚守文明健康的审美底线）的综合要求和审查。

网上网下统一标准的具体背景是近年来网络视听节目在我国新兴媒体乃至整个传播版图中的权重地位和影响力不断提升。据2020年统计数字，我国网络用户规模已经达到9.89亿，其中网络视频用户9.27亿，短视频用户8.7亿，网络直播用户6.1亿[②]。网络视听产业突飞猛进的同时，节目质量良莠不齐的情况尤为突出，"价值扭曲、娱乐至上、内容低俗、品质低劣、格调低下、语言失范"的问题明显[③]。

此前，主管机构虽然没有明确提出网上网下统一尺度的概念，但是考察互联网政策法律近二十年的发展历程，将传统媒体管理模式和尺度标准延伸于新媒体的方向是明确的。以网络视听领域为例，2007年出台的《互

[①] 中共中央党史和文献研究院编：《习近平关于网络强国的论述摘编》，中央文献出版社2020年版，第77页。

[②] 2021年统计数字，参见中国互联网信息中心《中国互联网络发展状况统计报告》（第47次），2021年2月，第47、48页。http://www.gov.cn/xinwen/2021-02/03/5584518/files/bd16adb558714132a829f43915bc1c9e.pdf，2021年4月1日访问。

[③] 参见2017年6月国家新闻出版广电总局《关于进一步加强网络视听节目创作播出管理的通知》，另外参见国家新闻出版广电总局电视剧司司长李京盛在2015年全国电视剧行业年会上的讲话，以及《总局加强网络剧网络节目管理，线上线下将统一标准》，人民网，http://media.people.com.cn/n1/2016/0228/c40606-28155536.html，2019年4月1日访问。

联网视听服务管理规定》要求,"用于互联网视听节目服务的电影电视剧类节目和其它节目,应当符合国家有关广播电影电视节目的管理规定"(第十七条),同时要求互联网视听服务提供者必须为国有独资或国有控股单位(第八条)。但在实际操作中,由于网络视听节目生产和传播先期形成多元主体格局,同时视听传播技术、形式和内容的更新又造就了海量多样的产出和流动,原有管理体制和监管手段难以实现对视听渠道和内容审查的全方位覆盖。在这种情况下,我国针对网络视听内容监管只能采取区别化的处置手段,即针对不同形式的具有媒体性质的网络传播活动和内容,运用不同的尺度和标准。具体而言,就是着重控制核心功能(政治),粗放管理次要功能(娱乐等),形成管理要求上的层次性。

网络传播内容的众多类型中,"时政类新闻"的制作和传播因为与政治安全关系紧密,一直被放在监管的首要位置,一开始就纳入传统媒体的审查体系之中。从 2000 年国务院发布《互联网信息服务管理办法》(292 号令)开始,我国对不同渠道的时政新闻的管理提出了系统性要求。无论是网信角度,还是广电角度,时政新闻制作和传播的准入、内容审查和人员资质等方面都被要求与传统媒体相接轨,"媒体归国家"的原则在网络时政新闻报道先期得到贯彻。

网络视听节目内容管理要求的层次性具体体现在 2010 年广电总局发布《互联网视听节目服务业务分类目录(试行)》中。该目录对网络视听节目许可项目进行分类,其中第一类"广播电台、电视台形态的互联网视听节目服务",基本上与传统媒体采用同样管理标准。这类节目包括,时政类视听新闻节目首发服务;时政和社会类视听节目的主持、访谈、评论服务;自办新闻、综合视听节目频道服务;自办专业视听节目频道服务;重大政治、军事、经济、社会、文化、体育等活动、事件的实况视音频直播服务。

而该目录列出的第二类、第三类、第四类视听节目服务,在准入上则比较宽松。第二类包括时政新闻转载、文艺、娱乐、科技、财经、体育、教育节目的制作、汇集和播出,网络剧的制作播出、电影电视剧动画片的汇集播出等；第三类包括聚合网上视听节目的服务、转发网民上传视听节目的服务；第四类包括转播广播电视节目频道、互联网视听节目频道、网上实况直播的服务。实际操作中，比如爱奇艺、优酷、搜狐等公司获得的"信息网络传播视听节目许可证"都是二类许可。

这个分类为管理尺度划出了等次。第一类服务项目标准和尺度最为严格，通过准入的限制，直接与传统媒体并轨；第二、三、四类则是基于多主体条件下的传播服务类型，基本上属于自审自播的范畴。目前提出的网上网下统一标准，主要指的是第二类节目，尤其是自制和引进的网络剧和电影。从近年来网络视听节目管理政策变迁的角度看，网上网下的并轨并不仅仅是落实统一的标准和尺度那么简单，同样重要的内容是将传统媒体的相关制度体系延伸到新媒体，后者为前者提供了实现条件、制度保证。

长期以来，我国对网络剧和微电影采取与传统电视剧、电影不同的管理模式。2012年，广电总局下发《关于进一步加强网络剧、微电影等网络视听节目管理的通知》，把节目审核权下放给互联网视听节目服务单位，确立了"自审自播、先审后播、不审不播"的审核机制。要求各单位在播出网络剧、微电影等网络视听节目前，自行组织审核员按照相关法律规章对拟播出的节目进行内容审核。2014年，广电总局下发《关于进一步完善网络剧、微电影等网络视听节目管理的补充通知》，要求节目制作机构需持有《广播电视节目制作经营许可证》，网站不能播出没有资质的机构制作的网络视听节目。该通知提出"鼓励生产制作健康向上的网络剧、微电影等网络视听节目"，同时对播出机构准入管理、内容审核、审核队伍建设、内容监管及退出机制等方面提出了要求。

引进影视剧方面，2014年9月，广电总局下发《关于进一步落实网上境外影视剧管理有关规定的通知》，将网络引进影视剧纳入管理部门的总体规划，并确立了"数量限制、内容规范、先审后播、统一登记"的四项主要原则。早在2007年，广电总局下发《关于加强互联网传播影视剧管理的通知》，要求"未取得'电影片公映许可证'的境内外电影、未取得'电视剧发行许可证'的境内外电视剧、未取得'电视动画片发行许可证'的境内外动画片以及未取得'理论文献影视片播映许可证'的理论文献影视片一律不得在互联网上传播"。但这个文件缺乏制度配套,并不具有可操作性。2014年的《通知》补充了统一登记和先审后播的基本程序,要求"将引进专门用于信息网络传播的境外影视剧的样片、合同、版权证明、剧情概要等材料,报所在地省级新闻出版广电部门进行内容审核,审核通过的发给'电视剧发行许可证'(注明专用于信息网络传播),同时标明版权起止日期。中央直属单位所属网站引进的境外影视剧报国家新闻出版广电总局进行内容审核"。这基本上与传统意义上的引进电影、电视剧审查流程并轨。对国内受众来说,境外剧在国内网站"同步更新"的情况从此不复存在。

2016年前后,网络视听领域的一个新趋势是网络直播的兴起,主播们通过一个摄像头、一台连接网络的电脑、一个麦克风就可以进行网络直播。当年网络直播用户规模达到3亿2500万,占网民总体的45.8%。按2010年广电总局的分类条目,网络直播服务按内容不同,被列为网络视听第一类和第二类许可的项目,需要获得相应的许可。但实践上,此类传播活动基本游离于监管范围之外。2016年9月,国家新闻出版广电总局下发《关于加强网络视听节目直播服务管理有关问题的通知》,对网络直播活动强化规范。通知指出,开展网络视听节目直播服务应具有相应资质:一是通过互联网对重大政治、军事、经济、社会、文化、体育等活动、事件的实况进行音视频直播,应持有新闻出版广电行政部门颁发的"信息网络传播视听节目许可证"且许可项目为第一类互联网视听节目服务第五项;二是通过互联网对一般社会团体文化活动、体育赛事等组织活动的实况进行音视频直播,应持有"许可证"且许可项目为第二类互联网视听节目服务第七项。《通知》还对直播节目内容,相关弹幕发布,直播活动中涉及的主持人、嘉宾、直播对象等作出了具体要求,直播节目应坚持健康的格调品位,不得含有国家法律法规规定所禁止的内容,并自觉抵制内容低俗、过度娱乐化、宣扬拜金主义和崇尚奢华等内容。

2016年,针对新形势下网络视听发展和存在的管理问题,政策层面上开始提出网上网下统一尺度和标准的观点。2月28日,时任国家新闻出版广电总局电视剧司司长李京盛在全国电视剧行业年会上的讲话,提出加强网络剧网络节目管理,线上线下将统一标准。2016年6月19日,时任总局副局长田进在《人民日报》发表文章学习习近平总书记在党的新闻舆论工作座谈会上的讲话精神,提到创新管理理念的重要内容是统一尺度标准,推动建立网络剧、微电影网络制作播放管理制度,加强境外网剧管理,研究制定引进纪录片、动画片和综艺节目的管理规定。

2016年11月7日,第十二届全国人民代表大会常务委员会第二十四次会议通过的《电影产业促进法》将网络电影纳入电影管理的范畴,规定"未取得电影公映许可证的电影,不得发行、放映,不得通过互联网、电信网、广播电视网等信息网络进行传播,不得制作为音像制品"。

2016年12月,广电总局下发《关于进一步加强网络原创视听节目规划建设和管理的通知》,要求对网络视听节目施行备案登记。文件提出"重点网络原创视听节目"[①]的概念,对此类节目的名称、制作机构、题材、时长作出要求,且内容简介须不少于1500字,思想内涵阐释等信息须不少于300字,在创作规划阶段通过"网络剧、微电影等网络视听节目信息备案系统"进行备案。其中,重大题材或者涉及政治、军事、外交、国家安全、统战、民族、宗教、司法、公安等特殊题材的节目,国家和省级新闻出版广电部门应当及时组织专家对节目题材、思想性、艺术性等进行评议并提出改进性意见。"对网络原创视听节目规划、创作、生产、审核等各个环节严格把关;要加强网上原创视听节目的内容监看监管,对重点网络原创视听节目在上线前应当组织进行内容抽查。"该文件表明,将传统媒体前置审查的机制延伸到网络视听领域已经开始起步。

[①] 文件规定,符合以下条件之一的网络剧、微电影、网络电影及用于网络首发的影视类动画片、纪录片和文艺(综艺)、娱乐、科技、财经、体育、教育等专业类视听节目,为重点网络原创视听节目:1. 互联网视听节目服务单位招商主推的节目;2. 拟在互联网视听节目服务单位网站(客户端)主页推广的节目;3. 拟优先供网站会员观看的节目;4. 投资超过500万元的网络剧或投资超过100万元的网络电影(微电影);5. 互联网视听节目服务单位自愿备案的其他重点网络原创视听节目。

2017年2月，国家新闻出版广电总局披露，2016年有400部约2万集准备在电视台播出的电视剧因"质量问题"，未能通过行政部门的备案公示。其中不少电视剧通过申请撤销备案得以在网络上播出。这说明在具体尺度和标准上，网上网下确有不同。同年，管理部门对150多部违规网络剧、网络电影进行了事后处理。

2017年6月1日，国家新闻出版广电总局发布《关于进一步加强网络视听节目创作播出管理的通知》，正式提出网络视听节目与广播电视节目标准统一，未通过审查的电视剧、电影，不得作为网络剧、网络电影上网播出。不允许在广播电视播出的节目，同样不允许在互联网（含移动互联网）上播出。禁止在互联网（含移动互联网）上传播的节目，也不得在广播电视上播出。不得在互联网（含移动互联网）、广播电视等任何平台上以任何形式传播所谓完整版、未删减版、未删节版及被删片断等节目（含镜头片断）。6月22日，总局责令关停"新浪微博""ACFUN""凤凰网"网站的视听节目服务，理由是上述网站在不具备"信息网络传播视听节目许可证"的情况下开展视听节目服务，并大量播放不符合节目和宣扬负面言论的社会评论性节目。6月30日，中国网络视听节目服务协会发布《网络视听节目内容审核通则》，明确了先播后审和审核到位的原则，审核要素包括三导向（政治导向、价值导向和审美导向）及情节、画面、台词、歌曲、音效、人物、字幕等。

2017年8月15日，国家新闻出版广电总局办公厅下发《关于加强网络视听节目领域涉医药广告管理的通知》，要求清查网络上以节目形态变相发布或是以电视购物短片广告形式播出的医药广告。这意味着管理层将"统一尺度和标准"的要求延伸到包括创作生产、传播服务、经营管理在内的多个方面。

2017年9月，五部委下发《关于支持电视剧繁荣发展若干政策的通知》，提出"按照媒体融合的总体思路，对电视剧、网络剧实行同一标准进行管理。对重点网络剧创作规划实行备案管理，加强节目上线前在思想性艺术性上的内容把关，进一步强化播出平台网站的主体责任。鼓励优秀电视剧制作机构积极投入网络剧制作，提升网络剧整体创作水平。鼓励各视听节目网站投资制作、购买、播出优质国产电视剧。规范网上播出影视剧行为，未取得新闻出版广电部门颁发许可证的影视剧一律不得上网播放"。文件提出，在巩固引进境外影视剧管理成果的基础上，对互联网引进的动画片、纪录片进行更加规范的管理。

同月，中宣部部长刘奇葆在全国电视剧工作座谈会上提出，要规范引导播出平台，切实把好上线关口，实现电视剧和网络剧统一导向要求，统一行业标准，更好地弘扬主旋律，传播正能量。"对电视剧和网络剧实行同一标准进行管理，对重点网剧进行备案管理，未来网剧要拿制作许可证和发行许可证才能播出，引入与电视剧一样的审查制度。"9月27日，新闻出版广电总局下发《新闻出版广播影视"十三五"发展规划》，提出进一步加强网络传播市场建设和管理，对网络传播影视剧包括境外影视剧等实行同一尺度、同一标准。要求坚持传统媒体和新兴媒体管理一个标准，一把尺子，督导网站落实主体责任和专项治理相结合，先审后播后发制度。

与网络视听传播领域一样，网络文化领域也开始运用传统管理模式管理内容传播。2017年6月26日，总局出台《网络文学出版服务单位社会效益评估试行办法》，提出整顿网络文学，设置了5个一级指标、22个二级指标和77项评分标准。网络文学与网络影视剧一样，也从过去的亚文化灰色地带被纳入主流的监管视野。

第四节　"主体责任观"与监管模式转型

"主体责任观"是我国针对网络媒体管理现状提出的新型网络监管观，其基本内容是网站在内容管理中承担主体责任，监管部门的监管职责则从"管内容"转变为"管主体"，并以此构建主管部门与企业良性互动的、新型的网络监管模式。我国互联网内容管理长期以来施行以政府监管为主，行业自律、平台规范、社会监督为辅的管理模式，网络平台从被赋予"管理责任"到承担"主体责任"，走过了近二十年的历程。这次变革是我国在强化网络安全、整合传播秩序的宏观要求下，从管理思路到管理模式的基础性转型。管理层希望通过在企业内部建立内容管理的"类监管"机制，重建"党管媒体"的基本模式。

一 网络平台"管理责任"的赋予和沿革

20世纪90年代，网站的"管理责任"伴随网络内容安全的提出而被赋予。1997年公安部发布《计算机信息网络国际联网安全保护管理办法》，就内容管理提出九种违禁情形。该办法将发布信息的"登记和审核"责任归之于"互联单位、接入单位及使用计算机信息网络国际联网的法人和其他组织"（第十条第四款）；要求网站"建立计算机信息网络电子公告系统的用户登记和信息管理制度"（第十条第五款）；并及时删除本网络中含有违禁内容的地址、目录或者关闭服务器（第十条第七款）。

2000年9月出台的《互联网信息服务管理办法》，明确互联网信息服务提供者应当"保证所提供的信息内容合法"（第十三条），如果发现违禁内容，应当"立即停止传输，保存有关记录，并向国家有关机关报告"（第十六条）。同年12月28日，全国人大常委会通过《关于维护互联网安全的决定》，其中有类似要求。这个阶段提出的网站承担审核责任，以及及时删除违禁内容、保存记录并报告的要求，基本确定了网络平台管理责任的内容及方向。

2004年，中办、国办下发《关于进一步加强互联网管理工作的意见》，要求根据"属地化管理"的原则，建立各级监控体系，强化互联网内容管理。此前，国家广播电影电视总局出台《互联网等信息网络传播视听节目管理办法》，对平台内部的节目审查制度提出了具体要求。在"业务监管"部分，提出"持证机构应建立健全节目审查、安全播出的管理制度，实行节目总编负责制，配备节目审查员，对其播放的节目内容进行审查"（第二十条）。该办法将这些制度和节目监控方案作为申请"信息网络传播视听节目许可证"的必需条件（第八条第六款和第七款）。

2005年，国务院新闻办公室和信息产业部联合发布《互联网新闻信息管理规定》，要求互联网新闻信息服务单位建立"新闻信息内容管理责任制度"，不得登载、发送违禁新闻信息，发现时政类电子公告服务中含有违禁内容的，"应当立即删除，保存有关记录，并在有关部门依法查询时予以提供"（第二十条）。同年，广电总局下发《落实中办国办〈关于进一步加强互联网管理工作的意见〉实施细则》，提出对持证机构进行政策法规的宣传，提高管理队伍和监管人员的政策水平和技术水平，按照属地化管理的原则，开展对视听节目业务机构的清理整顿，在持证机构内部落实节目审查制度和节目总编责任制度，建立互联网传播视听节目防控体系。

这个阶段提出的"属地化管理""多级防控体系"基本上是强调以管理部门为主体的防控机制；而"总编责任制""审查管理制度"等是对网络平台内部治理的要求，也是对平台管理责任内容的丰富。

2009年12月，全国人大常委会通过的《侵权责任法》第二十六条，其中规定："网络服务提供者知道网络用户利用其网络服务侵害他人民事权益，未采取必要措施的，与该网络用户承担连带责任。"2012年12月，全国人大常委会通过《关于加强网络信息保护的决定》，其中对平台内容管理责任的表述是："网络服务提供者应当加强对其用户发布的信息的管理，发现法律、法规禁止发布或者传输的信息的，应当立即停止传输该信息，采取消除等处置措施，保存有关记录，并向有关主管部门报告。"

不难发现，党的十八大以前，政策层面对于互联网内容管理的思路，已经有逐步向平台"严格责任"转变的迹象。但实践上，这个阶段互联网内容管理并没有跳出传统媒体的管理经验，即以政府主管部门为主体，建立健全各级行政监控体系。这个思路之下的基本操作是：在管理部门建立监控网络、完善IP地址使用信息库、建立和充实监控队伍、对出现的网络乱象通过专项整治行动加以打击等。总的来看，由于缺乏针对多元主体的制度建构，政府与企业、规章制度与制约手段之间的关系无法理顺，政府强化监管的期望也没有得到平台方的积极响应。

二　网络平台"主体责任"的提出和确立

党的十八大以后，随着中央一系列新型传播规制观，尤其是"网络安全观"和"传播秩序观"的提出,决策层改变网络管理模式的意图和趋势日渐明确。2014年,习近平总书记在《关于〈中共中央关于全面深化改革若干重大问题的决定〉的说明》中提出,"随着互联网媒体属性越来越强,网上媒体管理和产业管理远远跟不上形势发展变化……如何加强网络法制建设和舆论引导,确保网络信息传播秩序和国家安全、社会稳定,已经成为摆在我们面前的现实突出问题"。①

网络服务提供者在互联网管理上的责任地位在法律层面被多方位涉及。2015年,全国人大常委会通过《刑法修正案(九)》,确立了拒不履行网络安全运营管理义务罪;2016年,全国人大常委会通过《网络安全法》,规定了具体的网络安全管理义务,这里的网络安全囊括了运行安全和内容安全。

政策层面上,2015年5月,国务院办公厅下发《关于印发三网融合推广方案的通知》,提出在中央网络安全和信息化小组的领导下,探索三网融合下"党管媒体"的有效途径。其中要求重点加强对时政类新闻信息的管理,严格防范互联网信息内容采编播发管理,按照属地化管理和谁主管谁负责、谁经营谁负责、谁审批谁监管、谁办网谁管网的原则,健全网络信息安全和文化安全保障工作协调机制。建立事前防范、事中阻断、事后追溯的信息安全技术保障体系,落实接入(含互联网、手机、有线电视)用户实名登记、域名信息登记、内外网地址对应关系留存管理制度。这是管理层第一次全面阐述对于互联网信息内容管理的责任要求。

文件将互联网管理环节分为两部分,一方面强化主管单位的监管责任,包括"属地化管理"及"谁主管谁负责""谁审批谁监管"的基本原则;另一方面强化办网平台的管理责任,即"谁经营谁负责"和"谁办网谁管网"。虽然这个文件主要是针对三网融合过程中广电和电信系统的国有企业运行和内容安全而发,但其中透露出来的思路则是互联网管理重心的转移,即经营者或办网者要承担主要管理责任。

---

① 习近平:《关于〈中共中央关于全面深化改革若干重大问题的决定〉的说明》,《习近平谈治国理政》,外文出版社2014年版,第84页。

2016年4月25日，习近平总书记在网络安全和信息化工作座谈会上第一次就网络平台在内容管理上的主体责任发表意见，提出关于网上信息管理，网站应负主体责任，政府行政管理部门要加强监管；主管部门、企业要建立密切协作协调的关系，走出一条齐抓共管、良性互动的新路。他还提到，互联网企业必须坚持经济效益与社会效益的统一，既承担经济责任和法律责任，也承担社会责任和道德责任。这个讲话反映出国家对于新时代网络监管存在两方面的要求，一方面是企业的内部治理应该在信息管理中承担主要角色，另一方面是构建主管部门与企业互相协作的、新型的网络监管模式。不难发现，新时代媒介监管的一个重要改革方向是转换政府的管理职能，从"管内容"向"管主体"转变，而管主体的主要手段，则是重构政府与平台企业的管理关系，通过问责手段强化网络平台的主体责任，以他律促自律。

2016年8月，国家互联网信息办公室在京召开专题座谈会，就网站履行信息管理主体责任提出了"八项内部治理要求"，明确了从事互联网新闻信息服务的网站要建立总编辑负责制，总编辑要对新闻信息内容的导向和创作生产传播活动负总责，完善总编辑及核心内容管理人员任职、管理、考核与退出机制；发布信息应当导向正确、事实准确、来源规范、合法合规；提升信息内容安全技术保障能力，建设新闻发稿审核系统，加强对网络直播、弹幕等新产品、新应用、新功能上线的安全评估；严格落实7×24小时值班制度；建立健全跟帖评论管理制度；完善用户注册管理制度；做好举报受理工作等。

八项内部治理要求通过2017年5月国家网信办制定的《互联网新闻信息服务管理规定》加以制度上的明确。该规定要求：在网站内部建立总编辑制、从业人员应取得相应资质（第十一条）；健全信息发布审核等信息安全管理制度，具有安全可控的技术保障措施（第十二条）；要求用户提供真实身份信息（第十三条）；与注册用户签订协议，明确权利义务（第十四条）；转载新闻来源应该是合法的新闻单位（第十五条）；配合国家和地方网信办的监督检查（第十九条）；配合国家和网信办对举报的处置

(第二十条)等。为落实各项要求,该规定要求国家和地方网信办为互联网新闻信息服务者建立信用档案,建立失信黑名单制度和约谈制度。

至此,以平台"主体责任"为抓手的新型监管模式和制度框架初步确立。必须提到的是,"主体责任观"并不是一个孤立的规制观点或思路。它与网络安全观、网络法制观、传播秩序观、融合发展观、统一尺度观共同构成了我国媒介监管的元政策基础。落实网络平台的主体责任是实现网络安全、重构传播秩序的基本手段。它的最终取向不仅仅是明确和强化平台管理责任,而是在企业内部搭建一个与监管部门有效互动的"类监管"机构。在此基础之上,逐步实现新时代国家对于传播组织权的集约和重构。

三 网络平台"主体责任"的内涵及制度建构

从语源上分析,"主体责任"本不是传播政策领域的概念,它是党的十八大以后党和国家政治生活中的一个重要概念,最早运用于从严治党语境下党委与纪委之间的关系。2014年1月,习近平总书记在十八届中央纪委三次全会上提出,在管党治党过程中,党委要担负"主体责任",纪委承担"监督责任"。综合一系列讲话精神,这里的"主体责任"指的是"第一责任人"(问责主体),要强化"主业意识""本职意识",落实"守土有责"的要求,否则会成为"责任追究对象"。网络治理语境下平台"主体责任"的提出,是上述概念的跨领域运用。当然,从互联网管理政策变迁的角度,也可以看作"党管媒体"原则在新时代的革新和发展。

我国网络治理语境下的"主体责任",可以从责任主体、负责对象、责任内容、问责机制四个方面加以明确。

第一是责任主体。一般而言,这里的责任主体指的是网络媒体,即具有媒体功能的内容服务平台,包括并不限于信息服务提供者(新闻播发和转载、即时通讯、博客微博客、论坛社区、评论跟帖等)、视听服务提供者(网络视听、直播、IPTV、互联网电视)、网络出版服务提供者(网络文学)等。这些网络平台是传播内容管理的第一责任人,是监管部门落实传播政策的直接对象。随着互联网技术和应用的发展，责任主体的范围将会持续扩大。

第二是负责对象，即对谁负责的问题。一般而言，网络媒体以公众、社会、党和政府为义务相对方①。从网络治理的角度，网络媒体应该对投资方、公众（包括用户和其他相关者）、公共利益、国家利益负责；从当前实际监管的角度，新闻信息、直播、即时通讯、博客微博客、论坛、群组服务向中央网信办负责；视听服务向广电总局负责；互联网出版服务向（中宣部）国家新闻出版署负责；网络电影向（中宣部）国家电影局负责；网络游戏向文化和旅游部负责。

第三是责任内容。网络平台承担着四项基本职责，包括经济责任、法律责任、社会责任和道德责任。这也是主管部门进行平台问责的主要内容。在西方媒介问责理论中有着类似的划分，传播学者麦奎尔定义了四种责任框架：法律和法规、市场、公共责任和专业责任②，巴德尔则将问责内容分为四种类型：政治问责、市场问责、专业问责和公共问责③。

由于制度背景不同，责任类型所包含的实际含义也不相同。从我国现实语境分析，当前网络媒体的责任是在履行管理和法律责任的基础上，强调它的社会责任和道德责任，这是对网络传播形式、内容和内涵的更高层次要求，并统一在意识形态安全之下。2017年6月，原国家新闻出版广电总局发布《关于进一步加强网络视听节目创作播出管理的通知》，要求网上网下一个尺度，同时把好政治关、价值关、审美关，这是内容标准深化、责任内涵延伸的体现。

---

① 刘金星：《论网络媒体主体责任》，《新闻前哨》2016年第4期。

② [英]丹尼斯·麦奎尔：《麦奎尔大众传播理论》，清华大学出版社2010年版，第170—173页。

③ 参见 Jo Bardoel and d' Haenens, "Media responsibility and accountability: New conceptualizations and practices", *Communications*, Vol. 29, iss. 1, 2004, pp. 5-25. 巴德尔将媒介问责分为四种类型：第一是政治问责，媒介必须遵守国家的法律，不得损害他人和公共利益；第二是市场问责，媒介要为所有者、广告主和消费者负责，公众满意度通过销量和收视率而体现；第三是专业问责，媒介需要恪守职业道德，提供高质量的新闻；第四是公共问责，媒介应该主动接受社会监督，并为这种监督（反馈或投诉）提供有效方法和路径。

第四是问责机制。我国互联网管理长期以许可和年检制度为最基础性的制约机制。2014年中央网信办建立后出台了一系列规章制度，对不同形式网络传播平台的管理责任、管理制度和问责机制加以规范化和系统化，以适应宏观政策的调整。

从实施情况看，以"主体责任"为核心的网络监管体系开始逐步发挥影响。官方统计，2017年，全国网信系统约谈网站2003家，暂停更新网站1370家，会同电信主管部门取消违法网站许可或备案、关闭违法网站22587家，有关网站依据服务协议关闭各类违法违规账号群组317万余个；2018年，全国网信系统约谈网站1497家，对738家网站给予警告，暂停更新网站297家，会同电信主管部门取消违法网站许可或备案、关闭违法网站6417家，有关网站依据服务协议关闭各类违法违规账号群组232万余个。

四 "严格责任"的取向及审核责任的实现

在"主体责任观"所构建的行政问责逻辑中，有一个潜在的前提是平台应该承担普遍性的审查义务，意即如果网络上出现违法违规内容，就可以认为是平台方没有履行审查义务，就要承担责任，这便是我们所说的"严格责任"[①]。近两年行政执法实践中，凡是涉及"主体责任"履行不力的场合，基本上都伴随内容审核不充分的批评。

目前至少在法律上（如侵权责任法、网络安全法），互联网管理大致采取"过错归责"原则，具体体现为"适当注意"或"通知移除"的规则，如果不能证明平台方在非法内容传播上有过错（比如在告知的情况下没有及时处理），就不能对其进行处罚。一般而言，"过错归责"的主要考量有二，一方面保护个人和公共利益不受侵犯，另一方面也避免了平台过重的审查责任加重运营成本及对信息传播和舆论监督造成"寒蝉效应"。

平台对传播内容不承担责任或者部分负责的做法，在媒介融合时代被

---

① 应该说明的是，这里的"严格责任"，不是法律术语，而是一种广义运用，很大程度上是对政策倾向的概括，即监管层赋予网络平台更全面的责任义务和更严格的监管尺度，其比例已经大大超出相关法律所确认的过错责任的归责范围。

进一步审视。域外经验显示，网络平台通过自我规制履行相关责任的能动性存疑。根据德国青少年保护网（www.jugendschutz.net）2017年对社交平台履行屏蔽和删除义务的调查，YouTube上90%的"涉嫌违法内容"（主要指构成犯罪的虚假信息、极端仇外、暴力言论、各类侵权内容等）能得到及时清理，Facebook上有39%被及时清理，Twitter上则只有1%被及时清理。①

"后真相"时代，部分国家开始在维护内容安全与保障传播自由之间寻求新的平衡。德国于2017年6月通过《改进社交网络中法律执行的法案》（以下简称《网络执行法》），规定社交网络平台必须及时关注并清理平台上的暴力恐怖、极端、仇视言论和假新闻。这部法律被认为是德国通过法律强化平台问责的突破性变革。虽然此法的责任主体仅限于注册用户200万以上的社交平台，处罚尺度也只限于最高50万欧元的罚款，仍有不少学者担心，网络平台无法完成复杂的法益衡量以判断言论的违法性。在此情况下，为避免行政处罚，平台往往会倾向删除或屏蔽敏感言论和信息，这样就导致"过度屏蔽"（Overblocking）②，也就是所谓的"寒蝉效应"。

相比之下，我国"主体责任观"所构建的监管模式则赋予了网络平台普遍性的审查义务，其范围不止是社交平台，而是所有的网络媒体；其清理的内容不仅有违法言论和虚假新闻，还包括不符合导向的传播内容；其目标不仅是强化问责制度，而且是建立"事前防范、事中阻断、事后追溯"的惩防体系；其制约手段也不仅是罚款，还包括暂停更新、暂停应用下载、责令停业整顿、吊销许可证等行政处罚。

无论是"有限关注"还是"普遍性审查"，新型网络监管模式的构建都需要依托一个全新的内容审核体系，其中包括相应的裁判标准和程序规则。德国《网络执行法》所构建的网络监管系统中，提出建立一个合法的"受监管的自我规制"（regulierte Selbstregulierung）机构（第三条第二款第

---

① 参见贾茵《德国〈网络执行法〉开启监管风暴》，《中国信息安全》2018年第2期。
② 参见周学峰、查云飞《德国〈网络执行法〉全面解读》，一点资讯，http://www.yidianzixun.com/article/0IGHhNOc，2019年4月1日访问。

二、三项）来决定内容是否违法。这个机制要求，审查人员应该享有独立性并具备专业知识；确保在7日内迅速完成审查；建立有一套程序规则，规范审查范围、流程以及加入的平台提交投诉案的义务，并提供对其决定进行重审的机会；设置申诉部门；开放给其他尚未加入的社交网络平台加入等（第三条第六、七、八款）。①

在我国，普遍性的审查义务给网络平台内部治理提出了更高要求。此前，网络平台一般采用自动和人工审核相结合的内控机制，无论在范围和质量上都达不到监管层的要求，存在着审核标准不清晰、处理机制不透明、监督途径不通畅、权利义务不平衡等问题。

综合来看，监管部门采取的解决方案主要有两个。首先，增强平台自身审核力量，要求平台流量与审核力量相匹配。2018年4月，国家广播电视总局约谈今日头条、快手两家网站的负责人，要求将网站节目的上传总量、播出总量调减到与网站审核力量相匹配的规模。随后，今日头条宣布将审核人员规模增加到一万人，快手宣布在现有2000人的审核团队基础上，再扩招3000名审核人员。其次，在相关制度条件下，引入主流媒体的专业审核力量。前文提到，近年来，民营媒体公司将内容审核工作直接委托给国有公司的做法则获得了不小进展。内容审核平台的运作对民营领域的网络内容安全发挥影响力。这种情况下的内容审核机构很大程度上已经不属于自我规制范畴，而是"类监管"机构。换句话说，国有主流媒体通过资本或机构的市场化介入实现了内容的导向管理。目前，"类监管"手段还在逐步摸索和实践中，未来走向还具有不确定性。

---

① 参见周学峰、查云飞《德国〈网络执行法〉全面解读》，一点资讯，http：//www.yidianzixun.com/article/0IGHhNOc，2019年4月1日访问。

第四章 传媒法治意涵与媒介融合背景下的传媒法治发展

第一节 传媒法治的意涵

一 理解传媒法

在传统媒体时代,传媒法律问题,就是传媒组织在设立、运营和内容生产传播过程中遇到的各种需要依法处理和解决的问题。进入互联网时代,由于技术赋权,人人都能够成为传播者,传媒法律问题也拓展到各类不同传播主体在内容传播过程中的各个环节和层面上。这些问题是什么问题,所依之法又是什么,这两方面的组合,就构成了一个特定的法律领域——"传媒法"。印刷技术的发明和应用,带动传媒行业出现。由于大众传媒进行内容和信息的传播对一个国家的政治、社会、文化、经济等方面以及社会成员个体都会产生巨大影响,于是,各国都对传媒领域采取相应的监管措施,专门针对传媒领域内容和信息的获取和传播行为进行相应立法。这些立法既包括对于传媒组织和人员的相关行为进行保护的方面,也包括进行限制、禁止和惩治的方面。这些法律规范,在不同国家或地区的不同历史时期,根据其调整的对象不同,在立法实践中有不同的名称，学术理论界对之也有不同的称谓。探究不同的传媒法规范，并且从学理上进行相应的梳理和分析，才能够使我们更好地认识传媒法，对基于信息技术的发展和应用带来的传媒法律制度、法律观念的变化有更为深入的了解。在媒介融合时代，在传媒的边界日渐模糊的情形下，更需要把握传媒法的实质和特征。

我国自20世纪80年代以来，学术界在研究与传媒有关的法律问题的时候，使用过诸如传播法、大众传播法、媒体法、媒介法、大众传媒法、出版法、新闻法、新闻传播法、传媒与娱乐法、文化传媒法等概念术语。不同时期、不同著作中，不同学者对于这些概念术语也有各自的理解。

1988年，林锦峰在《传播法制化的必要性与传播法的思考》中，使用了"传播法"一词，并对"传播法"进行了界定。认为传播法是国家制定的调整因信息传播（出版、刊登、影视、录音录像、表演、播放等）而发生的各种社会关系的法律规范的总称。解决信息传播权的享有和利用，是传播法的核心内容。具体地说，传播法所规范的行为包括信息传播权的取得、确认、使用、转让或许可使用、继承等法律问题。[①] 该文对于"传播权"的理解，很大程度上与"著作权"意义相同。

1999年，魏永征在《中国新闻传播法纲要》一文中，对于"新闻法"做出了解释，即新闻法是"调整新闻活动中各种法律关系，保证新闻活动中的社会公共利益和公民、法人的有关合法权益的法律规范的总称"[②]。

2004年，梁宁、范春燕在《媒介法教学参考资料》一书中，使用"媒介法"这一概念，认为"媒介法指的是调整与媒介传播活动有关的各种社会关系的法律规范的总称"[③]。

2005年，雷润琴在《传播法——解决信息不对称及相关问题的法律》一书中，提出"传播法就是指国家调整传播关系，确定传播权利义务，解

[①] 林锦峰：《传播法制化的必要性与传播法的思考》，《中山大学学报》（社会科学版）1998年第1期。

[②] 魏永征：《中国新闻传播法纲要》，《出版》1999年第10期。

[③] 参见梁宁、范春燕《媒介法教学参考资料》，清华大学出版社2004年版，第1页。

决信息不对称及相关问题的法律规范"①。这一解释对于传播关系没有具体界定,又认为传播法是解决信息不对称及相关问题的,具有自己的特色。

2005 年,陈建云在《中国当代新闻传播法制史论》一书中,表达了对于"新闻传播法"的理解:广义的新闻传播法即新闻传播法律制度,是一个国家的法律体系中所有保护新闻传播自由、规范新闻传播行为的法律规定的总称,既包括专门的新闻传播法律法规,也包括其他法律法规中与新闻传播活动相关的规定。狭义的新闻传播法则专指以"新闻法""出版法""广播电视法"等命名的单行法规。②

2007 年,魏永征、张鸿霞合作主编的《大众传播法学》一书,对于大众传播法做出的解释是,大众传播法是指规范大众传播活动和各类大众传播媒介的法,是调整大众传播活动中各种社会关系,保障大众传播活动中的社会公共利益和公民、法人等个体的有关合法权益的法律规范的总称。③

2011 年,李丹林在《论传媒法的宪法属性》一文中,对传媒法做出的解释是,"传媒法是指调整政府与传媒的关系、传媒与社会公众之间的关系,目的在于在尊重媒体独立性的前提下,平衡协调媒体的新闻自由与公共利益的法律制度"④。

2015 年,肖燕雄在《传播法》一书中,对于传播法的界定是:传播法是法的规范体系当中调整传播活动中各种社会关系规范的总称。传播法有狭义和广义之分。狭义的传播法是专门针对传播活动所制定的单行法律文件。广义的传播法则是所有涉及传播活动的法律规范的总称,它既包含狭义的专门性传播法,也囊括了散见于其他法律文件、司法实践中与传播活动相关的制度。此书在广义的层面使用传播法的概念,提出传播法体系包括:公民表达自由法、市场信息传播法、政府信息公开法、

---

① 雷润琴:《传播法——解决信息不对称及相关问题的法律》,北京大学出版社 2005 年版,第 3 页。
② 陈建云:《中国当代新闻传播法制史论》,山东人民出版社 2005 年版,第 1 页。
③ 魏永征、张鸿霞:《大众传播法学》,法律出版社 2007 年版,第 1 页。
④ 李丹林:《论传媒法的宪法属性》,《南京社会科学》2011 年第 1 期。

大众传媒法。①

2016 年，魏永征在《新闻传播法教程》（第五版）中，对于新闻传播法的解释是：广义的新闻传播法是"调整新闻传播活动中各种社会关系，保障新闻传播活动中的公民、法人的有关合法权益和社会公共利益的法律规范的总称"，是"我国法律体系中所有适用于新闻传播活动的规定"，狭义的新闻传播法是"规范新闻传播活动和新闻传播行业的专门性法"，如"新闻法""报刊法""广播电视法"等。② 在 2022 年出版的《新闻传播法教程》（第七版）中，对于"新闻传播法"的解释是：新闻传播法，是调整新闻及其大众传播、向公众传播活动领域各种社会关系，保障这个领域中国家利益、社会公共利益和公民、法人的合法权益的法律规范的总称。③

综观上述术语及其定义，都包括了几个关键词：传播、新闻或信息、利益或权益等。不同学者对于传播类型的界定和表述不同，对于传播的内容界定表述不同，法律要保护的利益界定和表述不同，于是产生了术语使用不同，解释各有特色的情形。但是，从根本上来讲，又都有其内在的一致性，也就是这些术语所表达的法律规范，其调整的对象都是"大众传播"行为。

经典传播理论将人类社会存在的传播行为划分为四种类型：自我传播、人际传播、组织传播和大众传播。大众传播是一种点对面的传播。大众传播中，传播者是特定的，接受的对象则是不特定的，传播的信息和内容是公开的。由于传播者和受众之间存在时间或空间上的距离，大众传播往往要借助于一定的介质。大众传播所借助的介质，就是报刊、书籍、无线电信号等。在传统大众传播时代，大众传播活动一般都是由专门的组织，借助于专门的设施进行的。这些专门从事大众传播的组织就是出版

---

① 肖燕雄：《传播法》，华中科技大学出版社 2015 年版，第 16—17 页。
② 魏永征：《新闻传播法教程》（第五版），中国人民大学出版社 2016 年版，第 2 页。
③ 魏永征、周丽娜：《新闻传播法教程》（第七版），中国人民大学出版社 2022 年版，第 1 页。

第四章　传媒法治意涵与媒介融合背景下的传媒法治发展

社、报刊社、广播电台、电视台等机构。大众传播的信息和内容的类型包括新闻、文学、广播电视节目、电影等。在互联网出现之前，限于技术的原因，这种针对不特定对象的传播，是单向、线性的，在传者和受众之间，不会发生角色互换。互联网技术的应用，产生了新的传播类型，即"网络传播"，或被称为"对公众传播"。网络传播融合了大众传播（单向）和人际传播（双向）的信息传播特征，在总体上形成一种散布型网状传播结构。在这种传播结构中，任何一个网络主体都能够生产、发布信息，所有网络主体生产、发布的信息都能够以非线性方式流入网络之中。

从学术史的角度来看，在我国，有些术语的使用最早也是从英文直译而来。这些术语对应的英文是：传播法——Communication Law，大众传播法——Mass Communication Law，媒体法——Media Law，媒介法——Media Law，大众传媒法——Mass Media Law，出版法——Press Law，新闻法——News Law or Journalism Law；新闻传播法——Law of Journalism and Mass Communication，传媒与娱乐法——Media and Entertainment Law。

最早的大众传播只能借助于印刷出版，所以就有了规范和控制出版（press）的法律，相关法律就是"出版法"（Press Law）。近代早期英国的出版法[①]主要是针对出版活动的控制，对于出版的内容，尤其是新闻性信息进行事前审查或事后惩治的法律。到了19世纪，英国对从事出版行为和出版物出版内容的事前管制都被废止，也就是说，有关新闻审查的制度都被废止，"Press Law"也演变成保护新闻自由的法律，在我国也被翻译成"新闻法"。后来，随着无线电信号技术的发明和对于频率资源的利用，产生了电子通信（communication）领域。这一领域包括点对点传播的电信领域（telecommunication）和点对面传播的广播电视领域（broadcasting）。所以，在英文中，"Communication Law"（传播法）实际上是包含了调整属于大众传播的广播电视关系和属于人际传播的电信关系的两类传播关系的法律规范。为了区别于点对点的传播，点对面的传播"broadcasting"也被表

[①] 英国早期针对出版活动规定了很多控制性的法律制度，如特许制度、对未经许可的出版行为和非法内容的惩治等。

示为"Mass communication"（大众传播）。后来人们将能够以大众传播的方式向人们传播信息的组织机构统称为"媒体"（media，medium 的复数）。借助于印刷物进行传播的媒体，称为印刷媒体或平面媒体（printed media），借助于广播电视信号进行传播的媒体称为广播电视业者媒体或电子媒体（broadcaster）。在前互联网时代，能够进行专门的大众传播活动的主体都是一定的组织，不是普通个人。

大众传播组织进行的内容信息的传播活动，对于一个社会的政治、经济、文化都产生巨大的影响，这种组织借助于以传播业务为核心的各种政治活动、商业活动，形成了一个行业，这一行业就是传媒行业，也是一个特定的社会领域。"传媒"成为这一领域或这一行业的表达符号。于是，对应的相关术语"传媒法"也越来越普遍地被使用。如今，由于网络传播综合具备了人际传播和大众传播的多种特征，也有更多人乐于使用"传播法"一词。

但是，毕竟由于论者各自对于相关术语和论题意涵界定的范围不一，会带来一些交流上的问题。从为了更便于展开研究和交流，更好地将理论学术研究成果应用于实践的角度看，本书认为，使用"传媒法"更为适宜。理由有三：其一，传媒既指大众传播媒体，又指媒体所进行活动的领域；其传递的内容和提供的服务，既包括新闻性的信息，也包括非新闻性的信息；既包括满足受众对信息的需求，也包括满足受众获取知识、娱乐等方面的需求；这一领域不仅是一个信息和意见传播的领域，同时又是一个产业领域。其二，在当今媒介融合已成为一种大趋势和现实状态的情况下，"传媒"一词是超越传统大众传播领域的相互区隔，能够适应新的信息技术发展带来的各种传播渠道融合的新局面的相应意义的表达。其三，以"传媒法"一词表达这一法律领域，可以较为恰切地展现这一法律领域的范围。同时，运用这一术语，可以促使我们思考在涉及复杂的社会关系和利益博弈的领域，在我们制定相关公共政策、新的立法、改革措施的时候，应该确立怎样的价值取向，能够使之与我们整个民主法治建设的总体目标和谐一致。选择"传媒法"这一术语能够较准确地表明这一特定法律领域的功能和价值。

归纳前述相关术语，研究者对于其含义的解释，然后再统一到"传媒法"的解释当中，我们可以看到，其中存在的内在统一之处就是，这些术语所表达的法律规范都是调整进行大众传播活动的行为主体基于大众传播活动而结成的各种社会关系的法律规范，并且都有一个预设的前提，就是在互联网产生之前，大众传播活动只能由专门的组织，也就是专业媒体机构进行。因为，前互联网时代的大众传播技术应用形成的传媒活动需要专门的设备、大量的资金投入和专门的从业人员，单个的自然人难以从事这样的活动。所以，所有对于相关术语的解释和概念界定，都是以专业媒体机构作为传媒关系的主体一方。传媒法规制的对象主要为专业传媒组织、媒体组织的相关人员及其相关行为。

随着互联网的发展，新的信息技术不断被开发和应用，个体也可以通过互联网、移动互联网，借助各种终端、通过各种网络渠道，如同传统的专业机构一样对不特定的多数人传播信息、表达意见，进行具有大众传播效果的表达，"人人都有麦克风"，个人也成了能够进行传媒活动的行为主体。大众传播的主体就从早期的出版商，到后来的广播电视业者，到现在的媒介融合进程中存在于网络环境下的各种专业媒体机构、众多不同类型的自媒体（we media）以及普通网络用户等。

传媒法自身的形态与信息技术的发展、大众传播活动的模式演变、传媒业务类型的发展密切相关。随着印刷术的发明，有了大众传播活动之后，统治者开始有了对于大众传播活动的规范、控制，于是便有了相应的出版法律规范和制度。有了报刊出版业，于是有了出版法（Press Law），后来有了能够利用电子信号的通信技术，产生了包括人际传播的电信业（telecommunications）、大众传播的广播电视业（broadcasting）的通讯业（communication），于是就有了通信法（Communication Law）。后来随着数字技术和网络技术的发展和应用，产生了既包含人际传播又包含大众传播的网络（Internet），于是就有了调整相应传播关系的规范的网络法。

在媒介融合的新时代，调整规范互联网环境下的大众传播行为、形成良好的传播秩序，所依据的规范，除了典型的法律规范外，还包括对于各种传播主体的行为会产生规范和约束作用的其他各种规范类型，这些非法律规范较前互联网时代更呈现出各自独特的功能和价值。在这样的时代，研究传媒法律，也要有更开阔的视野，将所有的规范类型看作一个相互关联的整体，研究其内在的关系，研究其如何相互配合发挥作用。从规范层面来说，就是研究整个传媒规范体系的问题。[①] 从治理的角度看，就是治理视阈下的规范体系问题。

传媒对于社会的影响巨大。无论是平面媒体时代、广播电视时代，还是当今媒介融合时代，传媒对于一个国家的政治秩序、经济发展、文化传承、社会风气，乃至国际竞争都发挥着至关重要的作用。传媒对于一个国家和社会的未来——青少年所具有的积极影响和可能带来的消极影响，更是整个社会所关心的问题。因此，从大众传播产生以来，所有国家，都致力于相关立法和制度建设，依据自身的意识形态、主流价值观建构自身的传媒制度、监管制度、法律体系、治理模式。

而传媒之所以能够产生如此巨大的影响，最主要的原因是传媒首先是向社会传播与个人、政府、国家、社会密切相关的各种事实消息，也就是新闻。了解自身和世界、了解当前外部环境，是人类的基本需求。[②] 这种需求如何获得满足，关系到个人的尊严和利益，也关系到社会秩序的状态，关系到一个国家的政治运行稳定与否。所以，无论哪个时代，对于传媒的监管，对于传媒的立法，最核心的问题都是如何对待新闻信息的采集、制作、传播行为；如何对待获知新闻的知情权、发表意见和评论的表达权；如何确立进行大众传播的行为主体的行为要求和规范。因此，早期人们将与传媒相关的法律称为"新闻法"或"新闻传播法"，这也是对在特定历史时期传媒法的核心功能的切实表达。在大众传播所传播的内容中，新闻性是其最重要的内容。正是因为新闻性信息对于一个国家，无论

[①] 本书将在后面专门研究这一问题。

[②] 从 CNNIC 历次发布的报告的内容来看，人们对于新闻的获取和消费，都是占据前列的网络利用方式。

是民主制国家还是非民主制国家都具有至关重要的意义,所以,传媒法律的核心问题是,对新闻性信息传播是保护其自由还是予以严格管控。无论是秉持新闻自由,依据宪法保护表达自由的国度,还是坚持媒体应该为执政党服务,媒体应是舆论导向工具的国度,在媒介时代都面临同样的挑战。

媒介融合时代,对传媒监管、传媒政策、传媒立法带来的最重大的挑战是:新闻信息的获取和传播不再是专业媒体的专利,任何人都可能成为一个新闻源,成为新闻性信息和意见评论的发布和传播主体。建构于传统传媒体制和传播模式之上的传媒监管和法律制度应该如何应对传播主体的当代变化带来的传播秩序的变化,成为各个国家都面临的问题。当然在大众传媒领域,许多内容和新闻一样,都是具有文化属性的产品,例如各种社教类、谈话类节目;还有各种文学艺术、休闲娱乐的内容表现,比如文学、音乐、电影、电视剧、各种综艺节目。传媒领域,从过去更多强调其"信息告知"(inform),到现在,由于技术的发展引领,传媒在"教育"(education)功能和"娱乐"(entertainment)功能方面凸显出巨大价值和无限的潜力。这也是媒介融合背景下的传媒业发展的新景象。以往仅仅是基于如何更好地对待新闻内容的规范,按照一定的价值观指导制定传媒法律、确立监管机制。如今面对更加复杂的传媒活动,如何建构适应新的时代发展的传媒法律体系和规范体系,也是各国面临的新问题。一国基于怎样的价值取向和理念确立传媒政策?如何进行相关立法?如何建构包括执法在内的监管制度?司法如何发挥作用?这些构成了传媒法治的整体意义。

二 传媒法调整对象研究

传媒法不是我国社会主义法律体系中一个独立的法律部门,它是对特定领域的相关社会关系进行调整的法律规范的集合。因此,我们可以将传媒法称为"领域法"。而这个"特定"领域,随着技术的发展、社会的变迁,其中的社会关系在不断变化。要深刻理解传媒法治,了解传媒法的作用，我们要弄清楚传媒法的调整对象，也就是在传媒领域需要依法调整的社会关系，特别是由媒介融合引发的传媒领域社会关系的新的情形和特点。

（一）传媒社会关系的新发展

法律作为调整社会关系的行为规范的总和，前述各个相关术语的定义也基本上都是按照这一原理进行。比如"传播法是法的规范体系当中调整传播活动中各种社会关系规范的总称"；"大众传播法是指规范大众传播活动和各类大众传播媒介的法，是调整大众传播活动中各种社会关系，保障大众传播活动中的社会公共利益和公民、法人等个体的有关合法权益的法律规范的总称"；新闻传播法是"调整新闻传播活动中各种社会关系，保障新闻传播活动中的公民、法人的有关合法权益和社会公共利益的法律规范的总称"，等等。

基于大众传播活动结成的社会关系多种多样，媒体在进行大众传播活动的过程中，要采集信息和内容，对内容进行编辑，向受众传播，这就形成了媒体与特定对象和公众之间的民商事关系。媒体要设立、要运营，在设立运营过程中形成了媒体与政府之间的行政管理、监管与被监管的关系。这些社会关系从本质上讲，实际上是反映了传媒与国家的关系，传媒与社会的关系。前一种关系，是不平等主体之间的管理与被管理的关系，管理部门依法享有职权可以强制约束传媒的活动；后一种是平等主体之间的关系，双方要依据平等自愿的原则进行活动。

但是，伴随着互联网的发展，进入媒介融合时代，一种新型传媒社会关系的主体出现了。这种主体，虽然不是典型公权力的拥有者，但是却具有某种类似政府的功能，可以对不特定的对象——大众传播的主体行使某种管理权力、实施某种处罚措施，这就是网络时代的平台组织。

网络平台的兴起是当今互联网发展最为突出的特征之一。在网络环境下，平台一词首先在计算机领域使用，其有特定含义，主要是承载各种应用软件的操作系统。在我国正式立法中出现的网络"平台"，相当于欧美国家网络法研究中的"网络中介"或"网络中间商"。[①] 在传媒领域，为用户提供内容服务和信息交流服务的网络服务平台，包括为各类新闻信息和内容生产者提供聚合和分发的组织——资讯类平台；提供社交媒体服务的组织——社交媒体平台。"资讯类平台今日头条、一点资讯，社交类平台新浪微博、微信，以及短视频平台快手和抖音等，基于海量用户的内容生产越来越具有平台媒体的属性。"[②] 平台与接受平台服务的传播主体之间的关系，形成了一种新型的社会关系。

上述这些社会关系都需要相应的法律规范调整，这些规范也是传媒法规范。无论哪个国家在什么时代，制定与传媒相关的法律，首先要考虑的是与新闻信息的采集、编辑、传播相关的规范。因为谁可以进行新闻信息的采集编辑传播活动，如何进行新闻传播活动，这种活动的实施会引发怎样的法律后果，这都和一个国家的政治生活、文化生活、社会生活紧密相关。基于这样的原因，媒体能否进行商业活动、如何从事商业活动，也同样被认为与一个国家的政治生活、经济生活和文化生活密切相关。因此，从执政者的角度来看，媒体的作用能否很好地发挥，传播内容能否与特定国家特定时代的主流价值观、意识形态要求相一致，传媒立法对于媒体传播的内容做出规范很重要，对于媒体的设立条件、设立程序、传播和运营过程中的权利和义务做出相应的规定也同样重要。

（二）传媒法律关系的类型变化

传媒关系一经法律调整，就形成传媒法律关系。不同类型的法律规范对于传媒关系进行调整，形成了含有不同性质权利义务内容的传媒法律关系。传统传媒法律关系有两大类：公法性的传媒法律关系和私法性的传媒法律关系。在媒介融合时代还产生了一种新型的传媒法律关系。

1. 公法性的传媒法律关系，即政府与传媒组织之间的权利义务关系。

---

① 周雪峰、李平：《网络平台治理与法律责任》，中国法制出版社2018年版，第9页。
② 张志安、李霭莹：《变迁与挑战：媒体平台化与平台媒体化——2018中国新闻业年度观察报告》，《新闻界》2019年第1期。

媒体与政府的权利义务关系，发生于国家对媒体的设立、运营行为、内容传播行为的管理规范过程中。一般表现为媒体与国家权力机关，特别是行政机关或独立规制机构之间的关系。具体来说，行政机关或独立规制机构通过审批、许可制度来规范媒体的设立行为；通过相关的立法来确定媒体的产权性质、划定市场边界；对于违反相关内容和传播行为法律规范的媒体予以相应的惩治；通过相应的政策约束媒体对于内容的传播等。在这些过程中形成的法律关系都是公法性传媒法律关系。

在不同的国度，建构国家的政治哲学、文化价值观、宗教信仰基础不同，这些因素决定着国家对媒体的价值和功能的认识不同，国家对媒体在收集、传递、反映与公共利益相关的信息和内容方面应该如何做所秉持的态度也不同。这直接影响到国家对传媒制定的政策、法律，决定着一个国家的传媒体制。进而，公法性的传媒法律关系的权利义务的内容也有很大不同。比如，媒体和公民享有哪些基本权利、公民如何获得宪法方面的保护和救济、政府的权力应该如何行使、应该如何承担责任等。

在一个法治与民主制度成熟的社会，传媒法的立法目的是使媒体在自由传递信息方面做得更好，对于媒体自由的限制保持在最低的必要限度之内，对媒体应该具有的服务公共利益的责任有充分的规定。

在我国，媒体与政府的关系不仅体现在媒体与国家权力机关的关系方面，还体现在媒体与作为执政党的党组织的关系方面。

2. 私法性的传媒法律关系，即传媒组织与平等主体之间的关系。传媒与平等主体之间的关系，表现为媒体在采集内容信息、制作传播信息过程中，在运营中与其他具有平等地位的社会主体之间发生的关系，包括合同关系、竞争关系、侵权关系，这些其他社会主体包括作为行为主体之外的其他媒体组织以及媒体组织之外的各种组织、社会成员个人。

在这一领域，媒体采访报道的权利和公民近用媒体的权益、公民的知情和表达权益、公民的人身权益和财产权益，既有统一之处，也有紧张与冲突。

有些时候，一种私法性的传媒法律关系，由于含有了关涉公共利益的内容，便不再仅仅是涉及公民的普通民事权利的问题，而是会转化为一项关涉宪法上的基本权利，转化成一个涉及国家政治制度维护的问题，这就不再适合适用一般的私法规范和原则继续调整。这种关系实际上是不同的公共利益之间的一种竞争性关系，它已非调整一般私人关系的私法所能胜任和解决的。由于普通社会成员对于媒体的近用权利，最终需要国家对于媒体设定一定的义务来保障；有关媒体传播与公民人格权的冲突，需要根据其内容与公共讨论、政府事务的密切程度来有区分性地对待，对于这些问题的特别处理，必须上升到宪法层面。只有上升到宪法层面，才能根据一定的价值秩序，通过利益平衡的方法，来做出恰当的裁断。

3. 新型传媒法律关系。西方国家自19世纪由自由资本主义进入福利国家时代，政府对许多传统自由领域开始介入干预。政府通过一系列的干预手段防范单纯依靠市场和自由竞争带来的风险和社会问题，为社会成员获得更多福利保障和获得实际平等制定许多新的法律和干预政策。于是，那些传统意思自治的领域渗入了国家意志的内容，出现了公私混合的法律领域，有些基于意思自治结成的法律关系也含有了非自治的因素，产生了公私混合型法律关系。但是这种法律关系的主体双方仍然是公权力机关和普通社会组织或个人。互联网时代，出现了一种新的组织——网络平台。虽然从本质属性上来说，网络平台是一个社会组织，但是，它不是普通的社会组织。不同于普通的单个企业组织和行业协会组织，它能够给各种个体或商业组织、社会团体、公权力机构提供社交、信息内容分享、电子商务以及各种服务的虚拟活动空间，对于在这个虚拟空间中的活动主体的各项行为拥有相当强的管理功能。这种管理行为的适用对象的广泛性甚至超过一个国家的公民数，管理的效力也具有相当的强制性。平台与用户之间的关系也是一种新型的公私混合关系。如果前一种混合关系是公权力和国家意志渗入传统私法领域而形成的，这种新型的公私混合关系则是由于平台这种新的互联网时代的组织，基于自身所用的技术、设施、产品和服务，获得了某种类似立法机关、行政机关和司法机关的权能，是社会组织进化出拥有类似公权的特性的表现。在我国，由于在网络治理中，执政党推行网络平台的"主体责任"更强化了平台的这种权能。所以，传媒法的调整对象多了一种社会关系，这就是平台与用户之间的关系。

在平台与用户之间，虽然双方之间是一种平等关系，但是平台对于用户的行为多了一种管理职责和职权。尤其是在我国执政党和政府提出压实"平台主体责任"的情境之下，这种责任体现在对于用户方面的行为，成为一种权力。这是一种类似于公权力的权力，如微博平台对于微博账号的停止、微信平台对于微信公号的封停等处理措施，某种意义上就是对于公民和组织表达权行使的一种限制约束。特别是在媒体化的平台上，商业化的平台对于那些进驻其中的主流媒体也负有相应的管理义务，对于认为违反相关规则的内容进行删除封停。

平台的出现，对于传统的国家和行政法理论提出了挑战，也促使媒体行为规范变得更为丰富。固守传统观念，僵化看待平台的地位和职责、权利和义务，不便于规范和治理互联网环境下的传播秩序。

三 传媒法的特征

传媒法是指调整政府与传媒的关系、传媒与社会公众之间的关系，平衡协调媒体的新闻自由与公共利益，规范表达者表达行为的法律制度。[①] 基于这一原理，我们可以清晰地看到在不同国度，传媒立法的价值取向和平衡基准是不一样的。确立了新闻自由的国度，在不同时代，针对不同的大众传播方式和媒体，分别制定不同的法律规范，并依据不同的原则，来调整政府与传媒、传媒与公众的关系。而在不承认新闻自由的国度，传媒法更多的是以管控新闻为核心的对于媒体行为和传媒行业进行同一标准规范和约束的法律。

从宏观视角来看，对新闻内容和新闻活动的规范和管控，涉及传媒法律中宪法层面的权利，其中包括公民的表达自由、知情权；从整体角度看涉及各项公民基本权利的集合而成的公共利益，具体如确保不受舆论制约的司法公正、不受禁载内容妨害的良好社会秩序等。在我国还包括保障社

---

① 参见李丹林《论传媒法的宪法属性》，《南京社会科学》2011年第1期。

会主义制度不受反对意见攻击的国家安全利益。这些都是我国传媒法要保护的重大利益，因而也就是传媒法的核心问题。这些利益的保护通过具体的传媒法律制度的设计，通过具体媒体组织和政府之间结成的具体法律关系中的权利和义务的内容体现出来。这些具体法律制度，体现为行政法方面的相关制度，如审查、许可、登记、注册、处罚等制度，针对不同内容规定不同的标准，不同的获取、发布制度；体现为刑法方面规定的相关犯罪，如煽动类犯罪、诽谤犯罪、泄露秘密犯罪、淫秽物品犯罪，以及敲诈勒索、寻衅滋事、非法经营、强迫交易等方面的犯罪。

在私法领域，媒体作为内容传播主体，在获取信息、制作内容、传播内容过程中，会与具体的组织和个人形成相关的合同或协议关系；是否允许获得他人信息和相关事实情况；如何报道披露传播相关内容信息等，会形成相关的服务关系以及对于他人权益的不当损害的侵权关系。在侵权关系中，被侵害的权利一般是属于民事权益范畴的著作权、名誉权、隐私权、肖像权、消费者权益、个人信息权益等。

需要特别注意的是，传媒领域的公法问题也制约着传媒私法领域的权利义务关系的确定和利益平衡问题，因此传媒法中的核心问题是公法上的问题，质言之就是传媒监管问题。传媒的监管是一个复杂的系统工程。美国第二届总统亚当斯曾言，"如果人类状况会有什么改善，那么，哲学家、神学家、立法者、政治家将发现，在他们不得不解决的最困难、最危险和最重要的问题中，对新闻界的管制居于首位，如果没有这种管制，治理人类就无从实现；如今尽管有了它，治理人类也无从实现"，在美国以"自由"为主要价值目标的传媒监管，显示出如此复杂的结果。在我国，我们是从安全角度来设计我们的法律制度和监管体制机制，无论在什么情形下，比如要大力发展传媒产业、大力推进信息化建设、加快推进三网融合等，依然都始终坚持以安全为首要价值目标，具体表述就是坚持党管媒体原则不动摇、坚持社会效益优先。

综上，归纳媒介融合背景下传媒法治的问题，包括传媒法的价值取向、基本权利的保障、表达自由的保护与限制、传媒侵权问题、传媒产业促进问题、著作权保护问题等。在具体层面的传媒法领域，传媒的准入制度，包括媒体的法律地位和属性问题；审批、许可、备案、登记、注册制度；传媒资本准入制度和产权制度；内容标准和内容审查机制、媒体机构和平台对于内容和数据监管保存的安全措施；媒体从业人员的资格问题等。

第二节 传媒法治的基本问题

一 传媒法治的基础问题

法治的问题首先是立法问题。一个国家现行的全部法律规范组成了一个国家的法律体系。法律体系是法理学上的一个重要范畴。法学界对于法律体系的认识和解释各有不同：有的解释为宪法、法律、法规等各种成文法法律渊源的体系；有的解释为各种法律分类的体系；有的解释为一国的各种部门法组成的体系；① 也有解释为全部现行法律规范分类组合为法律部门而形成的一国法律有机联系的统一体，② 等等。也有从较为广义的层面解释法律体系，认为法律体系是"现行法律规范及其创制、适用过程中与相应的法律意识及现实社会关系相互作用所产生的全部法律现象的有机统一体"。③

根据法律部门理论，法律部门是以法律调整对象为划分标准将一国的法律体系划分出的若干部分。可见，"传媒法"不单独属于任何既有的法律部门，因为通过前述分析，我们知道传媒法规范分布于所有的法律部门

---

① 参见沈宗灵《论我国社会主义法律体系》，《中国政法大学学报》1983 年第 3 期。
② 参见徐静村《法律体系新议》，《现代法学》1992 年第 2 期。
③ 参见徐静村《法律体系新议》，《现代法学》1992 年第 2 期。该文认为"法律体系大体由两部分法律现象集合体所构成。一部分是静态的，包括法的规范、原则和制度的总和（规范性成分），法律机构的总和（组织成分）和该社会特有的法律观念、思想和概念的总和（意识形态成分）。另一部分是动态的，包括法律创制与法的实现，法律关系的产生、变化和终止，以及法律思维活动等"。

之中。但是，这并不意味着传媒法整体是杂乱无章的简单集合，一国传媒法也有自身的体系。"要使全媒体在法治轨道上传播"，法治的前提是有法可依，这便是要有相应的法律规范体系，研究传媒法律体系问题，就是为了更好地认识了解传媒法规范。在我国的社会生活实践中，很多人会说我国没有新闻法、没有传媒法，所以媒体秩序失范、媒体从业人员的权益得不到保护等。虽然如今这样的认识在减少，但是仍然大量存在。系统研究梳理传媒法规范，对于澄清这些认识也非常必要。

我国社会主义的法律体系，是由依据我国《立法法》规定的具有相应立法权限的国家机关制定的规范性文件所包含的全部规范组成的整体。《立法法》上所规定的这些不同国家机关制定和颁布的规范文件，又称为我国社会主义法的渊源。法的渊源或称法律渊源通常是指法律的来源与表现形式，即由不同国家机关制定或认可的，具有不同法律效力和法律地位的各种类别的规范性文件的总称，它又被称为"法的表现形式"或"法的形式"。我国《立法法》第二条，列举了我国当代法律渊源的种类。[①] 我国的法律渊源有宪法、法律、行政法规、地方性法规、自治条例和单行条例、国务院部门规章、地方政府规章，此外还有特别行政区法律、国际条约。

（一）宪法层面的规范

根据我国《宪法》第五条[②]和《立法法》第八十七条的规定，我国宪法具有最高的法律效力，一切法律、行政法规、地方性法规、自治条例和单行条例、规章都不得同宪法相抵触。宪法是我国的基础法源。宪法规定的我国的政治制度、经济制度、文化制度、公民基本权利和义务、国家机构的设置和职权，都对传媒领域的公法活动和私法活动产生制约和影响。

[①]《立法法》第二条规定：法律、行政法规、地方性法规、自治条例和单行条例的制定、修改和废止，适用本法。国务院部门规章和地方政府规章的制定、修改和废止，依照本法的有关规定执行。

[②]《宪法》第五条第三款规定"一切法律、行政法规和地方性法规都不得同宪法相抵触"。

宪法规定的公民基本权利决定着传媒的地位、权利和公民通过媒体行使表达权、知情权的可行性和实效性；现行宪法的序言、宪法的若干次修正案的规定，对于我国媒体改革的进程和力度、媒体体制的确立和演变、传媒产业相关政策的制定和立法都有直接的影响。

《宪法》第一条规定，"中华人民共和国是工人阶级领导的、以工农联盟为基础的人民民主专政的社会主义国家。社会主义制度是中华人民共和国的根本制度。中国共产党领导是中国特色社会主义最本质的特征。禁止任何组织或者个人破坏社会主义制度"。这一规定，为我国所有法律渊源中有关媒体内容禁载条款提供了依据。

《宪法》第二十二条规定，"国家发展为人民服务、为社会主义服务的文学艺术事业、新闻广播电视事业、出版发行事业"。宪法此条对于我国传媒领域的基本制度做出了规定，是"为人民服务、为社会主义服务"。为了确保媒体"为人民服务""为社会主义服务"，我们所构建的对于新闻出版的管控制度、对于广播电视的管控制度以及伴随着互联网的发展，对于网络领域的监管和治理，推进传统媒体和新兴媒体融合的举措，都是围绕要确保媒体在进行内容传播的时候，符合有利于"社会主义制度"这一最高目标。

《宪法》第三十三条第四款规定，"任何公民享有宪法和法律规定的权利，同时必须履行宪法和法律规定的义务"；第三十八条规定，"中华人民共和国公民的人格尊严不受侵犯。禁止用任何方法对公民进行侮辱、诽谤和诬告陷害"；第三十九条规定，"中华人民共和国公民的住宅不受侵犯。禁止非法搜查或者非法侵入公民的住宅"；第四十七条后半段规定，"不得捏造或者歪曲事实进行诬告陷害"；第五十三条规定，"中华人民共和国公民必须遵守宪法和法律，保守国家秘密"；第五十四条规定，"中华人民共和国公民有维护祖国的安全、荣誉和利益的义务，不得有危害祖国的安全、荣誉和利益的行为"，这些条款对媒体和公民进行表达的具体标准也做出了规定。

我国《宪法》也明确规定了对于人权的保障，规定了公民在表达、传媒在传播时所享有的权利。第三十三条第三款"国家尊重和保障人权";第三十五条"中华人民共和国公民有言论、出版、集会、结社、游行、示威的自由";第四十一条"中华人民共和国公民对于任何国家机关和国家工作人员,有提出批评和建议的权利;对于任何国家机关和国家工作人员的违法失职行为,有向有关国家机关提出申诉、控告或者检举的权利,但是不得捏造或者歪曲事实进行诬告陷害";第四十七条"中华人民共和国公民有进行科学研究、文学艺术创作和其他文化活动的自由。国家对于从事教育、科学、技术、文学、艺术和其他文化事业的公民的有益于人民的创造性工作,给以鼓励和帮助"。这些条款与我国宪法序言结合起来,与第二十二条的规定,以及前面所列的关于公民基本义务条款的要求结合起来,我们就会发现,关于媒体权利以及个人相关权利和自由的保障具有我国特色。

在我国传媒法律的运行实践当中,有"宪法虚置"的观点,这实际上是没有真正认识和理解我国宪法的实质和功能所致。

(二)法律

作为我国法的渊源的法律是指《立法法》第七条所规定的情形,[①] 即我国最高立法机关制定和颁布的具有普遍约束力的规范性文件。

在法律层面,专门针对传媒领域制定的法律文件并不多,现在只有《电影产业促进法》。但是,在其他各种基本法律和普通法律的文件中,有许多规范都适用于传媒领域,调整传媒社会关系。在所有这些法律层面的规范内容中,主要涉及的是表达的界限、内容的标准的规定。在最高立法机关制定的基本法律和普通法律中,相关行政法律、民事法律、刑事法律对传媒主体的民事权利的规定、对诉讼中传媒行

---

① 《立法法》第七条:全国人民代表大会和全国人民代表大会常务委员会行使国家立法权。全国人民代表大会制定和修改刑事、民事、国家机构的和其他的基本法律。全国人民代表大会常务委员会制定和修改除应当由全国人民代表大会制定的法律以外的其他法律;在全国人民代表大会闭会期间,对全国人民代表大会制定的法律进行部分补充和修改,但是不得同该法律的基本原则相抵触。

为的要求、对于传媒行业的准入和产业发展的促进内容都构成了传媒法的渊源。我国在推进现代化建设、法治国家建设的过程中，所有有利于市场经济发展，有利于公民权利保护的立法，都构成了传媒法律体系的内容。现择要列举如下：

《中华人民共和国国家安全法》，该法于2015年7月1日由第十二届全国人民代表大会常务委员会第十五次会议通过，自公布之日起施行。《国家安全法》第二十三条规定：国家坚持社会主义先进文化前进方向，继承和弘扬中华民族优秀传统文化，培育和践行社会主义核心价值观，防范和抵制不良文化的影响，掌握意识形态领域主导权，增强文化整体实力和竞争力。这一规定从维护国家安全的角度，对于传媒监管的目标，对于传媒组织的积极义务和消极义务做出了概括性规定。

《中华人民共和国网络安全法》，该法于2016年11月7日由第十二届全国人民代表大会常务委员会第二十四次会议通过，2017年6月1日起施行。《网络安全法》第十二条规定，"国家保护公民、法人和其他组织依法使用网络的权利，促进网络接入普及，提升网络服务水平，为社会提供安全、便利的网络服务，保障网络信息依法有序自由流动"，"任何个人和组织使用网络应当遵守宪法法律，遵守公共秩序，尊重社会公德，不得危害网络安全，不得利用网络从事危害国家安全、荣誉和利益，煽动颠覆国家政权、推翻社会主义制度，煽动分裂国家、破坏国家统一，宣扬恐怖主义、极端主义，宣扬民族仇恨、民族歧视，传播暴力、淫秽色情信息，编造、传播虚假信息扰乱经济秩序和社会秩序，以及侵害他人名誉、隐私、知识产权和其他合法权益等活动"。这些规定也是对于公民个人和媒体表达的界限划定，构成传媒法律的渊源。

《中华人民共和国保守国家秘密法》，该法于1988年9月5日由第七届全国人民代表大会常务委员会第三次会议通过，2010年4月29日第十一届全国人民代表大会常务委员会第十四次会议修订通过，自2010年10月1日起施行。《保守国家秘密法》第二十七条规定，"报刊、图书、音像制品、电子出版物的编辑、出版、印制、发行，广播节目、电视节目、电影的制作和播放，互联网、移动通信网等公共信息网络及其他传媒的信息编辑、发布，应当遵守有关保密规定"。这些都从维护国家安全的角度对于传媒内容做出的特别规定。这里的国家安全，是属于我们的"总体国家安全观"意义上的国家安全，是广义的国家安全，包括国家的领土、主权方面的完整不受损害，包括执政党的统治地位和统治秩序不受影响和妨碍，包括国防和国内重大设施和公共安全不受侵犯。

《中华人民共和国英雄烈士保护法》，该法于 2018 年 4 月 27 日由第十三届全国人民代表大会常务委员会第二次会议通过，自 2018 年 5 月 1 日起施行。该法要求：文化、新闻出版、广播电视、电影、网信等部门应当鼓励和支持以英雄烈士事迹为题材、弘扬英雄烈士精神的优秀文学艺术作品、广播电视节目以及出版物的创作生产和宣传推广。[1] 该法对于如何保护英雄烈士进行了系统规定，着重提出了一些禁止性规范。[2] 这些规定，都是直接的传媒法规范，对于传媒内容的标准、媒体组织及相关主体的积极义务和消极义务，包括普通网民通过各种属性的媒体进行表达都确立了边界。该法对如何确保这些规范的实施还规定了保障机制。第二十三条规定：网信和电信、公安等有关部门在对网络信息进行依法监督管理工作中，发现发布或者传输以侮辱、诽谤或者其他方式侵害英雄烈士的姓名、肖像、名誉、荣誉的信息的，应当要求网络运营者停止传输，采取消除等处置措施和其他必要措施；对来源于中华人民共和国境外的上述信息，应当通知有关机构采取技术措施和其他必要措施阻断传播。网络运营者发现其用户发布前款规定的信息的，应当立即停止传输该信息，采取消除等处

---

[1] 参见《英雄烈士保护法》第十八条。
[2] 《英雄烈士保护法》第二十二条规定：禁止歪曲、丑化、亵渎、否定英雄烈士事迹和精神。英雄烈士的姓名、肖像、名誉、荣誉受法律保护。任何组织和个人不得在公共场所、互联网或者利用广播电视、电影、出版物等，以侮辱、诽谤或者其他方式侵害英雄烈士的姓名、肖像、名誉、荣誉。任何组织和个人不得将英雄烈士的姓名、肖像用于或者变相用于商标、商业广告，损害英雄烈士的名誉、荣誉。公安、文化、新闻出版、广播电视、电影、网信、市场监督管理、负责英雄烈士保护工作的部门发现前款规定行为的，应当依法及时处理。

置措施，防止信息扩散，保存有关记录，并向有关主管部门报告。网络运营者未采取停止传输、消除等处置措施的，依照《中华人民共和国网络安全法》的规定处罚。第二十四条规定：任何组织和个人有权对侵害英雄烈士合法权益和其他违反本法规定的行为，向负责英雄烈士保护工作的部门、网信、公安等有关部门举报，接到举报的部门应当依法及时处理。第二十五条规定：对侵害英雄烈士的姓名、肖像、名誉、荣誉的行为，英雄烈士的近亲属可以依法向人民法院提起诉讼。英雄烈士没有近亲属或者近亲属不提起诉讼的，检察机关依法对侵害英雄烈士的姓名、肖像、名誉、荣誉，损害社会公共利益的行为向人民法院提起诉讼。负责英雄烈士保护工作的部门和其他有关部门在履行职责过程中发现第一款规定的行为，需要检察机关提起诉讼的，应当向检察机关报告。英雄烈士近亲属依照第一款规定提起诉讼的，法律援助机构应当依法提供法律援助服务。这些措施包含了对行政执法部门所为、网络服务商所为的要求；对广大社会成员所应为的倡导；包括相应的司法措施要求。这些保障机制条款也构成了传媒法的内容。

《中华人民共和国电影产业促进法》，该法于2016年11月7日第十二届全国人民代表大会常务委员会第二十四次会议通过，自2017年3月1日起施行。该部法律是我国文化传媒领域针对传媒产品制定的第一部法律，其中，关于电影创作自由的规定、对于产业发展促进措施的规定，都具有重要的积极意义。当然，在对于电影如何监管的问题上，该法也规定了具体而细致的监管制度和措施。

《中华人民共和国著作权法》，我国现行著作权法于1990年9月7日由第七届全国人民代表大会常务委员会第十五次会议通过，自1991年6月1日起施行。经过了三次修正，第三次修正于2021年6月1日起施行。著作权法是一部与传媒关系极为密切的法律。著作权法所规定的作品的定义、构成条件、权利内容及权利限制、侵权责任，对于传媒的发展都有极大的影响。

《中华人民共和国广告法》，该法于1994年10月27日由第八届全国人民代表大会常务委员会第十次会议通过，2015年4月24日第十二届全国人民代表大会常务委员会第十四次会议修订，修订后的实施日期为2015年9月1日。虽然现在广告的类型日渐增多，① 但是，广告主要还是通过传统专业媒体和新媒体的媒介途径传播。作为广告的发布者的专业媒体和互联网服务提供商在进行广告发布活动时所依据的行为准则，也是传媒法的重要内容。

《中华人民共和国侵权责任法》，该法于2009年12月26日由第十一届全国人民代表大会常务委员会第十二次会议通过，自2010年7月1日起施行。该法第三十六条"网络侵权责任"的规定，被称为"互联网专条"，②该条对互联网环境下发生的侵犯他人民事权益的行为应该如何承担责任做出了基本的规定。这对于互联网内容的治理，提供了关键的法律资源。在《中华人民共和国民法典》通过后，该法内容被《民法典》吸纳，因此失效。

《中华人民共和国民法典》，该法于2020年5月28日由第十三届全国人民代表大会第三次会议通过，自2021年1月1日起施行。《民法典》的制定和颁布对于传媒秩序的维护也具有深远的意义，在"人格权编"中的相关规定就有直接针对新闻报道中的问题的。如有关人格权保护与公共利益平衡的相关条款，如"人格权的合理使用""肖像权的合理使用""名誉权的限制""作品侵害名誉权""荣誉权""处理个人信息免责事由"等规定，都是针对新闻报道和舆论监督过程中，《民法典》对媒体在何种情形下未经允许使用他人肖像、隐私、个人信息及涉及影响他人名誉问题不需承担法律责任做出的规定意义重大。

《中华人民共和国刑法》及各修正案。我国现行刑法规定的犯罪行为

---

① 如户外广告、移动广告、楼宇广告等。

② 该条的具体规定是：网络用户、网络服务提供者利用网络侵害他人民事权益的，应当承担侵权责任。网络用户利用网络服务实施侵权行为的，被侵权人有权通知网络服务提供者采取删除、屏蔽、断开链接等必要措施。网络服务提供者接到通知后未及时采取必要措施的，对损害的扩大部分与该网络用户承担连带责任。网络服务提供者知道网络用户利用其网络服务侵害他人民事权益，未采取必要措施的，与该网络用户承担连带责任。

中，有三十多项罪名与传媒活动有关。刑法中涉及媒体与内容、信息传播的罪名有：煽动分裂国家罪（第一百零三条第二款）；煽动颠覆国家政权罪（第一百零五条第二款）；宣扬恐怖主义、极端主义、煽动实施恐怖活动罪（第一百二十条之三）；破坏广播电视设施、公用电信设施罪（第一百二十四条第一款）；走私淫秽物品罪（第一百五十二条）；编造并传播证券、期货交易虚假信息罪（第一百八十一条第一款）；侵犯著作权罪（第二百一十七条）；虚假广告罪（第二百二十二条）；非法经营罪（第二百二十五条）；强迫交易罪（第二百二十六条）；侮辱罪、诽谤罪（第二百四十六条）；煽动民族仇恨、民族歧视罪（第二百四十九条）；出版歧视、侮辱少数民族作品罪（第二百五十条）；敲诈勒索罪（第二百七十四条）；扰乱无线电通讯管理秩序罪（第二百八十八条）；编造、故意传播虚假恐怖信息罪（第二百九十一条）；寻衅滋事罪（第二百九十三条）；破坏计算机信息系统罪（第二百八十六条）；拒不履行信息网络安全管理义务罪（第二百八十六条之一）；非法利用信息网络罪（第二百八十七条之一）；帮助信息网络犯罪活动罪（第二百八十七条之二）；非法获取国家秘密罪（第二百八十二条第一款）；披露报道不应公开的案件信息罪（第三百零八条之一第三款）；扰乱法庭秩序罪（第三百零九条）；制作、复制、出版、贩卖、传播淫秽物品牟利罪（第三百六十三条第一款）；为他人提供书号出版淫秽书刊罪（第三百六十三条第二款）；传播淫秽物品罪（第三百六十四条第一款）；组织播放淫秽音像制品罪（第三百六十四条第二款）；贪污罪（第三百八十二条）；受贿罪（第三百八十五条）；非国家工作人员受贿罪（第一百六十三条）。

  刑法规定的这些罪名对应的犯罪行为，可以划分为如下几类：第一类是传媒实施了违反内容标准的传播行为，如煽动性犯罪，侵犯他人名誉、商誉犯罪；广告犯罪；出版、传播淫秽物品犯罪等。第二类是传媒组织和人员，理用其传媒活动和业务的特殊性，损害他人权益的行为，如敲诈勒索、强迫交易犯罪等。第三类是传媒机构在运营过程中违反相关监管要求的行为，如非法经营犯罪。第四类是传媒机构和人员传播所实施的危害国家安全、妨碍司法活动的行为，如传媒机构和相关人员借助传媒或在互联网环境下实施的扰乱社会秩序的活动。第五类是一般社会成员针对传媒设施、工作系统进行破坏、攻击的行为，如破坏广播电视设施、计算机信息系统犯罪等。第六类是互联网时代的新型行为主体，未根据监管要求承担特别责任或履行特定义务构成的犯罪，如拒不履行信息网络安全管理义务犯罪，等等。

在我国最高立法机关制定的规范性文件当中，涉及调整传媒关系的文件还有很多，这些法律文件规定的与传媒有关的规范，有的属于内容规范，如《妇女权益保障法》第八十二条的内容，对于大众传播媒介在内容传播时，做出了要求，即不得"通过大众传播媒介或者其他方式贬低损害妇女人格"。[1] 有的属于对传媒领域的市场主体的市场行为和经营行为的规范，如《反不正当竞争法》《消费者权益保护法》等。有的属于对于互联网环境下的新型传媒主体、传媒行为的规范，比如全国人大常委会《关于维护互联网安全的决定》（2000）、《关于加强网络信息保护的决定》（2012）、《电子签名法》（2004）。

在我国，最高司法机关对于审判机关具体运用法律审理案件的时候，可以对适用的法律做出解释，很多司法解释也有直接针对传媒行为的内容。

（三）行政法规、行政规章、规范性文件

《立法法》第七十二条规定，"国务院根据宪法和法律，制定行政法规。行政法规可以就下列事项作出规定：（一）为执行法律的规定需要制定行政法规的事项；（二）宪法第八十九条规定的国务院行政管理职权的事项。应当由全国人民代表大会及其常务委员会制定法律的事项，国务院根据全国人民代表大会及其常务委员会的授权决定先制定的行政法规，经

---

[1] 《妇女权益保障法》第八十二条规定：违反本法规定，通过大众传播媒介或者其他方式贬低损害妇女人格的，由文化、广播电视、电影、新闻出版或者其他有关部门依据各自的职权责令改正，并依法予以行政处罚。

过实践检验，制定法律的条件成熟时，国务院应当及时提请全国人民代表大会及其常务委员会制定法律"。

《立法法》第九十一条规定，"国务院各部、委员会、中国人民银行、审计署和具有行政管理职能的直属机构以及法律规定的机构，可以根据法律和国务院的行政法规、决定、命令，在本部门的权限范围内，制定规章。部门规章规定的事项应当属于执行法律或者国务院的行政法规、决定、命令的事项。没有法律或者国务院的行政法规、决定、命令的依据，部门规章不得设定减损公民、法人和其他组织权利或者增加其义务的规范，不得增加本部门的权力或者减少本部门的法定职责"。

行政法规、规章是我国社会主义法律体系的渊源，对此，无论法理学界还是法律实践中，都有统一认识。对于国务院所属各部门制定的各类规范性文件，是否为我国法律的渊源，在理论界有不同认识。但是，如果从认识法律渊源、划分法律渊源，认识不同形式的行为规范是否能够被执法机关遵守和执行，能否在司法中被审判机关认可和适用的角度来说，在我国，规范性文件也可列入我国的法律渊源。这既有法学理论的支撑，也有法律实践的依据。"仅是立法行为，还不能作法，通常情形，宁是以立法行为和行政行为或裁判行为相结合，法始作成。"[1] 行政机关实施行政管理，应当依照法律、法规、规章的规定进行，这是依法行政的理想要求，但由于立法的原则性、滞后性等原因，行政机关的执法又不能不遵循和依据大量的上级下发或者本机关制定的其他规范性文件，如规定、决定、命令，甚至是通知和座谈会纪要等。[2] 就传媒法域而言，就有这样大量的规定、决定、命令等，这些文件内容具有强制性的力量，也被司法机关适用和采纳。如果不承认规范性文件具有法律渊源的属性，那实际上就不能够准确地认识我国传媒法的范围，也难以准确认识我国传媒法制的现实状况。因为"发布规范性文件即抽象行政行为是宪法赋予行政机关的一项职

---

[1] ［日］矶谷幸次郎、美浓部达吉:《〈法学通论〉与〈法之本质〉》，林纪东、王国维译，中国政法大学出版社2005年版，第170页。

[2] 张浪:《论行政规定的法律渊源属性》，《学海》2010年第5期。

第四章　传媒法治意涵与媒介融合背景下的传媒法治发展

权,而抽象行政行为对于不特定的对象能够反复适用,具有立法的性质,如果该规范性文件是合法有效的,则行政机关应当甚至必须作为执法的规范依据,这对法院的行政审判有着同样的拘束力"。① 这种现实的要求已被司法解释所反映。最高人民法院《关于执行〈中华人民共和国行政诉讼法〉若干问题的解释》第六十二条第二款规定:"人民法院审理行政案件,可以在裁判文书中引用合法有效的规章及其他规范性文件。"这一解释便是承认了属于"行政规定"范畴的规范性文件的效力。最高人民法院 2004 年 5 月出台的《关于审理行政案件适用法律规范问题的座谈会纪要》也对此提出了类似的指导意见。上述《若干问题的解释》和《纪要》对行政规定均作了有条件承认其效力的规定,尽管两者在承认的层级上有所区别。因此,在我国的司法实践中,行政规定对行政审判具有约束力。"从《若干解释》规定的精神来看,不管何种法律渊源和规范性文件,只要其合法有效就应当成为人民法院审理行政案件的依据,人民法院就无权或不应当拒绝适用。"②

在传媒领域,无论是传统传媒领域,还是媒介融合环境下网络新媒体领域,我们都有了针对具体传媒领域的行政法规,具体包括传统新闻出版、广播电视、电信、互联网信息、网络出版、网络视听等领域。

传统新闻出版方面:在《出版管理条例》公布前后,国务院公布或经国务院批准公布的有关新闻出版管理的行政法规还有《关于严禁淫秽物品的规定》(1985)、《外国常驻新闻机构和外国记者采访条例》(1990、2008)等;新闻出版总署制定发布的部门规章主要有:《关于出版单位的主办单位和主管单位职责的暂行规定》(1993),《报纸出版管理规定》(2005),《期刊出版管理规定》(2005),《新闻记者证管理办法》(2005、2009),以及新闻出版广电总局《新闻出版行业标准化管理办法》(2013)、

---

① 最高人民法院行政审判庭编:《〈关于执行中华人民共和国行政诉讼法若干问题的解释〉释义》,中国城市出版社 2000 年版,第 132 页。
② 江必新:《中国行政诉讼制度之发展——行政诉讼司法解释解读》,金城出版社 2001 年版,第 230 页。

《内部资料性出版物管理办法》（2014）、《新闻出版统计管理办法》（2016）、《出版物市场管理规定》（2016）、《出版物进口备案管理办法》（2017）等。

广播电视和电信方面：属于行政法规的法律文件有《广播电视管理条例》（1997年8月公布、2013年和2017年两次修订的行政法规）、《电信条例》（2000年9月公布，2014年和2016年两次修订）、《卫星地面接收设施接收外国卫星传送电视节目管理办法》（1990）、《卫星电视广播地面接收设施管理规定》（1993）、《无线电管理条例》（1993）、《广播电视设施保护条例》（2000）。广播电影电视总局制定公布的有关广播电视管理的部门规章主要有：《广播电视节目制作经营管理规定》（2004）、《广播电台电视台审批管理办法》（2004）、《广播电视站审批管理暂行规定》（2004）、《广播电视无线传输覆盖网管理办法》（2004）、《广播电视安全播出管理规定》（2009）、《电视剧内容管理规定》（2010）、《有线广播电视运营服务管理暂行规定》（2011）、《专网及定向传播视听节目服务管理规定》（2016）等。

互联网方面的行政法规和规章有：《计算机信息网络国际联网管理暂行规定》（1996、1997）、《互联网信息服务管理办法》（2000）、《互联网站从事登载新闻业务管理暂行规定》（2000）、《互联网电子公告服务管理规定》（2000年施行，2014年废止）、《计算机软件保护条例》（2001、2001、2013）、《互联网上网服务营业场所管理条例》（2002、2011、2016）、《信息网络传播权保护条例》（2006、2013）、《国务院关于授权国家互联网信息办公室负责互联网信息内容管理工作的通知》（2014）、《互联网视听节目服务管理规定》（2007）、《互联网文化管理暂行规定》（2011）、《规范互联网信息服务市场秩序若干规定》（2011）、《网络出版服务管理规定》（2016）、《互联网信息内容管理行政执法程序规定》（2017）等。

在我国，属于地方性法规的传媒法律规范也有很多。我国是单一制的国家体制，地方的立法权限有限。因此，地方性法规和规章作为法律渊源的问题，本书不再赘述。

（四）国际条约方面

我们在国际人权保护领域、著作权法领域签署、承认、加入的国际公约也构成了我国传媒法的渊源，如《经济社会文化权利国际公约》等。在国际法领域还有许多属于软法的文献，这些文献对于一国的传媒法治建设也有很大的意义。

（五）小结

2011年3月30日举行的全国人大第十一届四次会议，时任全国人大常委会委员长吴邦国所做的工作报告宣布，到2011年，中国特色社会主义法律体系已经形成。就传媒法领域而言，我们关于传媒体制的改革还在进行之中；在媒体融合时代，改革的步伐还在不断迈进；传媒监管的方式、机制还在不断探索之中；传媒机构的行为规范和内容标准的设计也在不断细化完善之中。所以，就传媒法律体系而言，虽然框架已经形成，但是如何平衡好传媒领域复杂的利益关系；如何应对既要确保主流媒体拥有舆论主导权的地位和实际功能的发挥，又要促进产业发展、满足广大社会成员的利益和需求，这是非常复杂的国家治理工程。

二 传媒法治的核心问题

传媒法突出的特点是以宪法为主、具有宪法属性。其功能主要是通过确立国家权力机关与传媒组织的关系，来规范传媒领域的管理与运行秩序，使传媒能够更好地发挥其功能。因此，传媒法治的核心问题有如下几个方面。

（一）公民基本权利问题

在传媒法领域，最重要的法律问题，是公民的基本权利保障问题。其中的基本权利包括公民的表达权与知情权、批评权和监督权等政治权利，也包括公民的名誉权、隐私权等人格权,还有兼具人格权与财产权于一体的著作权等。同时,媒体的产权制度、财产权问题也是传媒法律要规范的重要问题。传媒既是公共空间,又是人们知情的、重要的甚至是唯一的渠道,同时,传媒对于信息和内容的传播,必然会和内容所涉及的对象产生某种关联,这种关联会产生一定的后果。这种后果就是对国家、社会秩序产生的影响,对他人权益产生的影响。人民在多大程度上可以自由利用传媒、人们通过传媒传播的内容产品的著作权在多大程度上能够被保护,影响着整个社会的文化繁荣和创新程度;财产权问题决定着传媒机构的命运,影响着一国的政治秩序、经济秩序、文化秩序。

(二) 传媒机构的设立和市场准入问题

传媒组织设立制度,反映着一国主流意识形态对于传媒的理念和态度。

市场准入则是对于理念和态度问题的细化体现。是建立复杂严格的审批、特许制度,还是一般许可、注册、登记制度,这对于传媒的活力和传播秩序都会带来不同的影响。就我国而言,有着复杂的审批和许可制度。在推进政府"放管服"的过程中,在传媒领域需要简化或取消哪些审批事项;取消、简化或细化哪些许可事项;需要增设哪些审批许可事项,都需要依据情势作出符合法治原则的积极而又审慎的处理。其基本原则应该是在确保维护传媒之需的前提下,最大限度减少主管部门和相关人员从中寻租、过度遏制传媒活力的情况,建构完善有效的监管机制。

(三) 内容标准和规范问题

在我国,涉及传媒的内容标准和行为规范的立法文件及各类具有软法属性的文件已经非常多。从改革开放以来的立法实践看,属于内容标准的"禁载条款"在不断增多。这些条款内容,从法律文件来看,大致可以分为四类:一类是涉及国家安全、公共安全的;一类是涉及传统中华民族团结的;一类是涉及社会秩序、公共利益的,如对于淫秽、色情内容的规定的；一类是涉及个人权益的。

由于属于硬法范畴的立法文本规定的禁载条款不够具体、界限模糊，往往为执法者、监管者带来过大的自由裁量或没有约束力的权力行使空间，对公民的表达自由、创意产业发展带来诸多消极影响。而属于软法范畴的内容标准和规范虽然越来越细致，越来越成熟，但是很多时候没有处理好与法律规范的关系，违反法治原则。如何通过科学立法，带动建构法律约束与行业、平台、媒体机构、用户的自律和社会监督之间的和谐关系，是传媒法治建设的重要议题。

（四）法律责任与救济问题

无救济就无权利，权利的保障就是通过法定的救济形式，追究违法、侵权行为的法律责任的途径实现的。在曾经有"人治特区、法治盲区"之称的传媒领域，其"特"与"盲"的集中表现就是权利救济机制的过度缺失状态。如今，随着新技术发展引发的媒介融合，在传媒领域侵犯公民、法人或其他社会组织的人格权、知识产权、财产权的侵权责任的认定和承担，也都变得更加复杂。在技术赋权的情况下，对于公民的表达和信息传播产生了新的监管方式，对于权利救济问题带来新的挑战。

三 传媒法治的理念问题

（一）理念的意涵

理念问题体现了一个国家和社会中主流政治哲学或意识形态中的价值观。当前，我国正处在社会转型时期，新旧观念处在激烈的碰撞之中。如何发展和改进我们关于传媒政策、监管的理念，在此基础上建立与时俱进的管理体制和机制，适应现代传媒法治的要求，是我们面临的重要问题。党的十八届三中全会通过的《中共中央关于全面深化改革若干重大问题的决定》提出"推进国家治理体系和治理能力现代化"，强调"必须更加注重改革的系统性、整体性、协同性,加快发展社会主义市场经济、民主政治、先进文化、和谐社会、生态文明,让一切劳动、知识、技术、管理、资本的活力竞相迸发,让一切创造社会财富的源泉充分涌流,让发展成果更多更公平惠及全体人民",这要求我们必须立足于"推进国家治理体系和治理能力现代化",思考传媒法治建设的问题。

(二) 传媒的功能定位问题

传媒作为信息传播载体、专门的信息内容传播机构,在不同的历史时期,其表现形态、业务范围都不尽相同。在古代,没有专门的传媒组织,信息和内容传播主要依靠口耳相传、手抄文献等。印刷术的发明,报纸成为新闻信息的主要载体,因此报刊便具有了很强的政治性,为党派利益、政府利益服务,同时也服务于除党派、政府以外的社会各阶层,如19世纪英国有专门反映工人阶级利益诉求的报纸。广播电视媒体出现之后,作为大众传播媒介,除了提供新闻性信息内容服务、服务于政治之外,传媒具有了更多的娱乐、教育、商业功能。

传媒具有上述的政治、教育、娱乐、商业功能,因此在不同的国度,基于其不同的政治制度和意识形态,对于传媒的具体功能的意涵界定是不同的。我们的主流意识形态将媒体界定为"党和政府的喉舌""占领舆论阵地的武器""引导舆论的工具"。媒介融合时代的到来,以往基于传播方式的不同带来的广电、电信、网络行业的区隔逐渐消失,传统平面媒体和广电媒体也都可以通过网络传播自身的内容。与此同时,Web 2.0时代的到来及之后,人人都可以成为传播者的时代,主流意识形态关于传媒功能的意涵界定、传媒功能的定位成为影响传媒法治的灵魂。

(三) 价值取向

研究各国,无论是发达国家还是发展中国家的传媒政策与法律,我们发现,在这一领域所涉及的理念的问题的具体体现,就是相关政策与法律所体现的价值取向问题。价值取向是指一项政策或立法对于特定的价值范畴所表达的价值目标采取了怎样的态度。

所有的传媒政策和立法都会涉及自由、民主、公平、效率、安全、秩序等价值范畴。不同国家不同时期针对特定传媒领域的政策立法的价值取向会有所不同，甚至可能完全对立。基于不同的价值取向，一国的传媒政策法律会对以下利益采取保护、促进、限制、协调、平衡等不同态度和适用不同手段。这些利益包括国家利益、政府利益、公民权益、产业利益等。价值取向作为理念的外化，受一国的文化传统、主流政治哲学、社会结构、国家战略、特定时期的政治经济文化社会状况等多种因素的制约。价值目标和价值取向是传媒法律和政策的灵魂问题，所有关于传媒政策与法律的具体规定，最终都归结于这一终极问题。不同的价值取向会极大地影响传媒法治的程度。

不同的价值目标和价值取向，会直接影响到传媒立法和政策对于产业发展、公民权益保障、社会秩序维护、国家形象维护、软实力提升等方面的作用。这种作用的产生和判断是一个复杂的、动态的、既有事实判断又含价值判断的问题。

（四）传媒监管与党的领导

传媒法治是通过法律的方式维护各种价值目标的实现，通过系统的监管来对在具体立法中存在冲突的价值目标进行平衡，达到立法目的。不同国家在进行价值平衡的时候，实际上还存在一个元价值，那就是决定其理念的最后因素，即一国的政治制度和相应的体制所秉持的终极理念。在我国，具体的传媒政策立法会根据具体的情况，在选择具体价值目标、在确立具体的价值取向、在对于存在紧张的价值目标之间进行平衡的时候，也有始终不变动的元价值——以人民为中心。中国共产党作为执政党，是人民利益的代表者，这个元价值就是坚持党的领导。在新的时代，如何在坚持党的领导的同时，树立法律权威、建设法治国家、提升传媒领域的法治水平，是一个重要的理论与实践课题。

四 传媒法治的结构性问题

传媒法治的结构性问题就是指传媒监管问题。监管，简言之，就是监管者依据监管的规则，对于被监管对象的相关行为进行监督和管理，对于被监管对象违反监管规则的行为进行处理。传媒监管的状态体现着传媒法治的水平。

（一）监管体制

传媒监管体制是国家整个治理结构的一部分。它受到国家国体和政体的决定或影响。行政管理体制是监管体制的核心部分。

传媒管理体制要解决的问题是：首先，纵向上，划定各级政府对于传媒管理的范围；其次，在横向层面，针对管理的对象所处的行业领域设立管理机构。与此同时，还要确定政府行业管理部门与其他权威机构和组织，如执政党、独立监管机构、自治组织、社会团体、平台等组织之间的关系。

管理体制的关键是：管理部门的横向、纵向两个层面的管理权限的划分或权力配置是否科学、合理；与管理目标的实现是否具有正相关的关系；对于传媒机构或相关个人针对监管措施影响其权益时的救济措施的安排。

综观世界各国，对于传媒领域的监管，都是基于一定的元价值、理念及顶层设计，来建构自身的管理体制以及与之相配套的其他各种监管体制。当传媒发展遇到重大变化和转型时，需要与时俱进地建构和发展新的监管体制。一种较为科学合理的体制，会有较大的稳定性和适应性。

我国现在正处于深刻的社会转型时期，产业发展、传播秩序的维护、公民权利的保障所遇到的问题都与监管体制的不完善有关。因此，如何确立政府权力的边界、确立社会自治发挥作用的范围、确立在媒介融合状态下的平台管理的范围和程度，是非常重要的问题。

（二）监管模式

如今，为了使特定领域的社会秩序达到理想状态，治理理念和方式越来越多地被接受和应用。在治理时代，监管依然是核心地位。在由诸多不同监管类型组合而成的监管体制中，各种监管之间是什么关系，特定时期更多倚重哪种监管，这就是监管模式的问题。

在传媒领域，采用何种监管模式，基于特定监管模式运用的特定的监管机制，对于传媒治理的目标的实现，至关重要。比如是强监管还是轻监管；是更多放任，还是事无巨细地具体问题具体指示；是直接监管还是通过明确的法律规范进行普遍规范；是更多采取事前监管，如审批制、多环节的许可制还是更多采用过程监管或事后监管；是主要依靠党的直接领导运用纪律管理，还是主要依靠政府执法或与行业自律的结合；是主要依靠制度还是更多依靠技术等。在媒介融合时代，具体传媒监管机制的选择和发展，也要注意不能偏离法治轨道。

（三）内容生产与传播行为的监管

从产业角度看，传媒业是提供内容产品，创造经济效益的领域。从事业角度看，是通过其传播的内容，宣扬相关的价值观、思想文化，进行舆论导向，实现社会效益的领域。在内容生产和传播方面，应该依照何种标准，这是传媒政策法律，特别是传媒法律的核心问题。如何确立内容生产与传播的标准，如何实施和适用这些标准，在这些标准之间产生冲突的时候，如何协调和平衡不同的标准，这是传媒政策和法律领域最为复杂和微妙的部分。在发达国家，这主要是一个宪法问题；在我国，这主要是一个政治问题。衡量一个国家和社会的进步程度的标杆之一，就是看一个国家的政府如何对待内容生产和传播。

（四）产业政策

由于传媒生产和交易的产品也即传播的内容，关涉国家安全、社会秩序、公民基本权益，因此，各国在制定传媒产业政策时，都脱不开对效率价值目标与公平价值目标、秩序价值目标等进行选择和平衡的问题。具体来说，产业政策是放松经济管制和内容管制，积极推动其发展，还是更注重其他价值目标，控制其发展。因此，产业政策要解决的问题是：在实现某种产业政策目标的过程中，对于相关其他重大利益，如国家利益、政府利益、公共利益等的实现和保护，如何进行平衡。当这些重大利益之间产生冲突的时候，做出怎样的政策选择，应通过怎样的立法来确保其政策目标的达到都是应解决的现实课题。

第三节　媒介融合背景下的我国传媒法治进程

从前述对于我国媒介融合的进程研究，可以得知，我国的媒介融合实际上就是被定位为党和政府的"喉舌"的主流媒体如何利用互联网、新技术不断适应新环境拓展新业务、使用新设备、建设新设施、创造新机制、占领新阵地的过程。研究媒介融合背景下的传媒法治进程，实际上也主要是从互联网监管、互联网内容规范与控制角度来审视相关立法问题。下面我们就以20世纪末我国逐步展开的互联网立法为对象，观察研究传媒法治进程。

概言之，进入21世纪之后，我国的传媒法治建议就是建构以法律制度为基础的长效机制，这也是我国健全媒体监管的主要方向。互联网的应用、新媒体的普及和媒介融合发展的态势则强化了以法治媒的紧迫性。党的十八大以后，我国针对包括维护网络内容秩序在内的互联网立法进入了高峰期。但是从监管演变的角度看，这种加速并不是突如其来的，而是长期摸索适应、调整推进的结果。另外从立法取向来看，基本思路是将原本施用于传统媒体之上的内容、渠道、人事的全面控制手段落实于新型和融合的媒介之上，继续实现传媒领域的可管可控。这个方向与党的十八大以前相比，并无根本性的变化。

一　互联网法律制度框架的初期建构（1994—2003年）

我国互联网立法最早见于1994年2月国务院制定的行政法规《中华人

民共和国计算机系统安全保护条例》。该条例提出,"进行国际联网的计算机系统,由计算机信息系统的使用单位报省级以上人民政府公安机关备案"。这应该是网络渠道管理的开始。1995年12月,新华社播发《中共中央办公厅、国务院办公厅就加强电脑资讯网络国际联网管理的通知》,要求对淫秽色情等讯息进行监管,这是最早的关于内容管理的措施。

渠道和内容的管理伴随互联网的普及逐渐深化。1996年,国务院发布《中华人民共和国计算机信息网络国际联网管理暂行规定》,提出"国家对国际联网实行统筹规划、统一标准、分级管理、促进发展"的原则,要求国内网络进行国际联网,必须使用邮电部国家公用电信网提供的国际出入口信道,任何单位和个人不得自行建立或使用其他信道进行国际联网。1997年,公安部发布《计算机信息网络国际联网安全保护管理办法》,就内容管理提出九种违禁情形。该办法将发布信息的登记和审查责任归之于"互联单位、接入单位及使用计算机信息网络国际联网的法人和其他组织",并要求"建立计算机信息网络电子公告系统的用户登记和信息管理制度"。

1997年3月,国务院新闻办公室、新闻出版署发布《关于利用国际互联网络开展对外新闻宣传暂行规定》,要求所有新闻机构必须"在中央对外宣传信息平台统一入网",严禁自行在国外入网或自行通过其他途径入网。但是,从实施情况看,"统一入网"的要求并不具备可行性。1998年,因互联网"统一入网"造成信息拥堵,两个部门再次发布《国务院办公厅关于进一步加强对有关出版物管理的通知》,允许新闻宣传单位在将信息链接到中央外宣信息平台的同时,可以申请独立的域名,建立自己的网站。[①]"统一入网"措施的失败说明,机械地借用传统媒体管理方式去管理互联网,未必能达到预想中的效果。

2000年12月,最高人民法院发布《关于审理涉及计算机网络著作权纠纷案件适用法律若干问题的解释》,将数字化作品纳入著作权保护的范

[①] 武志勇、赵蓓红:《二十年来的中国互联网新闻政策变迁》,《现代传播》2016年第2期。

围，对网络著作权侵权纠纷案件管辖地做出了规定。

2000年12月28日，第九届全国人民代表大会常务委员会第十九次会议通过《全国人民代表大会常务委员会关于维护互联网安全的决定》。规定强调，"为了兴利除弊，促进我国互联网的健康发展，维护国家安全和社会公共利益，保护个人、法人和其他组织的合法权益"，从维护网络安全、国家安全、社会主义市场秩序和社会管理秩序，个人、法人和其他组织的人身、财产权利角度方面，对发生于互联网上的相关犯罪行为，做出了具体规定，其中包括有关内容方面的相关犯罪行为。2000年起，内容管理呈现分类化的趋向，组织架构逐步形成。9月，国务院发布《互联网信息服务管理办法》，规定对经营性互联网信息服务实行许可制度，对非经营性互联网信息服务实行备案制度。从事新闻、出版、教育等互联网信息服务，应当依法经有关主管部门审核同意。互联网信息服务提供者应该保证所提供的信息内容合法，不得制作、复制、发布、传播所列举的九项内容信息。

根据《互联网信息服务管理办法》，同年11月，国务院新闻办公室、信息产业部发布《互联网站从事登载新闻业务管理暂行规定》。其中规定，国务院新闻办公室负责互联网登载新闻业务的管理；只有中央新闻单位、中央国家机关各部门新闻单位，以及省、自治区、直辖市和省、自治区人民政府所在地的市直属新闻单位依法建立的互联网站经批准可以从事登载新闻业务，其他新闻单位不单独建立新闻网站，经批准可以在上述直属新闻单位建立的新闻网站建立新闻网页从事登载新闻业务。综合性非新闻单位网站要从事登载新闻业务，经批准可以从事登载中央新闻单位、中央国家机关各部门新闻单位以及省、自治区、直辖市直属新闻单位发布的新闻的业务，同时应当注明新闻来源和日期，不得登载自行采写的新闻和其他来源的新闻。规定列举了不得登载的九类内容，并明确互联网要链接境外新闻网站，登载境外新闻媒体和互联网站发布的新闻，必须另行报国务院新闻办公室批准。

同年，信息产业部发布《互联网电子公告服务管理规定》，就公共空间的电子布告、论坛、聊天室等信息发布制定规则。要求开展电子公告服务的提供者,向电信管理机构或信息产业部提出专项申请。与此同时,此项规定列举了九项禁止内容。

2002年8月1日,新闻出版总署和信息产业部联合出台《互联网出版管理暂行规定》,规定新闻出版总署负责监督管理全国互联网出版工作。从事互联网出版活动,必须经过批准,并在网站主页上标明新闻出版行政部门批准文号。出版涉及国家安全、社会安定等方面的重大选题,应当按照重大选题备案的规定,报新闻出版总署备案。此外,规定列举了十类不得载有的内容,并单独强调不得含有诱发未成年人模仿违反社会公德行为和违法犯罪行为的内容,以及恐怖、残酷等妨害未成年人身心健康的内容。

2003年,国家广播电影电视总局发布《互联网等信息网络传播视听节目管理办法》,确定国家广播电影电视总局是信息网络传播视听节目的主管部门,负责制定新闻网络传播视听节目的发展规划,确定视听节目网络传播者的总量、布局和结构。原则上,中央、国务院各部、委、局只可有一家下属单位从事视听节目网络传播业务[1]。中国广播影视集团下属及控股、参股的企事业单位(除中央人民广播电台、中央电视台、中国国际广播电台外),只可有一家单位从事视听节目网络传播业务。对视听节目的网络传播业务实行许可管理。通过信息网络向公众传播视听节目必须持有"网上传播视听节目许可证",并按以下四个类别实行分类管理:1.新闻类;2.影视剧类;3.娱乐类,包括音乐、戏曲、体育、综艺等;4.专业类,包括科技、教育、医疗、财经、气象、军事、法制等,同时,列举了十二种违禁情况。要求取得许可的机构建立健全节目审查、播出的管理制度,各级广播电视行政部门应通过监听监看,建立相应的公众监督举

---

[1] 1999年,国家广播电影电视总局发布《关于加强通过信息网络向公众传播广播电影电视类节目管理的通告》,提出通过互联网传播广播电影电视类节目,须报总局批准,且必须是境内广播电台、电视台制作播放的节目,并列举了十种不得传播的内容。准入方面,要求传播影视类节目的单位和个人向总局进行书面申报。

报制度等方式对视听节目进行监督管理。

同年5月,文化部发布《互联网文化管理暂行规定》,规定文化部负责制定互联网文化发展与管理的方针、政策和规划,监督管理全国互联网文化活动,对互联网文化内容实施监管,互联网文化产品包括音像制品、游戏产品、演出剧目、艺术品、动画等。规定列举了禁载的十种文化内容,并要求互联网文化单位实行审查制度,由专门的审查人员对互联网文化产品进行审查,保障互联网文化产品的合法性。

由于立法经验不足,以《互联网信息服务管理办法》为核心的早期互联网立法存在较大局限性,主要表现在以概括式立法体例为主,规定原则过于笼统;条文不够具体和细化,导致执法实践效果不好。从初期的互联网法律取向考察,内容管理是互联网监管的核心内容,分类管理的特征逐步明显。这个阶段,我国互联网分类管理主要包括以下部分:第一是新闻信息的管理;第二是广播电影电视类节目的管理,或者称视听节目的管理;第三是电子公告、论坛、聊天室的传播内容管理;第四是互联网出版管理;第五是文化产品,比如电脑游戏的内容管理等。

到2003年底形成的互联网内容管理体系的基本架构是,国务院新闻办主管新闻信息服务,广播电视总局主管视听节目,文化部主管音像、游戏、演出和动画,信息产业部门主管电子公告和论坛。此时,基于传统条块分割的职能分工与互联网传播特性存在不协调的方面。学者闵大洪提出,传统媒体管理机构将各自管理的范围延伸到互联网的这种多头管理,不仅有功能上的多方重叠,还不可避免留有真空,需要以新的管理思路去推动互联网内容产业的发展。他特别提出,加强互联网行业和网站的自律机制建设是符合互联网特点的有效措施。[①]

二 法治化程度进一步提升(2004—2012年)

从2004年起,互联网法制建设的明显变化是,对早期互联网法律和法

---

① 《2003年的中国网络媒体》,人民网,http://www.people.com.cn/GB/14677/21963/22062/2252523.html,2019年4月1日访问。

规进行了一些适应互联网发展阶段的修订,内容管理更加细化,另外对个人信息保护、规制网络侵权等内容逐步加以补充完善,这相比以往较好地适应了对互联网内容管理的需要。

2004年7月,国家广电总局发布新版《互联网等信息网络传播视听节目管理办法》,其中对视听节目的概念进行了重新阐释,并规定"信息网络传播视听节目许可证"由广电总局按照传播视听节目的业务类别、接收终端、传输网络等项目分类核发。特别提出外商独资、中外合资、中外合作机构,不得从事信息网络传播视听节目业务。只有经广电总局批准设立的广播电台、电视台和享有互联网新闻发布资格的网站可以申请开办此类业务,其他机构和个人不得开办。

最高人民法院、最高人民检察院在2004年9月发布《关于办理利用互联网、移动通讯终端、声讯台制作、复制、出版、贩卖、传播淫秽电子信息刑事案件具体应用法律若干问题的解释》,将相关情形以制作、复制、出版、贩卖、传播淫秽物品牟利罪或传播淫秽物品罪定罪处罚,并提出"有关人体生理、医学知识的电子信息和声讯台语音信息不是淫秽物品。包含色情内容的有艺术价值的电子文学、艺术作品不视为淫秽物品"。

2005年9月,国务院新闻办公室和信息产业部联合发布《互联网新闻信息服务管理规定》,取代了2000年发布的《互联网站从事登载新闻业务管理暂行规定》。新《规定》严格区分了新闻单位和非新闻单位的类别和功能,新闻单位具有新闻发布权,非新闻单位(综合性网站或门户网站)只有转载权;还明确了"新闻"指的是时政类通讯信息。同时规定列举了12条禁载内容。

2005年,国家版权局、信息产业部发布《互联网著作权行政保护办法》,其中规定:互联网信息服务活动中直接提供互联网内容的行为,适用《著作权法》;著作权行政管理部门对侵犯互联网信息服务活动中的信息网络传播权的行为实施行政处罚,适用《著作权行政处罚实施办法》。随后,国务院于2006年5月发布《信息网络传播权保护条例》,以便更好保护著作权人、表演者、录音录像制作者的信息网络传播权。《条例》列举了八种可以不经著作权人许可，通过信息网络提供他人作品的情形。

2007年12月，广电总局发布《互联网视听节目服务管理规定》，其中规定，国务院广播电影电视主管部门作为互联网视听节目服务的行业主管部门，负责对互联网视听节目服务实施监督管理，统筹互联网视听节目服务的产业发展、行业管理、内容建设和安全监管。国务院信息产业主管部门作为互联网行业主管部门，依据电信行业管理职责对互联网视听节目服务实施相应的监督管理。互联网视听节目服务业务指导目录由国务院广播电影电视主管部门和国务院信息产业主管部门制定。互联网视听节目服务单位组成的全国性社会团体，负责制定行业自律规范，倡导文明上网、文明办网，营造文明健康的网络环境，传播健康有益视听节目，抵制腐朽落后思想文化传播，并在国务院广播电影电视主管部门指导下开展活动。这三个部门基本构成了我国互联网视听内容管理的"三驾马车"。广电和电信部门管理领域的权力分配对后来的"三网融合"进程产生了基础性的影响。

2009年12月，《侵权责任法》经十一届全国人大常委会第十二次会议审议通过。该法针对当时"利用网络侵害他人名誉、隐私等人格权的问题日益引起社会广泛关注，要求通过立法规制网络侵权的要求，在第三十六条做出了相应规定"。第一款规定，"网络服务提供者的侵权，网络用户、网络服务提供者利用网络侵害他人民事权益的，应当承担侵权责任"。

2010年8月，文化部出台《网络游戏管理暂行办法》，规定国务院文化行政部门负责网络游戏内容审查，列举了十类禁载内容，同时规定，主管部门可聘请有关专家承担网络游戏内容审查、备案与鉴定的有关咨询和事务性工作。2011年4月，文化部出台新的《互联网文化管理暂行规定》，代替2003年的《互联网文化管理暂行规定》。

2011年，工业和信息化部出台《规范互联网信息服务市场秩序若干规定》，对互联网信息服务提供者的相关义务和责任作出了规定。2012年12月28日，第十一届全国人大常委会第三十次会议通过《关于加强网络信息保护的决定》，强调对个人电子信息的保护。

这个阶段，我国互联网立法开始注重微观管理机制的建立，内容分类更加具体和全面，管理手段更加细化，操作性有所增强。除了明确禁载内容、确定主管单位之外，在准入条件和审批许可程序、互联网信息服务提供者的责任和义务、内容审查制度、处罚等方面都做了适应互联网发展状况和媒介体制改革的补充和完善。在强调管理的同时，开始兼顾用户权利的保护。当然，这个时期立法仍体现一定的滞后性。从法律的效力位阶来看，部门规章占了绝大部分，这些规章一般强调本部门权力范围，缺乏全局观，由此造成多头管理、职能冲突的情况，难以适应媒介形式、业态、管理进入融合时代的趋势；另外，网络立法总的来看还是推进管理的强化，以单一的强制性的行政手段为主，达不到网络综合治理的要求，实际操作性和效果都受到影响。

三　传媒法治完善化加强（2013年至今）

2010年前后，微博、微信等社交媒体强势崛起，成为新型信息散发和舆论汇集的平台，互联网的媒体属性进一步增强。即时通信工具用户迅速增长，网络媒体的覆盖率、影响力不断提升。媒体监管和法制建设滞后于媒介发展的问题越来越突出。宏观政策层面上不断强调推进互联网立法。2013年党的十八届三中全会上，习近平总书记提出："如何加强网络法制建设和舆论引导，确保网络信息传播秩序和国家安全、社会稳定，已经成为摆在我们面前的现实突出问题。"

2014年党的十八届四中全会提出了全面推进依法治国，建设中国特色社会主义法治体系，建设社会主义法治国家的总目标。2015年，国务院出台了《关于积极推进"互联网+"行动的指导意见》，在"保障支撑"部分，具体提出"落实加强网络信息保护和信息公开有关规定，加快推动制定网络安全、电子商务、个人信息保护、互联网信息服务管理等法律法规"。2016年，习近平总书记在网络安全和信息化工作座谈会上再次强调："要加快网络立法进程，完善依法监管措施，化解网络风险。"

2017年，中办、国办印发《关于促进移动互联网健康有序发展的意见》，提到移动互联网发展还存在体制机制有待完善，法治建设仍显滞后等短板，要求加快网络立法进程："全面贯彻实施网络安全法，加快推进电子商务法等基础性立法，制定修订互联网信息服务管理办法、关键信息基础设施安全保护条例、未成年人网络保护条例等行政法规。"

国家层面，2016年11月7日全国人大常委会通过《网络安全法》和《电影产业促进法》，这是新时期国家传播政策通过法律形式获得确立的基本标志。部门规章层面，2016年5月，国家新闻出版广电总局发布《专网及定向传播视听节目服务管理规定》，对IPTV、互联网电视、手机电视这三种专网视听传播方式加以规范；2017年5月，国家网信办出台《互联网新闻信息服务管理规定》，要求"通过互联网站、应用程序、论坛、博客、微博客、公众账号、即时通信工具、网络直播等形式向社会公众提供互联网新闻信息服务，应当取得互联网新闻信息服务许可"，"互联网新闻信息服务，包括互联网新闻信息采编发布服务、转载服务、传播平台服务"，"申请互联网新闻信息采编发布服务许可的，应当是新闻单位（含其控股的单位）或新闻宣传部门主管的单位"。《互联网信息内容管理行政执法程序规定》同日生效。

最大规模的建章立制行动出现在规范性文件层面。自2014年国家互联网信息办公室被国务院授权负责互联网信息内容管理之后，先后出台了《即时通信工具公众信息服务发展管理暂行规定》（2014年，"微信十条"），《互联网用户账号名称管理规定》（2015年，"账号十条"），《互联网新闻信息服务单位约谈工作规定》（2015年，"约谈十条"），《互联网信息搜索服务管理规定》（2016年），《移动互联网应用程序信息服务管理规定》（2016年），《互联网直播服务管理规定》（2016年），《互联网论坛社区服务管理规定》（2017年），《互联网跟帖评论服务管理规定》（2017年），《互联网用户公众账号信息服务管理规定》（2017年），《互联网群组信息服务管理规定》（2017年），《互联网新闻信息服务新技术新应用安全评估管理规定》（2017年），《互联网新闻信息服务许可管理实施细则》（2017年），《互联网新闻信息服务单位内容管理从业人员管理办法》

第四章　传媒法治意涵与媒介融合背景下的传媒法治发展

(2017年),《微博客信息服务管理规定》(2018年)等规范性文件,可以说,每产生一个网络应用项,主管部门必定随之出台一个规管文件,从而对绝大部分新闻信息服务的媒介形式、渠道和人员都具备了对应的管理措施。

综观我国关于传媒法治的发展状况,尤其是在与互联网相关的传媒领域,可以看出随着网络的发展,国家、政府、社会对于互联网带来的影响认识日益深刻,对于互联网的监管、治理的经验积累也越来越多。体现在法制建设方面,首先是立法规范越来越多,除此之外,其他类型的规范也越来越多。从传媒的角度,也就是关于内容的规范、控制方面,虽然各部涉及内容禁载条款的法律文件以及具体禁载条款规定并没有太大的差异,但是,对于通过什么样的具体制度和机制,使得内容的传播可管可控的制度探索则积累了丰富的经验。总的趋势是,将内容的控制纳入国家整体安全观之下的"内容安全"或"文化安全"之中。

第五章 媒介融合背景下文化语境中的传媒法治

文化,在最广泛的意义上指的是人类在社会历史发展过程中所创造的物质和精神财富的总和。文化是一种包含精神价值和生活方式的生态共同体。进而言之,所谓"文化",就是指特定社会普遍接受的一套习惯性思维或行为方式,是社会习俗与道德规范的总称。"社会学家与人类学家对文化的共同定义是,文化是人类群体或社会的共享成果,这些共有产物不仅仅包括价值观、语言、知识,而且包括物质对象"[1];文化是"包括知识、信仰、道德、法律、习惯以及其他人类作为社会成员而获得的种种能力、习性的一种复合体"[2]。

文化具有自觉性,它渗透在人们的血液里,人们心甘情愿、自觉不自觉地依它行事,而不需国家机器等外部力量来强制履行。文化具有普遍性,文化是一种社会普遍存在的大众心理和观念,它不是个体和群体的心理和观念,个别人乃至一些群体官员的心理和观念只是一个社会的亚文化。文化具有稳定性,它是经过长期的心理积淀而形成的一种心理定式,文化的形成是一个缓慢的过程,但一旦形成便不容易改变。同时,文化还

---

[1] [美]博普诺:《社会学》,李强等译,中国人民大学出版社2007年版,第72页。
[2] [英]泰勒:《文化之定义》,顾晓鸣译,载庄锡昌、顾晓鸣、顾云深编《多维视域的文化理论》,浙江人民出版社1987年版,第98页。

是社会的"非理性"（non-rational）因素，是一系列通常不加反思而获得接受并执行的社会规则。说文化具有"潜移默化"的作用，就是指文化对人的心理或思维的不自觉的日常影响与控制。通过在日常生活中教育、引导、惩戒等多种控制方式，文化得以从上一代人相当完整地传递到下一代。因此，除非受外来文化的冲击或影响，一个发达并被认为"行之有效"的本土文化是极为稳定的。[①] 正因为文化具有上述特点，所以文化具有巨大的影响力。

如果对文化意涵的这种阐释主要是说明文化对于人的思维和行为方式的影响，那么，其中对人的影响最大的则是价值观部分，即人与自身、人与他人、人与社会、人与国家的应以何种关系状态相处的观念与实践部分。那么，我们的传统是一种怎样的文化特性，由此造就了怎样的文化载体——社会成员呢？这又如何影响了我们的社会转型与传媒法治的建设呢？

本章立意为"文化语境"下的"传媒法治"，力图通过对于制度背后的"价值观念""思维方式"等文化因素的思考，来审视我国传媒法治以及包含在其中的现行执政党对于传媒的观点和看法，这对于未来我国的传媒法治更好地发展，意义重大。

第一节 文化变革、社会转型与传媒法治

一 文化变革的意义

（一）传统文化的特性与影响

中国是一个有着五千年未曾断裂的文明史的国度。未曾断裂意味着中华文化从其文明形成之初，一些文化元素一直未曾有根本的改变，由此几乎成为一种基因性的存在。从历史发生学的视角来看，华夏大地文明初期

[①] 张千帆：《宪法学导论：原理与应用》，法律出版社2006年版，第124—125页。

就是依靠父权建构起来的政治制度。那时，统治和管理社会的一些基本的物质和技术手段或还未具备或极其原始，如纸张等信息传递技术、交通技术和社会组织管理技术等。为了维持政治上的统一，为了弥补这种政治统一所需要的必要的技术条件不足，"寻求一种自然秩序的和谐"，将技术问题道德伦理化、政治化，这就是早期的宗法制。在夏商周时代的宗法社会造就了基于血亲确立不同等级的宗法观念。宗法观念以"宗主为本"，后来经过儒家思想的系统化，演变成"以君为本"，成为古代中国社会的核心价值观的原生点，其他一切价值观都是以此为核心构建起来，最终形成了运行于整个社会的庞大意识形态系统。[1] 儒家学说强调礼治、差序，"三纲五常"是其基本原则，强调宗法家族伦理不仅是家庭道德要求，也是处理君臣上下关系的政治要求，是治理国家的制度层面的规范。以儒家思想为代表的传统文化把本来属于家庭伦理范畴的道德规范上升为国家意识形态，成为封建帝王实施独裁专制的理论工具。[2] 家族伦理与政治原则同构，成为传统文化的特质。在这种文化共同体中，社会成员关系只有君臣、官民、父子、夫妻、朋友等几类。当皇权统治与社会秩序受到挑战时，恪守忠、孝、节这些核心伦理规范就会受到国家的重奖。[3] 传统儒家伦理观念在漫长的历史过程中逐渐融入民众的行为、习俗、情感和思维方式之中，自觉或不自觉地成为人们的生活方式和处世态度，从而构成某种民族性的、共同的心理和行为习惯的特征，积淀为一种稳定的"文化—心理"结构。这种作为生活方式而不假思索的、深入人心的伦理观念，几乎不随政治结构、社会组织以及经济制度的变革而发生改变，具有一定的相对独立性。传统既深厚稳定，又坚若磐石，并恒久地发挥作用。[4] 传统文化价值观深深地渗入每一个社会成员的意识深处，"肉身化"为中国人的组成部

---

[1] 张学森：《核心价值观的历史演进与当代构建》，人民出版社2014年版，第45—47页。
[2] 张学森：《核心价值观的历史演进与当代构建》，人民出版社2014年版，第55—56页。
[3] 徐嘉：《中国近现代伦理启蒙》，中国社会科学出版社2014年版，导言第10页。
[4] 徐嘉：《中国近现代伦理启蒙》，中国社会科学出版社2014年版，导言第11页。

分，弥散在社会的各个角落。在这样的社会，强调人身依附，个体永远不会有独立人格、自主意识，非理性是这种文化的典型气质。在这样的文化氛围中，任何新的变化都很难被接受。在传统社会中，由宗法和家庭伦理观念构建的意识形态，阻碍了社会横向的平面分化及功能的分工，压抑了近现代科学技术，尤其是社会管理技术从社会中分离出来并正常发展。技术发展之不足，使统治者所能利用的社会治理资源较为贫乏，于是统治者对社会的压制变本加厉，"社会的发展，不由它自身做主琢磨而成；乃是由政治家以鸟瞰的态度裁夺"[1]。这带来了一个早熟的文明国度却又是晚熟的现代文明的国家，即国家治理观念的落后、技术的粗糙、水平的低下。

综上，传统社会留下的遗产是：落后的社会治理制度和方式；权力至上否定个人价值的政治哲学；汪洋大海的小农经济；忠和孝作为家国同构的社会的核心行为准则，使个体永远处于某一社会网络纽结中，缺乏独立性。如果说，现代化标志着从传统到现代的转变，表现为与某些传统的告别；现代性观念的确立，自由观念构成现代性的核心，对人的各种权利的保障构成现代性的观念的主要内容；建立起竞争机制与合理的规范，即竞争的理性化过程[2]是现代化的结果，那么我们可以发现，虽然我们现在与传统有了某些断裂，但是最核心的部分即文化价值观依然渗透在国民的血液中。现代性的标志之一——自由精神，即传媒法治的核心，还未能冲破传统文化造就的板结土壤成长起来。传统文化对于我们在现代化转型、孕育和培养现代法治精神的过程中所产生的制约依然深重，我们的传媒自身与传媒法治状态烙有浓厚的历史印记。

有学者将现代法治归结为"十项原则"，即法制完备、主权在民、人权保障、权力制衡、法律平等、法律至上、依法行政、司法独立、程序正当和党要守法。在一个尚未完全现代化的社会中，现代法治精神也未充分

---

[1] 黄仁宇：《赫逊河畔谈中国历史》，生活·读书·新知三联书店1992年版，第12页。

[2] 陈嘉明：《"现代性"与"现代化"》，《厦门大学学报》2003年第5期。

孕育和被普遍接受的时候，期待在这样的社会形态中能够呈现出一种成熟的传媒法治状态，这显然具有某种幼稚性和空想性。为此，我们必须对于影响中国现代化转型的根本因素，文化的问题和人本身的问题，再作进一步的思考和探究，从中寻找推进传媒法治的根本路径。

中国自清末始，迫于外部因素进行现代化转型，到现在已经过去一个半世纪。但到如今这种转型依然艰难，某些领域依然停留在传统社会。究其原因，最主要的是长期封闭的社会环境使得已经肉身化的传统文化价值观难以获得有效的更新和改变，甚至某些时候还会被特定的政治和社会环境所强化，新文化的成长难以获得必要条件。那么，在我国，文化的掣肘是否会成为一个阻碍我们现代化的死结？会成为阻碍传媒法治完善的屏障？

（二）认识传统文化影响的方法论思考

马克思指出，人们创造自己的历史，但他们并不是随心所欲地创造，也不是在他们自己选定的条件下创造，而是在直接碰到的、既定的、从过去继承下来的条件下创造。[①] 伯尔曼在谈到对于西方法律的认识时，强调必须要了解过去罗马天主教和新教对西方法律传统的影响。他说："首先是因为，我们是那一传统的继承人，我们的法律是受那些影响的结果。如果我们不知道我们的法律制度何以如此，我们就不能理解我们是如何一步步走到今天的地步，就不能理解我们自己。我们的历史是我们的集体记忆，缺失了这种记忆，我们就丢掉了集体。如果我们仅仅生活在当下，我们就要忍受记忆的缺失，这是一种社会性的健忘症，不知道我们从哪里来？又要向哪里去？其次，不了解过去，对将来就没有真正的信任。最后，对我们来说，知道我们所继承的法律遗产乃是历史性地扎根在不同形式的基督教信仰之中，有着重要的意义，因为最近几代人以来，这一事实正在被遗忘，而这在一定程度上又是由于我们不再探究支撑我们现存法律

---

① 参见卡尔·马克思《路易·波拿巴的雾月十八日》，《马克思恩格斯全集》（第十八卷），人民出版社1964年版。

的基本信仰。"① 博登海默也谈道:"我们的历史经验告诉我们,任何人都不可能根据某个单一的、绝对的因素或原因去解释法律制度。一系列社会的、经济的、心理的、历史的和文化的因素以及一系列价值判断,都在影响着立法和司法。虽然某个特定历史时期,某种社会力量或某种争议理想会对法律制度产生特别强烈的影响,但是根据唯一的社会因素(如权力、民族传统、经济、心理或种族)或根据唯一的法律理想(如自由、平等、安全或人类幸福),却不可能对法律控制做出一般性的分析和解释。"② 从法社会学的视角来看,研究法律及其发展,必须将其置于社会的广阔背景中。认识一项法律基本原则、一个法律部门或体系的灵魂,也必须考察制约其存在和发展的社会因素。③

对现实社会传媒法治的认识,不能仅以"本本上的法律"为评价依据,也不能仅依靠自认为是具有普适价值的抽象概念来作为认识工具,我们必须立足于社会现实和文化土壤,通过回顾历史来看待传播法治的现状、特点、问题。只有这样,才能看到其在当下如此状态的缘由,才能准确判断其未来的变化趋势和发展方向。

二 现代化理论与社会转型

现代化理论是对现代性问题进行研究的学说。它分析何谓现代性;不具有现代性的社会是怎样的情形;具备了现代性的社会,也就是完成了现代化转型的社会是什么样子;是否所有的国家和地区都会向着现代化的方向发展;一种不具有现代性的地方是否最终也会孕育现代性并完成现代化的转型等。

现代化理论的奠基人马克斯·韦伯从分析资本主义的起源入手,总结

---

① [美]哈罗德·J. 伯尔曼:《法律与革命——宗教改革对西方法律传统的影响》,袁瑜琤、苗文龙译,法律出版社 2008 年版,序言第 2 页。

② [美] E. 博登海默:《法理学:法律哲学与法律方法》,邓正来译,中国政法大学出版社 1999 年版,第 199 页。

③ 李丹林:《广播电视法中的公共利益研究》,中国传媒大学出版社 2012 年版,第 159 页。

和归纳出资本主义社会与前资本主义社会的不同,继而为人们认识传统社会与现代社会提供了方法论意义的指导和理论基础。社会的转型,就是指前现代社会在其历史演进中逐渐具备了现代性,最终转化成一个现代社会的过程。所谓"现代性",就是社会在工业化推动下发生全面变革而形成的一种属性,这种属性是各发达国家在技术、政治、经济、社会发展等方面所具有的共同特征。这些特征包括:(1)民主化;(2)法制化;(3)工业化;(4)都市化;(5)均富化;(6)福利化;(7)社会阶层流动化;(8)宗教世俗化;(9)教育普及化;(10)知识科学化;(11)信息传播化;(12)人口控制化。[1] 也有学者更细致地归纳了现代性的意涵,其具体表现为:经济上的商品性、市场性、竞争性、流通性、效益性、优化性;政治上的民主性、法治性、平等性、商谈性、控权性、权利性;文化上的启蒙性、科学性、人文性、开放性、多元性、多样性、互融性;社会上的专业性、分层性、流动性、城市性、福利性、安全性、整合性、可控性、和谐性;人自身上的启蒙性、理性、主体性、自觉性、自由性、反思性、超越性等。这些无疑都是人们对于现代社会应有的特性和基本价值的共识性理解。而贯穿于这些特性和价值中的核心是表现于人的"理性自觉"和表现于社会的"文明进步"这两个方面。[2] 根据现代化理论,人类社会发展的大趋势都会经历从前现代社会向现代化社会的转变。

按照韦伯的观点,现代化主要是一种心理态度、价值观和生活方式的改变过程。换句话说,现代化可以看作代表我们这个历史时代的一种"文明的形式"。现代化就是"合理化",是一种全面的理性的发展过程。"归根到底,产生资本主义的因素乃是合理的常设企业、合理的核算、合理的工艺和合理的法律,但也并非仅此而已。合理的精神,一般生活的合理化以及合理的经济道德都是必要的辅助因素。"[3] 哈贝马斯把现代性看作一种

---

[1] 罗荣渠:《现代化新论:世界与中国的现代化进程》,北京大学出版社1993年版,第14页。

[2] 孙育玮:《关于"中国法的现代性问题"探讨》,《政治与法律》2008年第6期。

[3] [德]马克斯·维贝尔:《世界经济通史》,姚曾廙译,上海译文出版社1981年版,第301页。

新的社会知识和时代,它用新的模式和标准来取代中世纪已经分崩离析的模式和标准。作为一个时代的现代性的特征与贡献,是个人自我选择,实现主体价值的自由。福柯认为,现代性主要是指一种与现实相联系的思想态度与行为方式,一种时代的意识与精神,因此,它关涉的是某个社会的道德与价值观念、思想方式与行为方式。或者说,它关涉的是某一社会的主流性的哲学理念以及相应的政治、经济与文化方面的制度安排与运作方式。

应该说,互联网革命给人类社会带来的影响,使我们看到了在我们这片文化土壤上打开阻碍现代化死结的希望。互联网对于我们这个有着几千年不曾间断的古老文明、世代重复着祖先生活的民族,最为重要的影响便是它通过信息的流动奔涌,使人们逐渐改变闭目塞听的状态。这对于缺少自主性、主体意识的普罗大众来说意义重大,因为,由此他们变成具有见识的理性之人;互联网对于人们的生存方式、交往方式、生产方式的改变,使得自由精神正在社会成员心中孕育,这为自主意识的生成,具有现代性的个体产生提供了重要条件。由此,具有理性的、自主意识的、认识到自身价值的人不断出现,传统文化中的消极因素失去了存在的条件。奴性心态和依附心理的消除,最终会使得立法者、政策制定者、司法者,乃至社会成员不会再无视个体自身和他人的权益和需求。这种对于个体自身和他人权益的意识和重视,成长演进为一种新的文化价值观,进而形成一种新的文化土壤。在新的土壤中,才可以生长出新的制度和法律之树。

韦伯曾指出,妨碍中国发展资本主义的,其实也就是现代化的关键因素,是中国缺少一种世界主义的信仰体系去冲破血缘关系及二元化伦理。在中国无法奉行一元化伦理准则,这对家庭关系、亲族关系以及作为血缘和地缘关系延伸的各种社会关系,如同事、朋友、师生关系等,有着不可低估的禁锢和影响,不仅经济事务难于在这个庞大的关系网内外建起一致的准则,在其他社会生活领域中,如政治和法律,也无法推行一种理性的、一视同仁的原则。[①] 所谓这个"庞大的关系网"就是建构在个体不具

---

① 刘军:《韦伯资本主义起源理论评析》,《世界历史》1989年第3期。

独立性、存在尊卑差异和依附性的基础之上及前提之下的。如今，我们看到韦伯曾经精辟分析的状况，已经发生了较大的变化。传统文化中的权力崇拜、祖先崇拜、等级意识也将逐渐随之改变。梅因所总结的从身份到契约的变化在我们的社会生活中正不断扩大其广度和深度。

我们认为，互联网带来的革命性影响，在中国，对于人的意义和价值具有强烈的启蒙作用，其所造就的越来越多的见多识广的网民，所带来的个体主体意识的提升，必将对经过数千年的宗法思想和儒家伦理影响造就的文化土壤带来解构性的变化。这种变化的革命性作用与历史上西方的工业革命，伴随文艺复兴，将人性从神性下解放出来、最终确立了人的主体地位的作用有异曲同工之处。互联网革命最终使人类在更大范围、更广领域走向现代化，其表现就是：使更多个体都能够生活得更有保障、更有尊严、有更多自主选择。在这一社会现实和经济基础之上，作为上层建筑的相应变化，就是建立和完善法治和民主制度。在传媒法治领域的具体表现就是：在宪法层面对相关基本权利的宣示和确定，宪法之下的所有法律规范的内容和精神不与宪法相抵触，对于传媒和借助传媒行使基本权利的公民都有完善的法律救济机制。一个法治完善的国家，在法律价值上是明确的，在协调不同法律价值目标之间关系方面是理性的、平衡的；在立法技术上是具有高度专业水准的、精巧的。

在新的社会文化土壤中生发成长起来的制度、法律才能成为具有内在统一性的以尊重和保护个体权利为根本价值取向的制度、法律。如此，一个国家在整体上才可能真正全面推进和完成现代化转型。在传统文化影响力最强、最具保守精神的传媒领域，有关传媒自身的理念、传媒规范的目标和原则，也才能够与时俱进地进行调整，真正实现传媒领域的法治化。如果说工业革命带来了发达国家率先发展资本主义并完成了现代化转型的结果，那么，信息革命则会促使后转型国家克服长期制约其现代化的文化和观念因素，走上现代化的道路，完成其转型。在这样的时代背景和历史大潮中，可以预见，未来的传媒法治会在传媒的监管理念上发生重大转变；在理性原则指导下，传媒立法的技术水平也会不断提升；真正保障传媒权益和公民权益的相关法律制度也会随之健全。在融媒体时代，在公民人人都可成为记者的时代，相信在不远的将来，随着人与文化的现代性的显现和社会转型的完成，我们当下在传媒法治方面存在的诸多问题，都将逐步得到解决。

三 对传媒法治的基本判断

现代性的核心是人自身的问题，现代化最关键的问题是人的现代化。现代化转型主要是文化的转变，即人对于自身、社会的心理态度、价值观的改变，而这实际上也就是制度和法律之树的文化土壤的改变。申言之，组成社会的个人，能够经过启蒙的洗礼，普遍成为具有理性、主体性、自觉性、自由性、反思性、超越性的存在，就是现代化转型的完成之时。那么，这也是与之互为表里的政治制度的民主法治化、经济制度的理性合理化、社会文化的宽容和多元化走向成熟之时。但是，反观当下，我们还更多受制于固有的传统文化消极因素的影响，人自身普遍还未获得现代性的特质，距上述方面的成熟还有很大的距离。

文化影响了人的观念和行为，进而影响到制度的构建和演进。当下我们传媒管控体制的特点、传媒立法方面存在的理念问题、法制不统一性、立法技术粗糙等，实质上都是尚未完成政府治理现代化、政治和政府治理的基础性制度建设方面仍然存在严重滞后性的直接表现。比如，我们还缺少有效的对政府、党的组织决策问责机制，缺少对公共权力运行的有效约束，缺少真正意义上的民主选举，政府组织形态合理的科层制组织程度不足，公务员职业化程度不足，政府管理所要求的职业操守、职业精神和职业能力严重不足。现行的公务员制度导致致力于搜集民意、反映民意、表达公众意志以形成政策议程的职业政治家严重匮乏。[1] 尽管我们的舆情搜集分析系统非常发达，但官员对民意的敏感度、把握准确度和回应能力非常弱。传媒领域作为传播事实和意见的重要领域，由于被认为是意识形态宣传的主阵地、舆论场，对政府主管部门和人员忠诚性的要求高于职业能

---

[1] 何增科：《政府治理现代化与政府治理改革》，载何增科、陈雪莲主编《政府治理》，中央编译出版社 2015 年版，导论第 20—25 页。

力。对舆情的把握，发现敌情式的监控压抑了民意的反映、公众意志的表达。传媒内容标准的制定者很多时候并不在意合理平衡各种不同群体的需求和利益，不在意理性、科学的具体规则的制定和实施，制定者在意的是能否给管控者提供更大的可随时调控的空间。

这种尚未脱离传统政治文化的思维方式，导致我们在由传统计划经济向市场经济转型、产权制度改革过程中顾虑多多，时有反复。特别是传媒领域，产权不清的问题尤为严重、难以真正做到责权利的统一，市场准入壁垒阻碍重重，在很大程度上造成资源浪费、效率低下，进而成为滋生腐败的温床。从统治的角度来看，政府对于传媒机构，既希望其能够通过参与市场活动，提升其竞争力，做大做强，但又担心非公有成分的扩大和地位提升会削弱对传媒控制的基础。由此，我们发现，现行制度和法律对于传媒现代企业制度的建立、市场准入、资本运营、人员任用等规定了许多明显属于非理性的许可、审批、请示等环节，在简政放权的外衣下千方百计地保留和扩大公共权力行使的空间。这也就是为什么我们有关传媒（或文化）产业促进法律方面的价值目标界定不明和混乱的原因。

从文化和人本身角度来看，在对待传媒作为意见和信息交流的公共领域方面，其非理性情形更为突出。在公共领域，有很多不能涉及的禁区，国家秘密泛化，所谓敏感内容变幻莫测等。与此同时，对于一些媒体管控行为影响公民表达和知情权益受到侵害的领域，缺乏制度性的法律救济。在认识方面存在诸多误区，比如经常把一些现代性的要素简单归结为错误价值观、敌对思想；把在向现代化转型中出现的新的观念和制度简单归结为"西方化"，用所谓民族自尊、文化安全等理由简单拒绝对于政治科学、法律科学的理解和运用。在相关传媒新闻管理，尤其是涉外新闻管理方面的所有举措，都是受制于这样的认识。

因此，当今传媒现代化、传媒法治存在的问题，不能简单地归咎于某个人、某个机构、某类群体。实际上这是生长于这片土地的我们的祖祖辈辈、世世代代的无数先人共同的社会生活、道德生活和政治实践所留下的遗产。如今我们自身也是这种遗产的继承者，甚至还可能是强化者（这就

第五章　媒介融合背景下文化语境中的传媒法治

是文化"非理性"特质的体现），也就是如马克思所言的是我们"直接碰到的、既定的，从过去继承下来的条件"。

在传媒领域，自改革开放以来，国家和社会对待专业媒体和自媒体的表达，与改革开放之前相比，其宽容、理性程度在一定场合一定时候有了很大提升。传统专业媒体向着回归理性与常识的方向转化。传媒（尤其是自媒体形态）在舆论监督、推动中国的法治化方面时常发挥着积极的作用。总体来说，人们较过去有了更为便利的表达途径和更为宽松的表达环境，人们接受和获取外部世界的信息渠道也更加多样。

但传媒自身依然存在许多问题。无论是专业媒体还是自媒体，其作为公共空间、公共论坛，尚未能很好地发挥作用；舆论监督有时呈现为一种缺少理性、目标错误、信息披露失序的状态；主流专业媒体对于许多重大社会问题选择性失声，或时有发表明显违背常识和缺乏理性的言论，呈现出完全没有现代社会应有的尊重公民基本权利意识的前现代状态；网络环境下传媒领域中的暴民现象严重，情绪化、民粹化、谄媚化、粗俗化的心态和内容安排，几乎是常态，传媒作为一种专业领域应有的专业意识和专业水准不足。随着信息技术的飞速发展，媒体性渠道越来越多，相伴随的则是垃圾性信息、低俗粗俗性内容、虚假有害性内容日趋泛滥。

在制度层面，也就是对于传媒的规范、约束、管理、保护方面的法律政策及其实施方面，其和传媒自身的情状，则呈现为一种复杂的关系状态。从法制（legal system）角度来看，随着执政党相关机构、国家立法机关、政府主管部门不断出台应对新的传媒表现和格局的制度、规范和措施，其法制化程度在日趋提升。① 这也就是说，如果法制的意涵首先是有法可依的话，那么，对传媒的管理控制和监督的具体法律政策性规范在不断增多、细化。传媒领域的各个方面从改革开放之初的完全处于规范和制度的空白或粗放状态，到如今已经形成了细密严格的制度规范体系。我们

---

① 2016年传媒法治建设的具体表现就是我们在传媒领域的各个方面都制定了新的规范或进一步加强了监管立法。参见李丹林《雾霾散尽终有时、传媒法治破浪行》，《新闻出版广电报》2017年1月18日。

对传媒的监管制度实践,尤其是内容方面的管制约束机制和举措呈现为从简单到复杂、从粗糙到细密、刑罚范围有所扩大、不同媒体形态的监管趋于统一标准的演变发展进程。应该说,网络在带来了表达便利、信息迅速传播和自由流动的同时,规范或控制言论、信息的手段和方式也同时在增多和丰富。

在我国进入全面推进建设法治国家进程的背景下,我们需要对传媒法治进行更加全面的观察和研究。按照我们全社会,无论官方还是民间都已接受的法治理念和标准来看,法治的核心是"法律具有最高的权威",法治国家以保护人的权利,也就是公民权利为宗旨和目标,以将"权力关进笼子"——制约权力为手段来服务其宗旨,实现其目标。以此为标准,我们对于当下传媒法治的状况判断则有了与上述法制判断的诸多差异性结论。

从价值理性层面来看,在传媒领域,所有关于传媒的规范,包括政策、法律、纪律乃至自律规范,都是以维护和保证舆论和意见的一致性,也就是以"意识形态"的安全性为宗旨。公民权利、公共利益、产业利益、促进创新等都必须围绕这一宗旨来确定其地位。换言之,就是传媒法律政策在促进产业发展的效率价值与维护利益格局的秩序价值的关系中,"秩序价值"始终位于优先次序;在稳定目标和满足自由诉求的关系中,"稳定"始终居于核心地位。因为秩序价值与稳定状态更有助于维护现行的统治格局。随着我们对外的不断开放,社会生活中对自由表达的宽容度在提升,社会理性程度也在不断提升的前提下,需要我们认真反思这一问题,如果绝对强调"秩序"和"稳定",不仅会严重阻碍中国传媒法治的发展,实际上也非常不利于社会秩序的真正和谐有序、不利于国家治理水平的提升。

从工具理性层面来看,在传媒法治领域,立法水平较为低下;理性、科学、合理的传媒内容法律标准尚未形成;相关法律救济制度尚未建立。具体表现在如下三个方面:

1. 法律制定方面。法制不统一是有关传媒立法和传媒政策的突出问题。虽然,我们关于传媒立法所制定的文件已经非常之多,但不同部门、

第五章 媒介融合背景下文化语境中的传媒法治

机构制定的不同层级的政策与法律文件之间，其所规定的原则和具体规范方面存在的相互抵触、冲突的情形非常多。比如，第一，宪法自身涉及传媒的条款具有内在冲突性，具体法律、行政法规等下位法以及相关政策和规定与宪法或宪法性法律文件的有些条款的规定也不一致，有些部门规章乃至位阶更低的规范性文件明显超越立法权限，对公民基本权利造成限制或剥夺。① 第二，一些传媒立法文件和政策文件的价值目标不明、混乱，与立法目的不协调。比如，有关传媒产业的立法，不是将真正能够促进产业发展的效率价值作为首要目标，而是把对于一种事业功能要求的，与产业发展具有内在张力的社会效益目标放在首位，② 这样的立法对于产业发展的促进意义就大打折扣；在网络安全立法方面，将对于网络传媒内容方面的规范和控制混同于对网络安全的保护，③ 这样所带来的风险就是安全防范目标的错位，既不利于网络安全的切实保护，同时又带来网络内容方面的非理性控制，损害了传媒法治。第三，在传媒内容的法律标准方面，政治宣誓条款多于具体规范，界限模糊，缺乏明确的指引性和可操作性。

---

① 如《立法法》第九十一条规定："没有法律或者国务院的行政法规、决定、命令的依据，部门规章不得设定减损公民、法人和其他组织权利或者增加其义务的规范。"国家互联网信息办公室发布的《即时通信工具公众信息服务发展管理暂行规定》规定："即时通信工具服务使用者注册账号时，应当与即时通信工具服务提供者签订协议，承诺遵守法律法规、社会主义制度、国家利益、公民合法权益、公共秩序、社会道德风尚和信息真实性等'七条底线'"，对网络服务者和用户都设置了"七条底线"的义务。而七条底线作为法律义务，几乎无限扩大了社会主体的义务范围。

② 如《中华人民共和国电影产业促进法》（2016年11月7日全国人大常委会通过）第三条规定："从事电影活动，应当坚持为人民服务、为社会主义服务，坚持社会效益优先，实现社会效益与经济效益相统一。"

③ 如《中华人民共和国网络安全法》（2016年11月7日全国人大常委会通过）第七十六条规定："网络安全，是指通过采取必要措施，防范对网络的攻击、侵入、干扰、破坏和非法使用以及意外事故，使网络处于稳定可靠运行的状态，以及保障网络数据的完整性、保密性、可用性的能力"；第十二条规定："任何个人和组织使用网络应当遵守宪法法律，遵守公共秩序，尊重社会公德，不得危害网络安全，不得利用网络从事危害国家安全、荣誉和利益，煽动颠覆国家政权、推翻社会主义制度，煽动分裂国家、破坏国家统一，宣扬恐怖主义、极端主义，宣扬民族仇恨、民族歧视，传播暴力、淫秽色情信息，编造、传播虚假信息扰乱经济秩序和社会秩序，以及侵害他人名誉、隐私、知识产权和其他合法权益等活动"。

一方面，力求针对全体社会成员，不论男女老少统一标准，其结果是在保护未成年人的名义之下，很大程度上对于繁荣创作和产业发展引发了不适当的限制；另一方面，繁荣的需求、宣传的需要和产业发展的冲动，往往又导致传媒无视内容的法律标准，使大量不适合未成年人观看的内容毫无顾忌地在传统媒体和自媒体上传播。虽然我们已经有了覆盖传统媒体和网络环境下各种不同领域的内容标准，但各项法律文件在内容标准的描述和规范上，都是一样的粗糙。有时在形式上虽有差异，但是看不出这种差异和规范对象之间的差异有何对应关系、逻辑联系。第四，立法技术专业性不够。有关涉及与传媒相关的公民基本权利的立法在形式上就缺少逻辑上的一致性，在一个具体的法律文本中，缺少内在逻辑、规范模糊、具体意义不明的条款随处可见。

2. 法律实施方面。"形式的法"或"本本上的法"与"实际的法""活的法律"在很大程度上脱节。在传媒领域，对媒体内容约束发生实际效用的，经常不是在各种立法文件中的"禁载条款"所表明的法律标准或媒体自身应有的职业伦理道德规范和操作守则，更多的是存在于各级或各个决策者内心的长期被培育熏陶的一种意识和感觉，或者还可能是某种现实利益的影响和博弈等。其带来的结果就是：在对传媒具体管控的过程中，管理者更多使用具体的、随时随地发出的通知、文件、指示等。如果某些内容不认为其会影响舆论导向，即使从维护社会秩序和公民权益的角度来说应该规范和治理，但往往也可视而不见，甚至任其泛滥①；如果认为影响了舆论导向（实际上可能是管理者个体或部门的自身利益），常常就会采取简单命令或运动方式予以禁止，完全不考虑行政立法和监管制度中合目的性、合比例性等原则的要求。实践证明，这难以符合管控初衷所要追求的目标，即真正提升执政党的执政能力、维护执政党的形象等。理性而言，这对于完善执政党的领导、维护其执政基础、保护公民权益都是不利的。

---

① 比如那些完全脱离历史真实性、低俗、过度渲染暴力血腥、制作粗糙的"抗日神剧"的泛滥，等等。

3. 在法律适用方面。对于传媒领域发生的争议和纠纷，无论是公法领域，还是私法领域，缺少制度化、法治化的机制；宪法监督由于制度本身存在的缺陷，难以发挥实效；对抽象行政行为的诉讼缺少法律依据，对具体行政行为的诉讼有诸多事实性的限制，在传媒领域提起行政诉讼事实上行不通；在民事诉讼领域，有些名誉侵权诉讼，在法治国家，本应上升为宪法层面以获得更多保障的意见表达，但在我们的实际社会生活中，有些司法判决不是以其符合侵权行为的构成要件作为判决依据，而是以这种表达违反了某种价值观判定当事人要承担民事责任。虽然，从某种意义上说，通过民事诉讼的方式解决言论问题，已经是一个巨大的进步，但是对越是涉及公共利益的议题言论空间越是收缩，对于正常的表达判决承担民事责任来说，依然反映出传媒法治化水平有待提升。

我们认为，传媒法治的这种状况不能简单地、机械地归结于某个单一的或几个因素。当我们使用"传媒法治"一词的时候，实际上是在用一个蕴含着现代性意义的词汇来表达我们对当下传媒领域的法律问题和发展环境的认识。从社会发展的角度看，我们的传媒法治所呈现的状况，与我们尚处于未完全现代化转型的社会形态以及由此决定的国家治理形态是相一致的。

第二节 我国文化传媒政策与立法的价值取向研究

在我国改革开放以来所设置的管理体制中，文化与传媒分别由不同的主管部门管理。但是基于这两大领域都是涉及精神产品的生产和服务提供，这两大领域的政策和改革进路在某种程度上具有相同性。所以，在此我们将文化领域与传媒领域视为一个整体，来观察研究分析改革开放以来我国的文化传媒立法和政策的价值取向问题。价值观的问题是文化的核心问题，立法和政策的价值取向直接影响着我们的文化传媒法治的状态。

在中国共产党第十七次全国代表大会第六次委员会做出《中共中央

关于深化文化体制改革、推动社会主义文化大发展大繁荣若干重大问题的决定》之后，党和政府相关部门为落实这一决定，纷纷制定推行旨在促进繁荣与发展的政策与策略。这些政策与策略，带来了新的气象，其中最引人注目的重大事件，是2012年4月人民网股份有限公司IPO通过中国证监会的审核后，在上海证券交易所挂牌上市。人民网作为国家重点新闻网站，不同于以往文化传媒类公司的是上市的情形，它实现了将其编辑业务纳入上市公司整体业务的新突破。而以往的传媒公司上市，根据既有的政策，都必须将其新闻编辑业务剥离在外。舆论认为，人民网上市是我国文化体制改革深化的一个标志性举措[1]。由此，引发人们对于我国文化传媒政策立法走向的进一步思考。应该说作为国家重点新闻网站的人民网，允许其将编辑业务纳入上市公司上市，这对于我们一贯将新闻媒体作为思想宣传阵地、作为党的喉舌的国度来说，确实反映出我们的文化传媒政策的变化，当然，它更是我国文化传媒领域政策和立法的不同价值取向相互影响的结果。具体而言，它是效率价值取向强化、秩序价值取向松动，但后者仍然是具有主导地位的产物。或者也可以说是20世纪70年代末以来，我国推行改革开放政策，特别是新世纪以来，我国在文化传媒领域发展改革到了一定时期的一个产物。

中国社会发展改革的路径大体呈现为两种情形：一种是人们自发的探索，形成新的社会现象，这种新的现象被政策决策者和随后制定的法律所肯定，进而相关政策和法律进一步推进这一领域的新发展。另一种则是新的政策和法律制定出来，引导人们依据政策和法律去进行新的行动和社会实践，因而形成新的社会现象，推动新的发展。当然，这种简单化的划分只是为了使我们更好地认识国家、政府的决策与社会发展之间的互动关系。实际上，国家、政府与社会之间的互动、影响和制约关系非常复杂。由于我国是一种被政治学者称为政府主导型的威权主义体制的国家，政策和法律对于社会的变革和变动，往往也具有主动的，甚至是原发动力的意

---

[1] 众石：《人民网上市：文化体制改革再迈一步》，《中国青年报》2012年4月28日。

义。因此，首先梳理我国关于文化传媒①领域的政策和立法，可为认识我国的文化传媒领域的整体改革与发展提供基础。

一 新世纪以来我国文化传媒领域改革政策回顾

自20世纪70年代末到现在，我国的文化传媒政策与立法，经历了三个阶段：第一阶段是1978年至1992年，这一时期文化传媒政策立法的主要内容是，摆脱过去"以阶级斗争为纲"的范式，进行初步的市场化探索，承认了文化市场的存在。第二阶段为1993年至2000年，邓小平同志南方谈话之后，推动市场经济发展的各项政策和立法相继出台，在文化传媒政策立法方面，明确了文化产业的地位。第三个阶段是2001年至2011年，即新世纪的第一个十年，这一时期各项政策立法，对于文化市场和文化产业的培育和发展方面，不断加大力度，总体上是向着深入推进文化传媒产业发展的方向进行。第四个阶段是2012年至今。这一阶段文化传媒的新业态不断出现，在文化传媒领域促进产业发展的立法有重大进展，各项促进文化传媒发展的政策也不断出台，与此同时，对于文化传媒领域的内容规范、导向要求也日益加强。以下是对于新世纪文化传媒政策的回顾与梳理。

（一）新世纪的第一个十年

2001年，中共中央办公厅、国务院办公厅批转《中宣部、广电总局、新闻出版总署关于深化新闻出版广播影视业改革的若干意见》，提出了新闻传媒机构集团化的要求，标志着从观念上和实践上对于文化产业的发展有了突破性举措。

---

① 在政策立法意义上，"文化与传媒"的关系可以从两个方面认识，在社会管理层面，文化事业包含了新闻传媒事业。文化事业涵盖了新闻出版署、文化部、国家广播电影电视总局、工业和信息化部等所管辖的事务。在产业层面，根据2004年国家统计局印发的《文化及相关产业分类的通知》，传媒产业属于文化产业的核心部分。由于传媒领域改革与国家主义的意识形态有着复杂、纠结和敏感的关系，因而，传媒领域与文化领域的其他部分又有所不同，于是又将"文化"与"传媒"并列表述。

2002年，中国共产党第十六次全国代表大会召开，将文化事业与文化产业并列提出，指出要将文化产业建设成国民经济支柱性产业。这个文件也为将文化传媒区分为公益性和经营性两类提供了基础，为进一步改革拓展了认识和实践上的空间。

2003年10月，党的十六届三中全会通过的《中共中央关于完善社会主义市场经济体制若干问题的决定》，提出要促进文化事业和文化产业协调发展。2004年9月，党的十六届四中全会通过的《中共中央关于加强党的执政能力建设的决定》，提出了深化文化体制改革，解放和发展文化生产力的意见。

2005年12月，中共中央、国务院下发《关于深化文化体制改革的若干意见》，对文化体制改革做出全面部署。党报、党刊、电台、电视台、通讯社、重点新闻网站和时政类报刊，少数承担政治性、公益性出版任务的单位实行事业体制，由国家重点扶持。其他出版社和报刊社都要逐步转制为企业。

2006年3月，中共中央全国文化体制改革工作会议在北京召开，确定了全国89个地区和170个单位作为文化体制改革试点。2006年8月，中办、国办下发《国家"十一五"时期文化发展规划纲要》，这一文件对于未来文化产业如何发展，在思路和具体举措方面进行了详细列举。

2007年10月，中国共产党第十七次全国代表大会召开，大会提出兴起社会主义文化建设新高潮，要提高国家文化软实力，推动社会主义文化大发展、大繁荣。

2008年6月，新闻出版总署明确提出经营性报刊转企改制"三年三步走"的计划，即从2008年开始，国有企事业单位主办的报刊在第一阶段完成改革，第二阶段是改革行业协会等社会团体主办的报刊，第三阶段是部委所办的报刊。三年建立起体制的基本框架，完成重塑市场主体和培育战略投资者、实现科学发展的任务。

2009年2月，中共中央政治局常委会做出决定，发布《关于深化中央各部门各单位出版社体制改革的意见》，成立中央各部门各单位出版社体制改革工作领导小组。2009年4月国家新闻出版总署印发《关于进一步推进新闻出版体制改革的指导意见》。2009年9月，中共中央对外宣传办公室下发《关于重点新闻网站转企改制试点工作方案》文件，被媒体称为"官网"的国家重点新闻网站的改制上市由此提上日程。2009年9月，我国第一部文化产业专项规划《文化产业振兴规划》由国务院常务会议审议通过。这些文件的主要精神都是将能够进行经营的传媒部分推向市场。

2010年4月，中宣部、人民银行、财政部、文化部、广电总局、新闻出版总署、银监会、证监会、保监会九个部委联合下发了《关于支持金融文化产业振兴和繁荣的指导意见》。2011年4月，国务院新闻办公室下发《关于积极推进新闻网站转企改制和上市融资的意见》。2011年5月，全国文化体制改革工作会议在合肥举行。2011年5月，中办、国办印发《关于深化非时政类报刊出版单位体制改革的意见》。这些政策性文件对于鼓励刺激产业发展的自觉意识和符合经济发展规律手段的运用，表明国家、政府对于文化传媒产业发展的推动进入了依据科学发展观进行的一个新时期。

2011年10月，党的十七届六中全会做出《中共中央关于深化文化体制改革、推动社会主义文化大发展大繁荣若干重大问题的决定》，这一决定，既是对于过去十年发展改革的肯定，也是今后文化领域改革与发展的总体战略部署。以此为标志，一个新的阶段开始了。

我们发现，在这个十年的进程中，我国的文化传媒政策与立法，从过去主要是将文化传媒作为意识形态工具、宣传教育平台、精神生活领域对待，虽然承认了文化市场、意识到要发展文化产业，但是这还仅仅停留在意识层面，到开始尊重其产业属性，并逐渐采取符合经济规律和产业发展需求的措施和手段，将经济杠杆的调控刺激机制引入政策立法。综观这十年来的一些重要的政策立法，其培育市场、推进产业的取向非常明显。

同时，我们还发现，这一领域的意识形态属性又是政策制定者始终不忘的焦点，即始终不放松或不愿放松对于内容的控制。2001年，中共中央办公厅、国务院办公厅转发的《中央宣传部、国家广电总局、新闻出版总署关于深化新闻出版广播影视业改革的若干意见》，虽然标志着新时期文化传媒领域改革的新突破，但是其中的一段经典表述，在后来的政策立法文献中经常被重复和强调："深化新闻出版改革必须坚持党性原则，牢牢把握正确导向。新闻出版业既有一般行业属性，又有意识形态属性，既是大众传媒，又是党的宣传思想阵地，事关国家安全和政治稳定，负有重要社会责任。无论在什么情况下，党和人民喉舌的性质不能变，党管媒体不能变，党管干部不能变，正确的舆论导向不能变。要确保党对新闻出版业的领导，确保国家对新闻出版业的宏观控制力，坚持以科学的理论武装人，以正确的舆论引导人，以高尚的精神塑造人，以优秀的作品鼓舞人。"作为政策立法文献，其所表达的决策者的意志，坚定而又明确，即在改革和发展的过程中，任何在决策者看来不利于党的领导，损害现行统治秩序的做法都是不被允许的。所以我们在改革探索过程中，关于投资政策、运行机制、内容管制方面的政策立法的摇摆与变动，总体上是对于产业化、市场化的制约。都是在确保舆论导向正确、维护大局稳定的要求下发生的。这一时期存在于政策和立法中的各种力量和诉求的博弈表现得最为激烈。传媒政策与立法的制定和实施，便成为决策最艰难，又是容易摇摆的领域。

（二）新世纪的第二个十年

这一阶段，文化传媒领域在国家政治建设、经济建设、文化建设乃至生态文明建设中的地位都更加突出。

第一，执政党和国家从整体文化建设角度，作出了一系列重大决策。

2012年，党的十八大报告提出"扎实推进社会主义文化强国建设"。2014年，党的十八届四中全会在党的历史上第一次把法治作为中央全会的主题，通过了《中共中央关于全面推进依法治国若干重大问题的决定》，明确提出"建立健全坚持社会主义先进文化前进方向、遵循文化发展规律、有利于激发文化创造活力、保障人民基本文化权益的文化法律制度"，部署了制定公共文化服务保障法、制定文化产业促进法、制定国家勋章和国家荣誉称号法、加强互联网领域立法等文化领域的重点立法任务。

2015年，中共中央办公厅、国务院办公厅印发《关于加快构建现代公共文化服务体系的意见》。2016年，中办、国办印发《关于进一步把社会主义核心价值观融入法治建设的指导意见》，这一文件指出社会主义核心价值观是社会主义法治建设的灵魂。

2017年，党的十九大报告提出：中国特色社会主义进入新时代，我国社会主要矛盾已经转化为人民日益增长的美好生活需要和不平衡不充分的发展之间的矛盾。要推动文化事业和文化产业发展，满足人民过上美好生活的新期待，必须提供丰富的精神食粮。要深化文化体制改革，完善文化管理体制，加快构建把社会效益放在首位、社会效益和经济效益相统一的体制机制。完善公共文化服务体系，深入实施文化惠民工程，丰富群众性文化活动。加强文物保护利用和文化遗产保护传承。健全现代文化产业体系和市场体系，创新生产经营机制，完善文化经济政策，培育新型文化业态。

2018年，党中央印发《社会主义核心价值观融入法治建设立法修法规划》，确定了"力争经过5年到10年时间，推动社会主义核心价值观全面融入中国特色社会主义法律体系"的战略目标，明确了六个方面的主要任务。

2019年，党的十九届四中全会公报提出，坚持和完善繁荣发展社会主义先进文化的制度，巩固全体人民团结奋斗的共同思想基础。发展社会主义先进文化、广泛凝聚人民精神力量，是国家治理体系和治理能力现代化的深厚支撑。必须坚定文化自信，牢牢把握社会主义先进文化前进方向，激发全民族文化创造活力，更好构筑中国精神、中国价值、中国力量。要坚持马克思主义在意识形态领域指导地位的根本制度，坚持以社会主义核心价值观引领文化建设制度，健全人民文化权益保障制度，完善坚持正确导向的舆论引导工作机制，建立健全把社会效益放在首位、社会效益和经济效益相统一的文化创作生产体制机制。

2020年，党的十九届五中全会公报强调：繁荣发展文化事业和文化产业，提高国家文化软实力。坚持马克思主义在意识形态领域的指导地位，坚定文化自信，坚持以社会主义核心价值观引领文化建设，加强社会主义精神文明建设，围绕举旗帜、聚民心、育新人、兴文化、展形象的使命任务，促进满足人民文化需求和增强人民精神力量相统一，推进社会主义文化强国建设。要提高社会文明程度，提升公共文化服务水平，健全现代文化产业体系。

2021年，文旅部发布了《"十四五"文化产业发展规划》，提出到2035年的发展目标之一是到2025年，文化产业体系和市场体系更加健全，文化产业结构布局不断优化，文化供给质量明显提升，文化消费更加活跃，文化产业规模持续壮大，文化及相关产业增加值占国内生产总值比重进一步提高，文化产业发展的综合效益显著提升，对国民经济增长的支撑和带动作用得到充分发挥。

第二，最高立法机关制定修订了一系列立法。

这些立法关涉文化建设、产业发展、内容监管。全国人大于2015年通过了《国家安全法》，修订了《广告法》；2016年通过了《电影产业促进法》《网络安全法》《公共文化服务保障法》；2017年通过了《公共图书馆法》；2018年通过《英雄烈士保护法》；2019年修订了《反不正当竞争法》；2020年通过了《民法典》；2021年第三次修订《著作权法》。《民法典》作为我们国家的基本法律，把社会主义核心价值观写入立法目的条款，[1] 也有针对传媒行为的专门条款。[2]

在这一阶段，有两项突出的立法工作也在持续努力之中，一项是文化产业促进法的立法起草工作，一项是广播电视法的立法起草工作。这些法

---

[1] 《民法典》第一条规定：为了保护民事主体的合法权益，调整民事关系，维护社会和经济秩序，适应中国特色社会主义发展要求，弘扬社会主义核心价值观，根据宪法，制定本法。

[2] 《民法典》第九百九十九条规定：为公共利益实施新闻报道、舆论监督等行为的，可以合理使用民事主体的姓名、名称、肖像、个人信息等；使用不合理侵害民事主体人格权的，应当依法承担民事责任。

律是文化传媒领域持续健康发展的重要的基础性立法,由于这些立法要解决的问题的复杂性,所以在立法过程中,充满各种观念、利益的博弈。

第三,国务院和各类主管部门的管理目标明确。

中央政府国务院及所其属的行业主管部门和专门的经济管理机关以及内容主管机构所制定的政策和推行的措施,有两个明显的价值取向。

一个取向是促进产业发展,对于文化产业领域的发展制定各项推动刺激产业发展的政策,包括相关的行政法规、规章、规范性文件。一个取向是强化对于内容生产和传播的规范要求,从体制、主体、标准、机制等方面都不断提高相应的标准。

2014年8月26日,国务院发布《关于授权国家互联网信息办公室负责互联网信息内容管理工作的通知》,2018年党和国家机构改革,最突出的一项就是拆分原国家新闻出版广电总局,将新闻出版电影版权的管理职权划归中共中央宣传部。与此同时,网信办同时还有了另外一个名称,中共中央网络安全与信息化委员会办公室,其功能不断强化、职权范围也在不断扩大。

在21世纪第二个十年中,网信办自2014年被授权之后到2021年,从内容规范、安全管控方面制定发布了很多法律性文件。其中专门规范内容的规章有:2016年2月4日通过的《网络出版服务管理规定》;2017年5月2日通过的《互联网新闻信息服务管理规定》;2019年12月15日通过的《网络信息内容生态治理规定》。与此同时,网信办更是密集地大量地发布规范性文件,及时针对新技术的发展带来的新应用中的内容问题进行调整规范,以确保网络环境下的内容安全。

二 新世纪我国文化传媒政策立法的价值取向分析

(一)新世纪文化传媒政策立法的两种价值取向

"法律,作为主体本质力量的对象化,本身就是一个价值体系。立法者把他对社会发展和社会秩序的价值期望和追求赋予法律,法律也就成为立法者实现其社会目标的有效工具。这种体现在法律之中的特定时代和特定社会的立法者的社会目标和价值取向就是法律价值目标。"① 在现代社会，国家权力通过政府管制行为涉入社会领域，在这些领域，法律和政策往往成为同一事物。同样在我国，由于我们坚持党对于一切工作的全面领导，法律的价值目标也就是执政党和国家政策的价值目标的具体体现。

前已分析，新世纪以来，我们的文化传媒政策和立法的目标一直是追求培育市场、推进产业发展，尽可能提升文化传媒领域的各项经济指标。如，将文化领域区分为公益性与经营性两大部分；扩大文化传媒领域组织的转企范围；政府各部门各项刺激文化传媒产业发展的举措持续出台，如扩大业外资本的投资领域、推动多种投融资方式的使用、对文化传媒企业进行税收优惠减免、设立发展基金；改革国有资产的监管机制，明确产权……所有这些具体制度和措施，实际上便是"效率"这种法律价值取向的具体体现。"效率"价值取向的选择与确立，有其深刻的现实根据。20世纪80年代以来，我们确立的宏伟理想——国家富强、人民安康，使政策制定者和立法者在很大程度上认识到效率价值取向的重要。被誉为改革开放总设计师的邓小平同志强调，坚持改革开放一百年不动摇，发展是硬道理，这为各项政策和改革措施的制定确立了基调。同时不断开放的政策，使国人看到了与外部的巨大差距，于是，力求从数量上缩小与外部的差距，凡事强调发展速度，凡事强调规模，于是"效率"成为各项决策的价值标准②。因此，这种价值取向指导下政策和立法推进的改革，被有的学者称为"增量改革"③。

但是，如果仅仅以此就认为"效率"是新时期文化传媒政策立法首要的价值目标，这就会失之表面。实际上，体现国家主义意识形态的核心价

---

① 秦策：《法律价值目标的冲突与选择》，《法律科学》1998年第3期。

② 比如，虽然中央提出又好又快地发展国民经济，但是，我们可以发现，各行各业总是用增长数字来表明发展的状态，展示取得的成绩。

③ 喻国明、张佰明：《从版面扩张到界面拓展：传统媒介未来发展的关键转型》，《现代传播》2010年第6期。

值——"秩序"价值①，无时不在地制约着文化传媒政策的制定和实施。无论从改革开放之初就一直在强调的坚持"四项基本原则"，还是根据党的全国代表大会在不同时期提出的"坚持邓小平理论""坚持'三个代表'重要思想""坚持科学发展观"的精神，"稳定是大局""稳定压倒一切"的表述，都非常坚定地表明我国新时期的各项政策和立法，特别是文化传媒和立法的核心价值取向是"秩序"，价值目标是稳定。因此，效率价值目标不是绝对的，而是被设定有前提条件的，即必须是在坚持和维护党的领导之下，以维护现行统治秩序的稳定为皈依。这就是我国在传媒领域坚持"四个不变"的内在价值依据。

"秩序"价值取向不是一个新的选择，它实际上是我国从传统到现在始终不变的选择。"秩序"价值取向的主导地位，也同样有其更为深刻的历史与现实依据。因为文化领域，即使作为产业，也不同于其他物质生产部门和服务部门，尤其是传媒业，由于涉及人们思想观念的传播、意见表达以及对于现行政治治理结构的合法性认识，同时更涉及统治集团既得利益的维护，涉及传统思想影响和现行政治制度，所以在更为深刻的认识层面，传统政治文化熏陶出的思维方式和心态，使当权者会将统治秩序的稳定当作更为重要的，或者是最终的价值目标；当权者对于现实既得利益的考量与追逐，保证稳定的秩序价值取向，也是维护其现实利益的有效保障。

当然，在当今时代，毫无顾忌地强调统治者的利益，即使在形式上也难以维持其合理性和合法性。因此，秩序价值取向要实现的目标，在官方意识形态的话语中，往往用另外一个与"效率"很近似的词来表述，这就是"效益"，再进一步，是"社会效益"。在当代中国语境下，"社会效益"意涵复杂多重。有时它意味着国家主义之下的统治秩序的稳定，有时也意指公民的基本权利或社会文化福利，有时也指某种伦理

---

① 对于"秩序"价值目标，运用主流意识形态的话语表述，就是稳定是大局，稳定压倒一切。进而言之，就是坚持正确的舆论导向，必须确保媒体传播内容以宣传坚持党的领导、维护中国共产党作为执政党的合法性和神圣性为旨归。

道德层面的提升。或者在立法者和政策决定者那里，有时会认为统治秩序的稳定与社会成员的福利是同一事情。尽管逻辑理性地分析，二者并非一码事，实际上二者之间还会有深刻的紧张和冲突。在"社会效益"的不同意义中，应该说体现为确保现行统治秩序稳定的"秩序"价值目标成为居于优先地位、始终不变的选择。这体现为在我们的政策文献甚至法律文件中经常出现的"将社会效益放在首位"的表述。无论是在改革开放以来的前两个时期，还是新世纪以来的后两个时期，对于传媒来说，坚持正确舆论导向、坚持党管媒体，即党对于传媒重大事务的决定权的原则始终不变，如果基于"效率"价值的追求，影响和损害了对于"秩序"价值的追求，失去"稳定"的局面，那么就要牺牲"效率"价值。由此，我们看到，很多时候由于"秩序"价值追求的制约，政策的"效率"目标实际上已经偏离①，在高喊追求"效率"的时候②，政策实施的效果往往与"效率"价值的追求背道而驰。

（二）两种价值取向博弈带来的问题

两种价值取向之间的博弈，始终占据更为主导的地位的是"秩序"价值取向，由此决定的文化传媒政策立法及运行实践带来的问题，其中最突出的是，在规范层面是公平价值的缺失，在实践层面是对传媒领域管制的非科学性。具体体现在：

1. 内容管控制度缺乏科学性。大多数研究传媒法律或相关学科的学者认为，现行中国传媒政策和立法对于内容控制过于严格，因而人民的表达自由、创作自由不能充分享有和实现。比如，根据我国新闻出版领域的法律和制度要求，设立出版单位，必须要有政府认可的主管机关和主办单

---

① 比如在主流媒体上常常出现高调维护国家安全、文化安全、信息安全、坚持正确舆论导向，稳定是大局，要不惜一切代价，这些便又是与效率价值完全相反的取向。再比如《电影产业促进法》，虽然名为追求效率价值，但是其中许多条款规定的内容，恰恰又是束缚产业发展的。

② 仔细研究我们党和国家的各项相关政策和法律文件，媒体报道，"大发展""大繁荣""大国""强国"等字眼不一而足。

位，它们对出版单位负有直接的管理责任，2011年修订的《出版管理条例》依然坚持这一制度。广播电视播出机构必须由政府设立，广播电视管理部门对内容控制更是紧抓不放，节目制作有多重严格的审查环节，节目播出有严格的审查环节，节目播出之后还有相应的审查制度。党的宣传部门时刻会就新闻报道向媒体下达各式各样的指令。我国的电影也存在全世界最严格的官方审查制度，即使是2017年生效的《电影产业促进法》依然对此进行保留。因此，有学者将中国的传媒制度概括为"公民有自由，媒体归国家"[①]。

同时，由于我国的媒体行业自律组织并非真正意义上的行业自律组织（它实际上是党和政府的主管机构和部门的一种延伸），因此，它难以切实发挥行业自律组织自身独特的、无法替代的功能。对于党的纪律和国家法律的他律难以奏效的领域，媒体内容就处于规范的盲区，缺失道德水准要素的"三俗"[②]、内容虚假，又成为当今中国传媒领域的突出问题，而对于效率追求的政策，导致的媒体行为的过度商业化，追求收视率，更加剧了这种情形。

2. 管控机关权力约束的非制度性。我国涉及文化与传媒的内容控制与产业发展管理的部门众多。在中央层面，从政府主管部门方面看，有文化与旅游部、广电总局、新闻出版总署、工业和信息化部；从经济发展和产业角度看，除行业主管部门外，还有财政部、市场监管总局（原国家工商总局）、发展和改革委员会、国家税务总局等综合和专门的经济管理机关以及金融、证券等专业监管部门；从内容管制方面来看，除行业主管部门外，在中央层面，有中共中央宣传部、中共中央对外宣传办公室、国务院新闻办公室、国务院互联网办公室、国务院扫黄打非办公室等职能机构，以及公安部、安全部等相关部门等。在地方层面各级政府中也几乎一一对应于中央的层面设置。

在内容管制与产业发展的众多管理与监督部门之中，有许多部门职责

[①] 魏永征：《传媒法制建设三十年》，《国际新闻界》2009年第2期。

[②] "三俗"意指庸俗、媚俗、低俗。

范围或重叠或划分不清。为了保证"秩序"目标的实现,管控部门常常采取非制度化的做法,对内容进行控制。由于管控部门权力过大以及非制度化,使得很多政策和立法的出台具有随意性,而产业组织、文化事业单位、公民个人在多数时候不能诉诸行政诉讼救济。同时由于我国还缺乏宪法诉讼制度,一些不适当的立法政策的出台难以得到及时纠正。比如,2011年广电总局下发、2012年实施的《关于进一步加强电视上星综合频道节目管理的意见》,意图通过控制或缩短卫星电视播放娱乐节目的时间来提升电视娱乐节目的品质。这一政策实施的效果,就目前观察而言,并不理想。但是,这一规定对于广播电视的商业利益和产业发展的消极影响则已相当明显[①]。

这种立法政策的非科学性,使产业的发展受到很多制约和束缚,带来的结果是产业发展的不均衡,整体竞争力不强。文化传媒领域的进步,产业的发展,既要依赖于自由的经营,又要依赖于自由的创作。只有这样各种生产要素才能有效结合,提升效率,创造效益;作为这一领域的核心竞争要素,智力成果、创意产品才能不断涌现。平面媒体和广播电视,作为传统媒体,长期受制于严格的内容控制,即使现在依然如此。特别是广播电视方面,从产业角度来说,和世界发达国家相比,竞争力很弱。而互联网新兴传媒领域,采取与传统管控制度和措施同样严格的控制也阻滞了产业的发展。

三 关于文化传媒政策立法价值目标的反思

无论是21世纪之前的20年,还是21世纪后的20年,我们的文化传媒政策立法始终坚持不变的是秩序价值取向的主导,稳定目标的追求。2011年党的十七届六中全会的召开,随之而来的人民网的上市,以及随后各个文化领域的主管部门以及综合经济部门和专门机构所采取的反映经济

---

① 参见《我国2012年1—2月份电视广告同比下滑3%》,http://info.broadcast.hc360.com/2012/04190843502187.shtml,2019年5月25日访问。

规律的政策和立法①，使我们有理由期待，全社会大力发展文化产业的诉求，会促使对于稳定目标的非理性诉求的减弱。在这样的背景下，更深刻地反映出社会发展规律和全体社会成员普遍诉求的一种更为重要的价值便有了被重视，并逐渐占有主导性地位的取向的可能。这种价值就是"公平"，即在文化传媒政策与立法的制定过程中，更多注意考虑公民的基本权利的保护与满足会逐渐成为更为主导型的价值取向。事实上，这种趋势已经显现。2004年宪法修正案关于国家尊重并保护人权的条款的规定，习近平总书记关于"以人民为中心"思想的提出，无论对意识方面，还是对制度层面，都带来了深刻的影响，虽然这种影响的显现在一个古老庞大的国度，必须要经过相当的时间。

自20世纪初以来，发达国家在传媒领域，为了防止以效率为生命的商业利益的过度追求和具有扩展天性的公权力对于公民权利的损害，一直将体现公民在民主社会所应享有的基本自由和权益的"公共利益"作为政策制定的核心考量因素。因此，媒体的产权制度设计，便是以在尊重商业利益和表达自由与保证公共利益之间寻求平衡为目标。如今，在媒介融合时代，虽然对于媒体管控有许多新的问题，媒体政策何去何从成为发达国家广泛讨论的议题，但是问题的核心和实质依然没有脱离如何在尊重对于效率价值目标追求的同时，更好地确保公民积极自由实现的框架。在此前提下，既需要政府权力的介入，又要把政府权力限制在不损害公民的消极自由的限度内。质言之，是效率价值目标与公平价值目标如何协调与平衡的

---

① 2011年，中国证监会举行会议，表示支持符合条件的文化企业上市；2012年1月，国家工商总局推出《认真学习贯彻党的十七届六中全会精神积极促进社会主义文化事业大发展大繁荣的意见》(40条)，其中9项关于优化市场准入和发展环境、支持加快发展文化产业的具体措施；2012年3月22日国务院批转《发展改革委员会关于2012年深化经济体制改革重点工作意见的通知》；2012年4月14日，中国证监会发行部副主任在"全国文化系统文化产业金融工作电视电话会议"上表示，支持文化企业上市；2012年4月28日财政部重新修订《文化产业发展专项基金管理暂行办法》；2012年5月10日，文化部发布《"十二五"时期文化改革发展规划》；2012年5月11日，财政部发布《关于贯彻落实十七届六中全会做好财政支持文化改革发展工作的通知》等。

问题，即传媒立法与政策中公共利益如何保障的问题，是文化传播政策立法的核心。这一点是我们今后在制定文化传媒政策时需要认真思考和借鉴的。我们需要把对于秩序价值目标的过度强调逐渐转向对于公平价值目标的追求。从未来的发展来说，公平价值，即保障公民基本权利的公共利益目标，应该成为文化传媒政策立法的首要选择。

第三节　我国传媒（传播）政策历史溯源和思想框架

从文化的角度看，一切制度、政策都可以从一个地区和民族自古以来长期发展过程中所形成的习惯、价值观、思维方式、道德观念等多方面去寻找其内在的灵魂。在探究了21世纪以来的文化传媒政策之后，我们还需要以更深远的眼光来探究对于我们的文化传媒政策有着内在的直接影响和制约的执政党的传播思想，回溯近代中国开始有了现代大众传播以来的传媒政策（新闻政策）。

在中国这样一个政策导向型社会，政策在整个媒介系统的运行中同样处于主导地位。如童兵所说，"正因为新闻政策在监管、领导新闻宣传工作过程中的重要地位将长期存在，新闻政策对于中国新闻传媒的性质、功能、体制以及重要操作机制的制约也将长期发挥作用"。[1]

一　历史溯源

我国现代传媒政策的源头，可以上溯到1905年起清政府颁布的五个"报律"[2] 及《钦定宪法大纲》中的新闻法规。1908年，清政府模仿西方制宪，在《钦定宪法大纲》里规定"臣民法律范围内，所有言论、著作、出版及集会、结社等事，均准其自由"。此时，媒介政策与国家政治改革

---

[1] 童兵：《新闻政策——新闻传播学研究的新领域（代序）》，载郎劲松《中国新闻政策体系研究》，新华出版社2003年版，序言。

[2] 包括1906年的《大清印刷物专律》，同年《报章应守规则》；1907年的《报馆暂行条例》；1908年的《大清报律》；1911年的《钦定报律》。此五法前后具有继承性。

的互动已初见端倪。同年早些时候颁布的《大清报律》被认为是我国第一部新闻法，其中虽然对出版自由层层设限，但是将诸多原本隐身幕后的政策"法律化"和"公开化"，实为一大进步；另外，它规定只要"年满二十岁以上""无精神病"且"未经处监禁以上刑"的"本国人"，就可以充任报刊的"发行人、编辑人及印刷人者"，至少从立法上开放了报禁，为清末民初报业的勃兴提供了政策基础。

（一）政党办报

目前所见，新闻学界最早运用"新闻政策"的表述在1918年。徐宝璜在《东方杂志》上逐期发表《新闻学大意》，其中有大段论述"新闻政策"（将新闻当作权术之用）的文字，批判当时政党报刊的办报方针："此名词在今日，有造谣与挟私的意味。政党之机关报，为达一时之政治目的起见，往往对于敌党之领袖，造一篇大谣言，登之报上，以混乱一时之是非，反美其名曰，此'新闻政策'也。"

我国早期"新闻政策"的概念与政党办报传统有着紧密的关系。将报刊作为政治斗争的工具，忽视事实及实证，是晚清到民国初期政党报纸的普遍现象。徐宝璜认为，"报纸之根本职务，固为供给新闻，然同时亦可尽指导舆论之责也。故报纸对于各事，有所主张，或保守、或进取、或赞成、或反对，日日于其社论栏内发表之、拥护之，乃正当之事也"。但是此词却被政党作为在言论自由的幌子下，只求目的、不论真假的办报方针的合法性来源，他却不能赞同，于是呼吁"打消新闻政策"。[①]

徐宝璜所谓"新闻政策"主要针对新闻机构自身的办报方针而言。这个词汇上升到国家、政府层面，则是20世纪30年代的事。30年代，复旦大学新闻系学生杜彬超写了一本名为《新闻政策》的小册子，在这本最早的"比较政策学"的著作中，杜彬超将西方的新闻政策分为"新闻改良政策"（英美）、"新闻放任政策"（法国）、"新闻伦理政策"（日本）和"新闻精思政策"（德国）。文中呼吁民国政府应该有自己的新闻政策来应

[①] 徐宝璜：《徐宝璜新闻学论集》，北京大学出版社2008年版，第19—20页。

对外来的新闻侵入。该系教授黄天鹏为此书所作序言中有一段话,大致反映出此时"新闻政策"概念的基本情境和目的:"有了新闻政策,对外才有喉舌;有了新闻政策,对幼稚的报业,才有轨道可循,可以逐渐的发展。"① 我们分析,黄天鹏的"新闻政策"大概有以下两层意思:第一,对于对外传播,应该有国家统一的规划和管理,形成具有特色的、统一的外向性特征;第二,对国内的报业,应该通过一定的引导和规制,促进报业的健康发展和不断壮大。从语境上分析,这些管理措施应该是建立在新闻自由的基础之上的。

(二)新闻统制

随着中国政治局势的演变,特别是国民党"党国"政治制度的建立,国民党对于新闻事业的政策导向和控制管理逐步成形。1928年2月,国民党机关报《中央日报》在上海创立,它以"拥护中央,消除反侧,巩固党基,维护国本"为职责,是国民党整合党内思想和声音、工具化新闻事业的开始。何应钦在发刊词中要求,"一切言论,自以本党之主义政策为依归"②。同年6月,国民党中央通过的《设置党报条件草案》等三个文件规定,要求"党报必须以本党主义政纲政策及中央决议案、法令等为立言取材之标准"。同年,国民党宣传官员郑国材在广东省党刊《宣传工作》发表题为《怎样办党报》的文章,提出训政期间所有的新闻事业,包括非国民党的新闻事业,都必须接受国民党的思想指导和行政管理,使"新闻界党化起来"。③ "党化新闻"的政策基础是"以党治国"政治体制之下的"以党治报"。此后,国民党逐渐建立起与"党国"体制相匹配的新闻发布、新闻审查和监控机制。④

"科学的新闻统制"是国民党在1930年前后提出的新闻政策概念。

---

① 参见郎劲松《中国新闻政策体系研究》,新华出版社2003年版,第2、7页。
② 何应钦:《本报的责任》,《中央日报》1928年2月10日第1版。
③ 郑国材:《怎样办党报》,见国民党广东省党务指导委员会《宣传工作》,1928年。
④ 参见钱乐制《南京国民政府初期的新闻政策》,硕士学位论文,广西师范大学,2008年。

1934年，中央宣传委员会主任邵元冲总结了它的基本特征，"一方面要希望自己的新闻宣传发生有力表现，一方面要应付反党反宣传的新闻"[①]。当然，一直到国民党退走台湾，其"党化新闻""新闻统制"的主观愿望皆受制于当时民族战争、国内战争的政治格局，受制于民国创立之初确定的言论自由、自由办报的政策传统，受制于报刊多元化结构的客观存在，没有实现民营报刊的彻底党化，也没能消除外报外刊的影响。

对于国民党意图钳制思想、掌控舆论的"新闻统制"政策走向，社会各界议论纷纭，尤以共产党的评论一针见血。1941年6月2日《新华日报》说，"统制思想，以求安于一尊；钳制言论，以使莫敢予毒，这是中国过去专制时代的愚民政策"。1943年9月1日，《解放日报》刊发了《反对国民党反动的新闻政策》社论，文中说，"当局实行新闻统制政策，口口声声强调'战时统制'之必要，又把这种统制描写成为'三民主义的新闻政策'"，实际情况是，"公开无耻地鼓吹'一个党、一个领袖、一个报纸'的主张"。"对于'异己'的进步报纸，采取各色各样的限制、吞并和消灭的办法"，"据民国廿六年政府统计，当时全国报馆有一千零三十一家，而到了卅年十一月，据国民党中宣部统计，大后方报纸获得核准者仅二百七十三家，而去年一年大后方报章杂志被封闭者竟达五百种之多"。社论最后总结说，"国民党的新闻统制政策，戴上三民主义的帽子，但实际上和革命的三民主义并无任何相同之点，这种反动的新闻统制政策，是和大地主大资产阶级政治代表对敌准备妥协、对内厉行独裁的整个政治方针分离不开的。国民党反动派为了推行这整个反动的政治方针，就必须统制舆论，垄断舆论，是舆论界法西斯化、特务化"。

（三）全党办报

在抵制国民党新闻统制的同时，中国共产党围绕着党报建设开始建构自己的新闻政策，其核心是"毛泽东在领导党的媒体的工作中，逐渐形成

[①] "中研院"近代史研究所：《王子壮日记》，转引自邢小辅《南京国民政府新闻统制政策研究》，硕士学位论文，郑州大学，2013年。

的具有中国特色的党报思想"①。其基本内容包括"党性"的观点,"全党办报、群众办报"的方针,以及"党和人民的耳目喉舌"的基本定位。形成时间大概是1942年到1948年。

1942年3月,结合当时的整风运动,毛泽东在中央政治局会议上指出,"党报是集体的宣传者与组织者,对党内党外是最尖锐的武器。……党性是一种科学,是阶级性的彻底表现,是代表党的利益的,无论什么消息都要想想是否对党有利益"。② 这是"党性"第一次作为新闻事业的基本规定被提出。

1948年,毛泽东发表的《对晋绥日报编辑人员的谈话》,是关于中国共产党办报思想的纲领性文件。他说:"报纸的作用和力量,就在它能使党的纲领路线,方针政策,工作任务和工作方法,最迅速最广泛地同群众见面。""我们的报纸也要靠大家来办,靠全体人民群众来办,靠全党来办,而不能只靠少数人关起门来办。"同年,刘少奇在《对华北记者团的谈话》中明确说,"你们是党和人民的耳目喉舌","中央就是依靠你们这个工具,联系群众,指导人民,指导各地党和政府的工作的"。

此时,"全党办报"的政策理念已经比较清晰,主要包含以下几个方面:第一,党的新闻事业是"党实现领导的武器",是党的耳目喉舌,从中央到地方各级党组织要领导党报的工作,通过它指导和组织各地的工作;第二,党报必须要置于党中央的统一领导下,要代表党的利益,遵守党性原则,不能有独立性,必须以宣传党的纲领、路线和方针、政策为职责;第三,党的新闻事业要成为联系党组织和人民群众的桥梁。

(四) 政治家办报

1957年后,毛泽东提出"政治家办报"的观点。1957年4月10日,

---

① 陈力丹:《马克思主义新闻观思想体系》,中国人民大学出版社2006年版,第549页。

② 中共中央文献研究室:《毛泽东年谱(1893—1949)》(中卷),中央文献出版社2013年版,第367页。

针对《人民日报》没有及时贯彻最高国务会议和全国宣传会议的精神，毛泽东提出严厉批评。他说，"党的报纸对党的政策要及时宣传，为什么把党的政策秘密藏起来？""中央党报办成这个样子怎么成，写社论不联系当前政治，这哪里像政治家办报"。1959年，毛泽东在同《人民日报》时任领导人吴冷西谈话中指出，"新闻工作，要看是政治家办报，还是书生办报……搞新闻工作，要政治家办报"。[①] 陈力丹认为，"政治家办报"是毛泽东在新的历史条件下对党报工作的思考，基本思路仍然是通过党报指导工作，但是要求更高了，需要新闻工作者有政治家的头脑和敏感性。

"政治家办报"是"全党办报"在中华人民共和国成立以后国内国际新形势下的继承和发展。后来，由于片面强调"阶级斗争的工具""思想批判的工具"等"工具论"，新闻事业的定位在很大程度上脱离了群众路线和党的民主集中制，成为压制党内民主、维护个人崇拜的推手。有学者指出，"文化大革命"前后新闻事业的经验教训恰恰说明，在新闻领域要加强党的领导，坚持实事求是的工作作风，加强党内民主和健全党内监督制度。[②]

二 思想框架

（一）"思想上的"中心

1978年12月，党的十一届三中全会提出新时期的总任务，要求"把全党工作的着重点转移到社会主义现代化建设上来"。全会公报专门指出，"只有全党同志和全国人民在马列主义、毛泽东思想的指导下，解放思想，努力研究新情况新事物新问题，坚持实事求是、一切从实际出发，理论联系实际的原则，我们党才能顺利实现工作中心的转变"。1987年，党的十

[①] 参见陈力丹《马克思主义新闻观思想体系》，中国人民大学出版社2006年版，第570—572页。

[②] 方汉奇、陈业劭：《中国当代新闻事业史》，新华出版社1992年版，第154—155页。

三大报告中提出建设有中国特色社会主义的基本路线，并概括为"一个中心（经济建设），两个基本点（坚持四项基本原则和改革开放）"的基本方针。

以市场为导向的经济改革改变了原来的计划经济模式，构造了中国政治、社会和文化的基本语境，同时对意识形态层面的思维转换也提出了要求。实际上，市场改革本身就涉及思想解放和统治方式的转变。1978 年，在全国主要报刊上开展关于真理标准的讨论。《实践是检验真理的唯一标准》一文的发表是意识形态领域拨乱反正的开始。新闻界提出了恢复和发扬革命新闻事业的传统，强调新闻工作要为人民服务，报纸的主要任务是"宣传党的政策，贯彻党的政策，反映党的工作，反映群众生活"。"真实性""党性"和"人民性"等理论问题被广泛讨论。

起自 20 世纪 80 年代前后的新闻体制改革是当时思想领域解放的一部分，是一场自上而下，有秩序、有限度的体制改革。领导层一直主导着改革的走向。1980 年 1 月，邓小平在《目前的形势和任务》的讲话中，特别强调"要使我们党的报刊成为全国安定团结的思想上的中心"①。这反映了党对于新时期新闻事业社会功能的基本观点。同年 2 月，党的十一届五中全会规定，"党的报刊必须无条件地宣传党的路线、方针、政策和政治观点。对于中央已经做出决定的这种有重大政治性的理论和政策问题，党员如有意见，可以经过一定的组织程序提出，但是绝不允许在报刊、广播的公开宣传中发表同中央的决定相反的言论……这是党的纪律"。在改革开放和思想解放的语境下，对于"党性"的强调是邓小平"思想中心"理论的出发点。郎劲松认为，这一方针的确立，可以说为相当一段时间内制定新闻政策提供了元政策。②

在"思想中心"观的统摄下，我国新闻改革伴随改革开放和经济建设的步伐逐步展开。1980 年以前，我国新闻体制是"传统的社会主义"模

---

① 中共中央文献编辑委员会：《邓小平文选》（第二卷），人民出版社 1994 年版，第 255 页。

② 郎劲松：《中国新闻政策体系研究》，新华出版社 2003 年版，第 2—7 页。

式。赵月枝认为，这种模式的特点是，新闻事业只承担政治和教育功能，是党的宣传、鼓动工具，不存在商业利益，国营和中央计划是唯一的管理模式。而到20世纪80年代中期，"商业力量在某些党的领导和市场导向同时发挥作用的媒介领域，创造了一些相对独立的环境，形成了一些新的运作模式"。这些模式得以在政治权力和市场压力的夹缝中生存，而这些模式的存在，一定程度上重新定义了政治导向与媒介组织之间的关系，以及媒介组织在社会上的基本功能。[1] 方汉奇等也认为，到这个阶段，新闻事业开始摒弃工具论，认识到新闻事业具有传播信息、指导经济、服务社会、舆论监督等功能。[2]

(二) 党性与人民性的统一

李良荣将我国改革开放后三十年的新闻改革划分为四个阶段，分别是"在新闻规律的旗帜下（1978—1982年）；新闻媒体功能的重新定位（1983—1989年）；新闻媒体性质的重新定位（1990—1999年）；传媒业的结构调整和结构转型（2000—2008年）"。[3]

1978年，财政部批准了8家报纸试行"事业单位，企业化管理"制度。这是新闻事业体制改革的开始。1979年，上海电视台播出第一条商业广告。之后的10多年中，整个新闻事业的市场化程度逐渐深入。到1985年，我国报纸数量已经达到1445家，而1978年只有186家。新闻事业的管理机制进一步转型，打破了计划经济的人事、财务和分配制度。在广播电视领域，1986年，珠江经济广播电台建立，创造了商业资讯和娱乐化服务的"珠江"模式；1992年，上海东方广播电台成立，它不再接受政府的资助，创造了"自主经营、自负盈亏"的经营模式，同年，广播电视被正式列入了第三产业范围；到1993年，中央电视台新闻评论部成立，此时制

---

[1] Zhao Yuezhi, *Media, Market and Democracy of China*, University of Illinois Press, 1998, p. 201.

[2] 方汉奇、陈业劭：《中国当代新闻事业史》，新华出版社1992年版，第215—220页。

[3] 李良荣：《历史的选择：中国新闻改革30年》，武汉大学出版社2009年版，目录。

片人制度已经是大势所趋,节目(栏目)获得了编辑、人事、财务等方面的自主权。制度层面上的改革最终表现在新闻报道层面上,《东方时空》《焦点访谈》《新闻调查》带动了一大批中央、省、市电视栏目和内容的创新。

童兵认为,到 1985 年前后,中国新闻传媒的指导思想已经有了初步的、有效的调整和转变,一些符合时代要求的新闻新观念得以确立,其中包括,破除单一的党性观念,在坚持党性观念不动摇的前提下,应该同时具备人民性、群众性、民族性等多种观念;破除单一的党报观念,在重视和加强党报建设的同时,积极推动构建和发展以党报为核心,通讯社、报刊、广播、电视互相配合,多类型、多样式、多层次的社会主义新闻传媒网;破除单一的指导观念,确立指导就是服务的观念,在坚持新闻宣传的指导性、媒体引导社会舆论功能不动摇的同时,将服务型、思想性和知识性、趣味性结合起来。建立双向交流、上下沟通、平等对话、开放灵活的传播新秩序和新模式。①

(三)强调舆论引导

1989 年到 1996 年,江泽民就新闻工作发表一系列重要意见,一定程度总结了 20 世纪 80 年代以来新闻改革探索和实践,并就新时期下新闻工作提出基本政策。1989 年,他重申"喉舌"论,指出新闻改革的目的是使新闻更好地成为党、政府和人民的喉舌,更好地为社会主义现代化建设发挥积极作用。1994 年,他提出,宣传文化事业的改革要同发展社会主义市场经济、同整个社会主义现代化建设相适应,符合社会主义精神文明建设的要求,符合宣传文化事业自身的发展规律。1996 年,在视察人民日报社的讲话中提出,新闻工作是政治性、政策性极强的工作,舆论工作就是思想政治工作,要把新闻工作的领导权牢牢掌握在党的手里。新闻舆论工作要把坚定正确的政治方向放在一切工作的首位。在此要求下,中宣部逐步

---

① 童兵:《正确的抉择重大的胜利——纪念中国新闻改革 30 年》,《新闻记者》2008 年第 6 期

建立起新闻舆论工作的宏观管理体系和一系列工作制度。

在决策层强调舆论引导功能的同时,商业力量在媒介领域越来越多地发挥作用。1997年,传媒学者黄升民和丁俊杰提出,我国大众传播媒介的变化"是意识形态的媒介向产业经营的媒介的转化,而变革的途径既不是体制重构,也不是体制内改造"。他们提出"媒介产业化"的概念,认为这才是媒介领域改革的本质,"信息属性的发展、利益属性的扩张和对媒介控制的逐渐宽松,三者交织在一起,为这些现象抹上了浓厚的产业化色彩"[1]。在那时,媒介产业化的主张受到了来自意识形态主管部门的批评,认为这种彻底拥抱市场的理论背离了新闻媒体的基本性质和我党的基本传播政策。

学界和政界关于"媒介产业化"的争论反映了对于媒介社会功能的不同认识。揭示出新语境下影响媒介政策众多的,和更为复杂的元政策因素。如喻国明所指出的,中国媒介业的发展,并不仅仅依靠自身的理论逻辑和市场的逻辑发展,更大程度上它是与中国的制度现实、技术现实和产业现实紧密结合在一起的。[2]

(四) 正确的舆论导向

2002年起,胡锦涛就新世纪宣传工作发表了一系列讲话。他提出要大力推进新闻出版广播影视业的改革,在新的实践中努力开创宣传思想工作的新局面。在2002年的全国宣传部长会议上,他强调,"新闻媒体是党和人民的喉舌,一定要坚持新闻工作的党性原则,坚持团结稳定鼓劲、正面宣传为主的方针,牢牢把握正确的舆论导向,努力营造昂扬向上、团结奋进,开拓创新的良好氛围",基本上是对改革开放以来党的传播政策的继承。

2009年,广播电视领域开始推进"制播分离"改革,主管机构认为,

---

[1] 参见黄升民、丁俊杰《国际化背景下的媒介产业化透视》,企业管理出版社1999年版,第3—6页。

[2] 喻国明:《2007年:中国传媒产业的三种转型》,《传媒观察》2007年第9期。

此工作"对于充分调动社会力量,发展壮大节目内容生产能力,提高规模化、集约化生产水平,具有重要意义"。改革的重点范围,是中央和省级副省级电台电视台的影视剧、影视动画、体育、科技、娱乐等节目栏目。按照现代企业制度要求组建影视剧等节目制作公司,也可以采取委托制作、联合制作、社会招标采购等方式,调动社会力量加强节目制作生产。积极推进电台电视台经营性的节目制作单位和部门转企改制。电台电视台所属节目制作公司可吸纳社会资本,但电台电视台必须确保控股权、重大事项决策权、资产配置控制权、主要干部任免权。①

同年,《中共中央办公厅国务院办公厅关于深化中央各部门各单位出版社体制改革的意见》出台,要求在报刊出版单位推动转企改制。2011年5月,《中共中央办公厅、国务院办公厅关于深化非时政类报刊出版单位体制改革的意见》(简称"19号文")明确提出,在2012年9月底前全面完成转企改制任务。截至2013年初,全国承担改革任务的580多家出版社、3000多家新华书店、38家党报党刊发行单位等已全部完成转企改制;全国3388种应转企改制的非时政类报刊已有3271种完成改革任务,占总数的96.5%。

审视我国新闻改革的历程,政策主导型的体制改革呈现明显的两面性。一方面,在政策的强力推动下,新闻改革得以排除逆境较为顺利地开展,为经济建设和改革开放的核心任务提供思想和舆论支持;另一方面,政治的宽容度(Tolerance)决定了新闻改革的基本路径和拓展空间,新闻改革往往滞后于市场经济的突飞猛进。政治制度对传媒政策的制约性,一直是我国新闻体制改革所面临的最基本的制约因素。

具体而言,我国新闻体制改革实际上有三个底线不容动摇,一是市场力量不得涉足时政报道和宣传领域;二是电视频道频率不得进行公司化、企业化经营,更不得将其整体打包上市;三是外资不得通过控股和参股的方式涉足任何国内的媒体机构。所以,我国的新闻改革,不是彻底的企业

---

① 见广发2009(66)号文件:《广电总局印发〈关于认真做好广播电视制播分离改革的意见〉的通知》,2009年。

化或者商业化过程，而是自上而下、区别对待、内外有别的改革过程。

（五）党管媒体

进入21世纪，互联网技术引发传播媒介更为深刻的结构转型。2004年，党的十六届四中全会通过的《中共中央关于加强党的执政能力建设的决定》提出，"坚持党管媒体的原则，增强引导舆论的本领，掌握舆论工作的主动权"。2015年12月25日，习近平在视察解放军报社时再次强调："要坚持党管媒体原则，严格落实政治家办报要求，确保新闻宣传工作的领导权始终掌握在对党忠诚可靠的人手中。"2016年2月新闻舆论工作座谈会上，习近平提出了媒体融合时代党的新闻舆论工作的基本原则，即坚持党性，坚持党对新闻舆论工作的领导，党和政府主办的媒体是党和政府的宣传阵地，必须姓党。他同时提出，要推动融合发展，主动借助新媒体传播优势。

"一手抓融合，一手抓管理"，是党的十八大之后针对媒介发展变局提出的主导政策。早在2014年8月，"全面深化改革领导小组"专门讨论文化体制改革，提出打造"新型主流媒体"，形成"现代传播体系"。2019年1月25日，中共中央政治局就全媒体时代和媒体融合发展举行第十二次集体学习，习近平在讲话中提出，要统筹处理好传统媒体和新兴媒体、中央媒体和地方媒体、主流媒体和商业平台、大众化媒体和专业性媒体的关系，形成资源集约、结构合理、差异发展、协同高效的全媒体传播体系。要依法加强新兴媒体管理，使我们的网络空间更加清朗。他特别提出，通过推动媒体融合发展，使主流媒体具有强大传播力、引导力、影响力、公信力。

新时期"党管媒体"的实践，是在势易时移的媒介生态中，管理层与传统媒体合力进行的重新确立导向地位的努力。融合与管理两手抓将是未来"疏"与"堵"相结合的媒介政策"新常态"。一些隐藏于元政策层次的环境因素在改革的过程中发挥着深层次的推动或制约作用。从改革开放初期的"思想中心"，到市场经济深化期重申"喉舌论"，再到融合时代强调"党管媒体",都是"党性"原则在不同历史阶段和传播生态下的体现。党性作为执政党对于传播媒介的核心要求,在整个改革开放过程中一直保持着稳定性,并持续发挥着作用。

第六章 媒介融合背景下的传媒规范与适用研究

现代社会的发展，如何更好地维持和实现一种符合现代价值观和理想状态的社会秩序，"治理"成为一个被越来越多的国家接受的观念思维，相伴随的是治理实践的发展。不同于传统的国家政府对于社会秩序的维护和追求主要采取依靠公权力、法律强制的方式，治理是依托各种主体，除了政府之外，还包括执政党的各级组织、产业领域的行业组织、特定群体权益维护组织、各类专业技术组织、维护公共利益的组织、进入互联网时代的特殊企业形态的平台组织乃至网络用户等，共同协作配合。在这种情况下，除了以国家强制力保证实施的法律规范发挥作用，同样对于多元主体中的每一种主体在不同情势下要遵守的不同属性的规范，也是治理中非常重要的规范渊源。但是在法治国家，各类规范之间不应是相互割裂的，而应该是具有内在协调性，特别是以包括宪法规范在内的法律规范作为人的权利保护底线的有机统一体。在这种时代背景下，我们需要对于传媒法这一领域法中决定传媒法的独特作用的、决定传媒法本质属性的问题进行相关探究，这样，才能促使推动纷繁复杂的各类传媒规范之间确立内在价值目标协调一致的关系，整个传媒秩序不因行为规范的内在冲突而混乱。在网络时代，随着媒介融合的不断深化，能够如传统专业大众传播机构一样进行内容和信息传播的主体，已拓宽到各类机构和网民个人。因此，网络平台的规则成为网络空间内容秩序、市场秩序管理规范中极为重要的部分。进入21世纪，伴随着新技术的发展，互联网络不仅作为一种单纯的信息传播形态与传统的电信、广播电视网络融合、业务交叉进入，相互依存，由此产生很多新业态，与此同时，互联网自身也发展成为一种网络空间的基础设施。在这一空间里，逐渐演变出与物理空间同样的秩序形态。政治秩序、经济秩序、社会秩序，也产生与物理空间同样的需要应对和解决的问题——安全问题，这包括国家安全、公共安全、经济安全、文化安全、数据安全等。互联网早期主要具有信息传播功能，所以仅仅是通信部门进行管理的领域。如今互联网已成为一种基础设施，演变建构出新的空间领域，由此与互联网相关的立法不再仅仅是针对网络作为一种信息传播介质出现的新的发展的立法，在网络空间产生了各种各样的新型社会关系要通过立法调整，出现的各种新的问题需要新的立法解决。这些新的立法，被一些业界人士笼统地称为互联网法。在这一空间里，提供精神产品和服务的领域，也就是文化活动的领域，是最重要的一部分。这一领域包括传统的提供新闻、主要履行"告知"和"教育"功能的新闻传媒和提供社交服务的社交媒体。相应地，规范这一领域行为的法律规范被称为"传媒法"。这一领域还包括为人们提供娱乐休闲艺术享受的，履行"娱乐"功能的文化娱乐领域。随着我国追求民族伟大复兴的愿望的日渐强烈并通过现实的社会实践迈向这一目标，通过法律制度弘扬继承优秀传统就促进文化创新来形成文化自信、民族自信从而为奠定民族复兴提供精神基础，文化法成为一个重要的理论和实践概念。文娱产业日渐成为一个国家的支柱性产业，由互联网带动的文娱产业的发展，一个指称这一领域，由英文翻译过来的词汇"娱乐产业"以及"娱乐法"开始逐渐被行业所使用的，被学界、社会所接受。

如前所述，以提供文化内容和文化活动为主要事务的传媒领域和文娱领域，在媒介融合时代界限日渐模糊。由此，我们在媒介融合时代，有"传媒法""网络法""文化法""娱乐法"等若干有着一定关联性的概念的存在，对于这些概念的意涵进行梳理，观察这些概念的意义所对应的现实规范、这些现实规范所调整的社会关系领域，对于我们加快法治建设、促进社会进步、推进学术研究、进行人才培养都非常重要。

第一节 传媒法的本质属性与传媒法规范

一 传媒法的本质属性

本书此前对于传媒法的概念、调整对象进行一定的分析和阐释。传媒法是指调整政府与传媒的关系、传媒与社会公众之间的关系，目的在于在尊重媒体独立性的前提下，平衡协调媒体和传播者的表达权与公共利益的法律制度。

传媒法调整的社会关系中，一类是传媒组织与政府的关系。在这类关系中，发生于国家对于媒体的设立行为、运营行为、内容传播行为进行规范的过程中。这些过程具体来说有：国家通过审批、许可制度及其他制度确立媒体设立的过程；通过相关的立法来确定媒体的产权性质、规范市场行为的过程；对于违反相关规范的媒体予以相应的惩治的过程；通过相应的规范或政策约束媒体对于内容的传播规范的过程。媒体与政府的关系，一般表现为媒体与国家权力机关，特别是行政机关或独立规制机构之间的关系。在我国，媒体与政府的关系不仅体现在媒体与国家机关的关系方面，还体现在媒体与作为执政党的中国共产党的关系方面。在不同的国度，媒体与国家的关系的外延不同，这就决定着国家对媒体在收集、传递、反馈与公共利益相关的信息时所秉持的价值取向不同，即国家对待媒体的态度、政策、法律不同。而不同的价值取向，则影响着媒体的地位和功能以及公民权利的状态。在一个法治与民主制度成熟的社会，传媒法的立法目的是使媒体在自由传递信息方面做得更好，对于媒体自由的限制保持在最低的必要限度之内。

传媒法调整的另一类社会关系，是传媒组织与社会公众的关系。从整体意义上讲，传媒组织与社会公众的关系表现为传媒通过内容传播对于社会公众及个人产生的影响。从具体的社会关系角度来看，也就是传媒组织与具体社会成员的关系则表现为：公众对于媒体的近用权利（right to access），媒体传播的内容对公民人格权益、财产权益等造成损害的问题。在这一领域，媒体的新闻自由和公民近用媒体的权益、公民的知情和表达权益、公民的人身权益和财产权益，既有统一之处，也有内在的紧张与冲突。这种关系的调整，实际上是不同的合法权益、不同的公共利益之间的一种竞争性关系，它已非调整一般私人关系的私法所能全部解决。由于普通社会成员对于媒体的近用权利，最终需要国家对于媒体设定一定的义务来保障；有关媒体传播的自由与公民人格权保护的冲突，需要根据其内容与公共讨论、政府事务的密切程度来有区分性地对待，对于这些问题的特别处理，必须上升到宪法层面。只有上升到宪法的层面，才能根据一定的价值秩序，通过利益平衡的方法，做出恰当的判断和处理。随着网络的发展，人们有了借助网络表达诉求的极大便利，因此针对媒体的监管原则和言论秩序的规范，一些国家从以往确保"媒介近用权"的公平价值取向转为如何更好地确保内容真实性、治理有害信息从而更好地保障人民的知情权和公众相关切身权利的"公共利益"价值取向。

传媒法调整的两大类关系，最终都可以归结到传媒领域的国家与公民的关系。媒体作为一种社会组织，由于其具有信息传播功能，具有公共论坛的作用，由此被视为拥有"第四权"。但是，从其本质上来说，媒体不是公权力组织，即使在我国，新闻媒体被定位为"党和政府的喉舌"，某种程度上媒体报道有公权力和政治权力的支撑，但从法律上来讲，媒体只是事业单位或企业。因此，媒体与国家的关系，最终仍是政治学意义上的国家与个人的关系问题。在媒体组织与一般社会成员的关系中，如何消除其紧张关系，解决其间的法律冲突和纠纷，实际上仍是背后的国家与个人关系的价值取向在直接或间接地发挥作用。关于媒体价值和功能的不同主张，实际上就是以不同的社会政治理论，来阐释媒体在国家与个人关系中所发挥的作用。因此，传媒法语境下，媒体与政府的关系、媒体与社会的关系，最终都可归结为国家与公民的关系。在现代民主社会中，国家承担着保障公民表达自由（新闻自由）义务并拥有对违法犯罪行为予以制裁的权力，公民享有依法设立传媒机构的权利，通过大众传播媒介表达意见（包括批评政府的意见），获知国家和社会重大事务信息的权利。由此可见，作为调整传媒组织与国家的关系、传媒组织与社会的关系的传媒法，与作为公民基本权利的保护神①的宪法，存在紧密的关联。在这个意义上，我们说传媒法具有宪法属性。

二 传媒法宪法属性的历史分析

从历史发生学的角度来看，大众传播媒介的发展、相关传媒法律制度和规范的设立、修改、废止等，都与现代宪法所规定的限制政府权力与保障公民权利紧密相关。本书以英国新闻史为例，作进一步的论证。

在英国，资产阶级革命以前就已经出现了《每周新闻》《每周新闻续集》等新闻书或报刊。为了防止这些报刊传播自由、民主等资产阶级革命的思想，威胁英国政府的权威，1528年，英国亨利八世下令，限制印刷业的发展，1538年正式建立皇家特许制度，规定所有出版物均须经过特许，否则禁止出版。1557年，玛丽女王下令成立皇家特许出版公司，规定只有经过女王特许的印刷商才能成为公司的会员，进而从事印刷出版。1570年，伊丽莎白女王将上议院司法委员会独立为皇家出版法庭，即"星法院"，颁布法令，严格控制出版活动。许可证制度和星法院成为英国新闻自由和出版自由的最大桎梏。此种情况一直持续到1640年的英国资产阶级革命爆发。1644年，弥尔顿出版了《论出版自由》，全面批判了出版检查制度的弊端，主张人民的言论和出版自由是人生而具有的自然权利。洛克则出版了《政府论》《人类理智论》等。他指出：人的自然权利包括生命、自由、财产和惩罚权，而自由是其他权利的基础，任何人都有自由地使用词汇表达自己思想的权利。在英国资产阶级革命中，上述出版自由的民主思想深入人心，于是，在"光荣革命"中，"星法院"最终被废黜，紧接着，到1695年，桎梏出版自由的出版特许证制度也最终寿终正寝。

---

① 张千帆：《宪法学导论——原理与应用》，法律出版社2004年版，第75页。

但革命胜利后的资产阶级政府也同样面临着如何调处国家利益、政府权力与公民自由权利的关系这一宪法性问题。1712年，英国政府制定和实施了下列控制新闻的新制度：一是知识税。1712年5月16日，针对大众传媒的报刊，英国议会通过了《印花税法》。依据该法案，对报刊按照版面的大小征收印花税，同时征收广告税和纸张税。在历史上，印花税、广告税和纸张税被统称为"知识税"。此后的150多年，《印花税法》成为束缚英国大众传播媒体发展、限制公民自由权利的最大障碍之一，许多报刊因此而倒闭。二是津贴制度。所谓津贴制度就是由政府或政党出资，补贴某些报刊或报人，由此，这些报刊或报人必须撰写与发表支持政府观点的文章。由此，破坏了新闻事业的客观性，妨碍了社会公正的原则，危害了公共利益。三是制定了《煽动性诽谤法》。该法规定凡是指责、攻击政府、国王、内阁大臣的人都犯有煽动诽谤罪。到英国的乔治三世统治时期，逐渐放松了对国会的新闻报道，1792年，议会通过了《福克斯诽谤法案》，废除了《煽动性诽谤法》。1853年，英国开始知识税改革，到1861年最终被废止。由此，在英国限制政府权力、尊重媒体独立地位、保障公民自由表达的传媒法律制度，逐渐建立起来。

英国学者詹姆斯·卡伦曾对英国传媒的独立历史给予这样的简要总括："英国报业在经过反抗政府管制的英勇斗争之后获得了部分的独立。一般认为，第一次重大突破出现在1649—1660年间新旧王位的交替期，'星室法院'遭到废黜。紧随其后的是1695年废除了报业许可证制度，以及1712年引入的一套重要的以报业税为基础的、具有较低压制性的新的管制体系。进一步的放松管制则出现在乔治三世统治时期，特别是18世纪70年代放松了有关国会报道的限制，以及1792年颁布了《福克斯诽谤法案》，规定只有陪审团才有权裁决煽动性诽谤罪的指控。按照现在被普遍接受的观点，进步力量只有在维多利亚时代才最终取得了胜利，即1843年进行了关于诽谤法案的改革，以及1853—1861年间废除了'知识税'。尽管受到了政府的努力控制，但还是出现了一个独立于法律和财政控制之外的报业。"由此可见，英国传媒法的发展进程，实际上和宪法所规定的国家权力与公民权利之间关系的状态紧密相连,也是英国政府权力不断缩小与公民自由表达权利逐渐扩大的过程。

其他发达国家传媒法的发展也大体是同样的轨迹。1776年瑞典的《新闻出版自由法》,1789年的《法国人权宣言》,1791年美国《宪法第一修正案》,1881年法国的《新闻出版自由法》,到现代有关国际人权公约,各国的新闻自由立法、信息自由和信息公开立法,以及相应的司法实践,都是大众传播带来的知识和思想的传播进而催生的表达自由的宪法理念并使之法律化的具体表现。实际上,从大众传媒产生的那天起,就存在着国家政权对传媒的控制以及传媒追求自由表达权利的张力。也就是说,在这一领域始终存在着国家利益与公民利益、国家权力与公民权利之争。而各国有关传媒的专门法律规定,都是在一定价值取向指引下政府权力与公民权利的界限,呈现为一种此消彼长的关系,是一种博弈的过程。已经形成较为完备的发达国家的传媒法,除了专门保护新闻自由、禁止事先审查的法律外,其宪法中关于保护表达自由、新闻自由的条款,都是传媒法律规范的核心和基础。即使在关于电子传媒领域,需要对电子传媒进行必须管制的时候,这种管制仍然必须是在不违反宪法中关于表达自由、新闻自由的前提下进行。

三 传媒法宪法属性的现实分析

认识传媒法的宪法属性,在中国更具有重要的现实意义。实践当中有一种模糊的认识,认为我国没有"传媒法"、没有"新闻法",其根据是找不到有以"传媒法""新闻法"命名的法律文件。还有观点认为,"传媒法"不过是传统法律部门在调整社会关系时,如果被调整的社会关系的主体,是传媒组织和媒体从业人员,或是导致一种关系发生的事实会牵涉媒体或媒体从业人员,那么调整这些社会关系的这些法律规范,给其一个统一名称,就叫"传媒法"。于是,传媒法成了整个法律体系中的一些具体规定的简单组合。如果真如此,传媒法就没有作为一个专门领域单独研究的价值了。但是,如果我们审视一下新闻传播、大众传媒及相关法律制度发展的历史，审视发达国家近代以来的民主政治、人权保障、经济发展的历史，我们就会发现，大众传媒和相关传媒法律规范在推进政治民主、社会发展中的巨大作用。从宪制角度看，保障大众传媒的独立性、保障人们通过大众传媒获得充分、准确、多样的信息并进行意见表达非常重要。因此，传媒法不是在一个国家整个法律体系中的一些规范的简单组合。传媒法规范有其特殊的价值所在，就是保障传媒组织作为现代社会信息意见交流的专司机构，在公民和社会组织提供意见表达、享有知情权方面发挥无法替代的作用。而社会成员意见的充分表达、知情权的充分享有，则是现代宪法、现代人权保障的最高目标之一，这是人民参与国家政治生活，更好地享有民主权利的必备条件，是对于国家权力进行有效监督和控制的基本方法，也是一个国家开启人民心智和提高人民素质的重要途径。因此，无论传统媒体时代还是现在互联网环境下的媒介融合时代，都有专门针对传播领域的专门立法。进而言之，在文化传媒产业成为我国新的经济增长点的当代，如何在追求效率的时候，不妨害传媒在权利保障、权力控制、促进民主方面的综合作用的发挥，是一个亟待解决的时代性问题。如果对传媒法在保障和实现公民的知情和表达权益的宪法性功能缺乏认识、对于传媒法的特殊价值未予以充分的肯定，对于传媒法的研究投入不充分，这就会对我国传媒业的健康发展、公民权利的保障、政治民主化建设造成消极影响，事实证明已经如此。

从上面所分析的传媒法的本质属性来看，我国当前尚无应然意义上的传媒法，这是一个摆在我们面前的严重问题。我们认为，鉴于传媒法是一个具有宪法属性的法律领域，对于传媒法的研究也应有其专门的框架、方法，而非其他相关学科的研究临时或偶尔"客串"一下。理解了传媒法的宪法性质，便可以更加清晰地界定传媒法的价值取向和核心内容，也可以对于一些在我国颇有争议的涉及宪法意义的问题，廓清认识的迷雾，促进传媒制度的现代化转型。在我国，关于"舆论监督"的问题，具有相当普遍性的观点，尤其是新闻传媒界的人士都认为，这是《宪法》第四十一条赋予新闻媒体的"舆论监督"的权利。但是，舆论监督，用传播学的术语来说，实际上是一种传播的效果，它本身也不是法律化的概念。根据中国共产党的相关文件，舆论监督既不是媒体的道义权利，更不是一项法律权利。《中国共产党党内监督条例》第三十九条规定，新闻媒体加强舆论监督。可见要进行舆论监督是受党的领导的新闻媒体的一项纪律义务，是党领导下的新闻媒体按照党的要求进行的公开报道。舆论监督既不是宪法意义的权力和权利，也不是表达国家权力和公民权利关系的法律范畴。离开宪政的制度框架，舆论监督难以真正发挥其在进行民主制度建设、公民权利保障方面的作用。再有，在现实社会生活中，一有记者被打、被抓事件，就有人呼吁要制定新闻法；一有记者出现违纪违法行为，也有人呼吁要制定新闻法。但实际上这些问题，更应该通过新闻职业道德的自律、新闻从业水平和技巧的提高去避免，通过民事和刑事法律来解决。否则，将传媒法理解为对新闻从业人员的民事权利保护法、行为惩戒法，是忽略了传媒法的真正价值所在。把握传媒法的宪法性质，对于是否要制定新闻法的不同意见，我们就能够做出一定的判断。如果我们不从宪法层面来认识新闻法或传媒法，那么，新闻法实属没有专门制定的必要。否则，这样的法律规范出台，只可能使还没有成长为自由而独立负责任存在的新闻媒体，更加失去健康成长的环境。而新闻媒体所应该具有的那些功能和作用也不可能真正发挥，并且，还可能会因为其独立性的缺乏，对于政府相关部门公权力的随意和过度行使起到推波助澜的消极作用。

  传媒法从本质上来说，它是控制政府权力、保障公民权利的宪法性法律规范在关涉传媒时的具体表现。虽然传媒法调整的社会关系也会涉及平等主体之间的民商事关系，但是，这往往不是单纯的私法领域的关系。因此，对于宪法中关于表达自由、言论自由、新闻自由和出版自由，这些有着内在逻辑关系，又与传媒有着紧密联系的基本人权的保障，正是传媒法的基本内容。传媒法主要解决的不是平等主体间的相互利益冲突，而是行使公权力的部门及其他具有权威性的社会组织对于媒体的控制和操纵问题。因此，我们不仅需要认真对待我国现行宪法第三十五条，同时，还要根据宪法保障人权、控制权力的本质特性，对于所有涉及媒体信息传播的法律规范进行谨慎的观察辨析。

认识到传媒法的宪法属性，我们就会对作为"活的宪法""行动中的宪法"的管理传媒的行政法规的功能和作用作进一步的审视。在传媒管理的实践领域，行政机关在行使职权的过程中，政策替代法律、纪律高于法律的情形实际上是一种常态。其具体表现是针对传媒组织或传媒从业的非程序性、不合目的性、违反均衡性的各种抽象行为和具体行为。这所引发的对公民、传媒组织的宪法权利的限制和剥夺的情形时有发生。主管传媒的政府部门可以因为一个节目有问题，而禁止所有相关节目的传播，比如广电部门曾规定在电视台黄金时段一律禁止播放涉案剧。缺乏制约和控制的公权力的任意而为，使传媒的信息传播失去了其应有的价值，甚至走向反面。一个本来发挥社会减压阀功能的社会公器，成为积聚破坏能量的领域。

由此，我们可以得出如下结论：

第一，应然意义上的传媒法功能，是界定和限制与传媒相关的政府权力，在尊重传媒独立性的前提下，保障公民的自由权利，即公共利益。传媒法的宪法属性，体现了这样一种政治哲学的原则：国家和政府应信任公民的能力，应真正将公民作为政府权力的来源所在。公民为了对公共事务更好地做出判断，公民就应该享有获得信息、自由表达的权利，这也是宪法所规定的国家和公民关系的最基本的内容。从这个意义上看，传媒法正是传媒领域国家和公民关系的法律化写照，因此，其宪法性质和存在的价值不言自明。如果将传媒法仅仅视作一种行政法领域设定公民义务的法律，那么，我们将难以保障传媒改革的顺利进行。

第二，在传媒领域中政府权力和公民权利的张力与冲突问题，是一个普遍的问题。就我国目前而言，一方面需要防止公权力的扩大和滥用对公民自由权利的侵蚀，另一方面，也要注意培育和提升公民的理性与能力。正如有学者所说，如果公民可以被信任有鉴别"香花""毒草"的能力，那么政府对言论的控制就没有太大的余地；但如果对"消费者"的鉴别能力有疑问，并且错误的鉴定被认为将产生严重的社会后果，那么就和"市场失灵"的情形一样，政府就有理由为了公共利益进行控制或干预。公民是否被信任——这当然和公民的素质有关，但答案也取决于政府的观念和态度；公民的能力未必如想象的那么低，对鉴别能力的要求和控制的必要性也未必如想象的那么高。更何况鉴别能力是培养出来的——如果公民一直没有鉴别的机会，那么他们就不能发展鉴别能力；政府因公民能力不够而控制言论，但它忽视了正是这种控制削弱了公民的能力。[①] 总之，"仅仅一般地在法律文件上承认公民和法人有权利是远远不够的，因为所有这些被承认的权利在某种程度上或某些时刻可能发生冲突。对法律活动来说，也许重要的不是承认权利，而是在于如何恰当地配置权利"。在传媒领域，合理地配置政府控制传媒的权力，并保持其平衡，才能使我国的传媒业和传媒法治走上健康的发展轨道，才能有效推进国家治理现代化进程。

认识到传媒法的本质属性，有助于我们更好地认识推进传媒法治的建设路径。与此同时，我们还要认识到，自20世纪90年代互联网开始兴起的同时，关于治理的理念、理论以及运用到一个国家和社会管理实践也越来越多地被接受和应用。因此，媒介融合引发的传媒形态的改变，使得规范传媒秩序的各类规范，也就是在法律规范之外的其他各种类型的规范，在调整维护规范传播秩序方面的作用都逐渐凸显，与法律规范一起相互协调配合发挥着实质性的作用。本章下一节要对不同类型的传媒规范及其相互之间的关系问题进行阐释。

第二节 媒介融合时代的传媒规范

从历史发生学的视角来看，确立了保护表达自由制度的国度，在不同时代，针对不同的大众传播方式和媒体，分别制定不同的法律规范，并依据不同的原则，来调整政府与传媒、传媒与公众的关系。在新的时代，为应对媒体融合的新特点，传媒法也有统一立法之趋势。

---

① 张千帆：《宪法学导论：原理与应用》，法律出版社2004年版，第499—500页。

传媒法领域的核心问题是传媒内容的规范问题，这也是最容易对意见的表达、内容传播产生影响的问题。对一种内容的性质的事实判断、价值判断更容易受到政治体制、文化价值观、经济利益或现实立场等因素的影响。网络时代不再是专门的传媒组织才能进行大众传播活动，任何人借助社交媒体平台或其他的新技术建构的新的传播渠道，都可进行大众传播。所以，在新的时代，对传媒内容发生影响的规范，不仅包括典型意义上的硬法，还包括与硬法具有同样的约束力，甚至能够产生更大影响的、被归结为软法的规范。特别是那些负责内容信息聚合分发的平台、为各类用户提供信息传递服务的平台所制定的规则已成为传媒规范中的软法类型。

因此，在媒介融合时代，必须用一种融合的思维和眼光来看待传媒规范，既要研究典型硬法意义的规范，也不能忽视其他类型的规范，这些其他类型的规范，属于理论上所称的"软法"。

一 软法理论与传媒规范

我国知识界早在 1947 年就曾使用过"软法"一词。根据相关研究，当时对"软法"的理解是，相对于"硬法"严格的规范性，软法是更加灵活的监管手段。[①] 软法是一个和硬法相对应的概念，是在功能设计和形式选择上都不具有国家强制约束力的规范。[②] "软法是指不依靠国家强制力保证实施的法律规范，它是一种由多元主体经或非经正式的国家立法程序制定或形成，并由各制定主体自身所隐涵的约束力予以保障实施的行为规范。"[③]

建构软法理论，认识软法的存在及其作用的发挥，被认为具有如下意义：软法之治和硬法之治是不同的工具，它们既明确了责任主体，也充分利用了服务商和公众的参与。有观点认为，"硬法"的过程控制以依法行

[①] 王瑞雪：《我国软法理论的溯源、建构与发展》，《学习与实践》2017 年第 9 期。
[②] 何志鹏：《作为软法的〈世界人权宣言〉的规范理性》，《现代法学》2018 年第 5 期。
[③] 石佑启、陈可翔：《论互联网公共领域的软法治理》，《行政法学研究》2018 年第 4 期。

政为核心，司法控制则是终端，其成效不彰影响治理效果。① 有学者认为，在我国法律体系建设过程中，推行国家中心主义，是依靠国家权力"强行规划社会、改造社会"，这带来了规范体系的"封闭"和"僵化"。②

所以，针对涉及复杂的意见、言论、海量信息一时真伪难辨的传媒领域，能够运用多种类型的规范来维护相应的传播秩序非常关键。魏永征在《新闻传播法教程》中指出，"法律是新闻传播活动的重要规范，但是并不是唯一的规范。对于任何一种社会行为，法律都不是唯一的、万能的规范，新闻传播活动尤其如此"。③

就何谓"软法"，学术界有多种不同的范围界定主张。2006年，有学者曾对国内外学者关于软法的类别主张，概括出12类，具体是：国际法；国际法中那些将要形成但尚未形成的不确定的规则和原则；法律的半成品，即正在起草但尚未公布的法律、法规；法律意识与法律文化；道德规范；民间机构制定的规范，如高等学校、国有企业制定的规范、规则；我国"两办"（中共中央办公厅和国务院办公厅）的联合文件；程序法；法律责任缺失的法条或法律，即只规定了应该怎么做，但没有规定如果不这样做怎么追究相应法律责任的法条法律，仅有实体性权利宣言而无相应程序保障的法条或法律，如没有相应程序性保障的宪法序言；法律责任难以追究的法律；执政党的政策等柔性规范。④ 这是严格按照"硬法"规定人们的权利和义务，具有由国家强制力保证的约束力的标准，对"软法"的种类的列举。

还有学者从比较窄的意义上界定软法，认为软法是一定人类共同体制定或认可的规范共同体组织和共同体成员行为的规则。软法是由特定的共同体制定并在特定的共同体范围内实施的，如果超越这个范围，软法就不具有效力。根据这一界定，软法被划分为六个方面：行业协会、高等学校

---

① 秦前红、李少文：《网络公共空间治理的法治原理》，《现代法学》2014年第6期。
② 支振锋：《规范体系：法治中国的概念创新——"法治中国下的规范体系及结构"学术研讨会综述》，《环球法律评论》2016年第1期。
③ 魏永征：《新闻传播法教程》（第五版），中国人民大学出版社2016年版，第10页。
④ 姜明安：《软法的兴起与软法之治》，《中国法学》2006年第2期。

等社会自治组织规范其本身的组织和活动及组织成员行为的章程、规则、原则；基层群众自治组织（如村委会、居民委员会）规范其本身的组织和活动及组织成员行为的章程、规则、原则，如村规民约等；人民政协、社会团体规范其本身的组织和活动及组织成员行为的章程、规则、原则以及人民政协在代行人民代表大会时制定的有外部效力的纲领、规则；国际组织规范其本身的组织和活动及组织成员行为的章程、规则、原则，如联合国、WTO、绿色和平组织等，国家作为主体的国际组织规范国与国之间关系以及成员国行为的规则；法律、法规、规章中没有明确法律责任的条款（硬法中的软法）；执政党和参政党规范本党组织和活动及党员行为的章程、规则、原则（习惯上称之为"党规""党法"），这些章程、规则在其党内能够起到规范的作用，故亦应列入软法的范围。① 从这一界定和划分结果发表的时间（2006年）来看，可能那时研究者还未意识到互联网的发展给社会结构、人际关系、行为规范带来的影响。后来（2018年）有研究者对于互联网环境下的软法类型提出了自己的观点。认为互联网软法主要有以下几种类型：国家层面制定的决定、纲要、指南等具有指导性、号召性、激励性的政策文件，如全国人大常委会发布的《关于维护互联网安全的决定》、国务院发布的《促进大数据发展行动纲要》等；法律、行政法规、部门规章、地方性法规中不具有强制约束力的规定；自治章程。自治章程主要包含网络平台管理章程和互联网行业协会管理章程两种；行业协会、企业的公约、协议等。如中国互联网协会组织签署的《中国互联网行业自律公约》；行业自治标准，如由中国互联网协会发布的我国首个互联网服务标准——《互联网服务统计指标（第1部分：流量基本指标）》；行业协会、企业联合发布的倡议，如由阿里巴巴、百度、腾讯等6家企业共同发布的《关于"清朗网络环境，文明网络行为"的联合倡议》；行业协会、企业的管理决定，如《微信朋友圈使用规范》《微信群规则》等。②

---

① 姜明安：《软法的兴起与软法之治》，《中国法学》2006年第2期。
② 石佑启、陈可翔：《论互联网公共领域的软法治理》，《行政法学研究》2018年第4期。

这一见解，对于属于互联网环境下特有的一些规范做出了归纳和列举，如平台章程等。

本研究并不更多着力软法范围和类型的严谨思辨，而是希望通过软法思维和相关思考，对于传媒领域包括法律规范在内的传媒行为所有规范进行系统思考和认识。只有综合应用各类规范，建构治理方式，对于这一社会特殊领域的秩序调整才可能达到立法者、政策制定者所要追求的目标。具体说从"以人民为中心"的价值观出发，使传播秩序、公民权利保护和产业发展之间达到良好的平衡状态。传媒领域由于涉及无数人无数媒介每时每刻发表的意见、传递的信息，因此，仅仅依靠硬法来发挥规范作用，是难以达到实现良好秩序的目的的。软法，从实施效力的保障上，虽然不如硬法一般有国家强制力保障，但是它对于某种社会意识的形成和强化，从更深的心理层面影响人们的认知和行为把握，往往是有更为深入和持久的作用。比如在国际法层面，《世界人权宣言》被认为是典型的软法，它"背后没有强大的军事同盟和军事力量作为支撑"，但却为"整个国际法开启了一个新的时代"。所以有人把《世界人权宣言》通过的时刻称为"软法时刻"。①《世界人权宣言》是国际人权法的基础和首先呈现的文件，对于整个国际人权法的发展具有奠基性的作用。国际人权法之所以发展到今天，没有这一文件是难以想象的。

在互联网发展到移动互联时代，网络成为人们从事各种活动的空间，如生活、工作、生产、经营、交易、娱乐等。在网络空间，人们的各种活动都是通过意见表达和信息传递的方式来进行。规范各种言论、意见、信息传递的规则都几乎如硬法一样重要，发挥着不可或缺、不可替代的作用。这些规则虽然不是由国家强制力保证实施，但是，新媒体时代的平台的功能、信息技术的管控、大数据支撑的个人信用记录和行为记载，使得一些平台规则，具有相当强的影响力和约束性。与此同时，虽然并非每一个网民都是媒体从业人员，但是在媒介化生存的今天，人们应该具备一定

---

① 何志鹏：《作为软法的〈世界人权宣言〉的规范理性》，《现代法学》2018年第5期。

的媒介素养，应该意识到一种言论通过网络平台传播出去，就会产生大众传播的效果。由于大众传播不同于以往的人际传播或组织传播，因此即使普通网民也应该如一个专业媒体人，遵循长久以来形成的媒体道德和媒体伦理。互联网环境中，各类专业媒体及其新媒体形态，各个组织和个人的自媒体，都要接受媒体平台规则的约束，如《新浪微博社区公约》《微博服务使用协议》《微信公众平台运营规范》。这些规范既不属于硬法范畴，也不属于某种组织和机构针对自己的成员制定的行业规范，但这是互联网时代新的类型的组织机构平台对于所有在平台上从事相关活动、接受平台服务和管理的用户制定的规范。运用软法思维，将平台规范、行业自律规范和法律规范、我国执政党关于新闻传媒的相关纪律结合起来，尽量形成内在和谐一致的互联网时代泛媒体形态下的传媒规范体系，这样才能够适应时代的发展。

就媒体内容标准而言，在硬法领域，涉及内容标准的禁载条款，一般都在几条到十几条不等，字数各不相同，一般是几百字。那么，相对于复杂多样的传播于传统媒体、新媒体、自媒体上的内容来说，用户和把关者该如何把握言论的尺度，仅仅靠这几百字的内容标准是远远不够的，这也就是为什么我们虽然有诸多硬法范畴的"内容标准"，诸多属于传媒法范畴的行政法规、规章和规范性文件都有内容标准的规定，却仍然难以有效规制传播内容秩序的原因所在。

随着"治理"理念的形成、治理思维的运用、治理模式的实践，我们看到传媒规范体系的丰富性在增强，对发生于网络环境下的各种内容和信息的传播行为，产生了越来越多能够切实发挥引导和示范作用的软法规范。如，2014年5月22日中国网络视听节目服务协会负责解释的《中国网络视听节目服务自律公约》；中国网络视听节目服务协会在京召开常务理事会审议通过的《网络视听节目内容审核通则》（2017年6月30日中国网络视听节目服务协会常务理事会2017年第一次会议通过）；2019年1月9日中国网络视听协会出台的《网络短视频平台管理规范》《网络短视频内容审核标准细则》等。

综上，互联网时代的传媒规范体系是一个由多层次、多种类、多性质的各类规范组合在一起的系统。这一系统不仅规范专业媒体机构和从业人员，对于一般网络用户表达意见和传递信息的行为，同时对于用户在网络环境下从事其职业活动的行为也具有相应的影响和约束力。

二 传媒法规范与其他传媒规范的关系

虽然学界对于软法的内涵、范围的认识存在分歧，但一个基本的共识是，在当今时代，仅仅依靠硬法来管理社会是不够的。同时，一些新型规则在某种程度上具有了类似法律的普通约束力。如互联网平台这种新型社会组织、技术或内容服务商来说，它自身拥有海量的用户，平台规则的规范约束就具有了相当的普遍性。

传媒规范的多样性，也引发了不同类型之间适用的冲突问题。在我国曾发生主流新闻媒体被网络平台予以处罚的事件，这反映出的问题是主流媒体在进行报道的时候是否仅遵守自身的行业规范或宣传纪律就可以，出现问题仅由行业协会、党的宣传机构来处理就可以了吗？与此同时，这样的事件还反映出在传媒领域平台规范在适用的时候应该如何救济的问题。在将定的事件①中，当主流媒体的负责人首先考虑去向党的宣传部门寻求解决的路径时，证明了不同规范适用中的冲突。

根据法治原则以及我国宪法和立法法的规定，法律不能与宪法相抵触，法律以下位阶的法律渊源的规范也都不能与法律相抵触，即如《立法法》第六十八条所规定，"没有法律或者国务院的行政法规、决定、命令的依据，部门规章不得设定减损公民、法人和其他组织权利或者增加其义务的规范，不得增加本部门的权力或者减少本部门的法定职责"。传媒规范体系中不同类型规范适用的范围程序、相互关系问题，是我们今后在立法修订完善、在行业自治发展、在平台治理方面应该着重考虑的问题。

以互联网平台企业制定的规则为例，鉴于互联网平台企业在相关领域规则制定、规则实施以及纠纷解决等方面的角色与地位，互联网平台的运

---

① 事件具体信息参见下一节。

行规则、交往规则、纠纷解决规则等逐渐被软法研究者纳入视野,被视为不具有法律强制力却在实践中发挥实际效果的规则。但同时也可能出现这些规则与硬法规范相违背,产生过多的权力滥用、私人腐败以及公信力缺失等问题,在运行过程中侵犯弱势群体和消费者合法权益。为解决这些问题,规则制定、实施程序和司法救济上的矫正与监督机制就尤为重要。①

通过上面的分析,可以看出,传媒硬法规范固然重要,而大量的软法规范也非常重要。伴随着人类社会进程的发展和演变,基于传统的国家和社会二分形成的法律理论,法律规范与其他规范界限清晰的原理在逐渐被打破,对于国家和社会秩序的维护也由传统的政府管理变为多元主体参与的治理。突破传统公私领域截然划分、突破法治机械主义的思维、寻求更为有效的能够更好兼顾各方利益的秩序规范路径,已经成为一个世界性的问题。同样,对于最难以规范的传媒秩序,探索、寻找相应的规范路径更具有突出的意义。在软法的理论思维之下,研究传媒规范的整体性、整体与部分之间的协调性、各部分之间功能的相互配合是非常必要的。

在传媒规范体系的各个部分,并非是一种等量齐观、地位相同的状态。软法理论除了有助于对当代中国传媒规范体系进行描述外,其作用还有帮助我们认识、探究各类规范如何定位、相互之间的关系、发挥作用和功能的场域等问题。②

"软法与硬法应有适当的分工,该硬处即硬,该软处则软,硬法要给软法留下发挥作用的适当空间,防止国家法干预一切,防止机械法治主义。同时,软法也不能抵触硬法,不能违反硬法。如果允许软法在没有硬法授权的情况下,可以作出与硬法不一致和相冲突的规定,国家法制的统一就会被破坏,整个法治大厦就会被动摇。"③

无论是各规范体系内部,还是各规范体系之间,都遵循法律至上原

---

① 王瑞雪:《我国软法理论的溯源、建构与发展》,《学习与实践》2017年第9期。
② 支振锋:《规范体系:法治中国的概念创新——"法治中国下的规范体系及结构"学术研讨会综述》,《环球法律评论》2016年第1期。
③ 姜明安:《软法的兴起与软法之治》,《中国法学》2006年第2期。

则。当然，法律至上不等于法律霸权，这并不拒斥法律体系之外的规范体系在相应场域的功能发挥，但法治中国下的规范体系的核心是法律规范体系；政党规范体系及政策，尤其是执政党规范体系及政策是重点难点，也是创新点。党规与国法的关系、衔接问题关系关乎中国特色社会主义法治体系建设的成败。①

以法律规范为准，其他规范虽然在功能上有差异，但是从法治原则来说，应该与法律规则具有内在统一性。当然法律规范会有相应的滞后性，而执政党的宣传纪律，在以人民为中心的原则之下，在对于主流媒体的编辑管理人员进行更高更严格的要求，这些规则也能切实为人民服务的时候，这对每一个公民的权益的保护和实现具有更积极的意义。如今平台具有了自身详细的规则和强大的执行能力，平台规则也为法律的修订提供了技术性、价值性的基础。当然，要注意的是，在运用平台规则时，也需要法律去制约平台的粗暴，并调整超越法律的底线损害用户的利益的规则本身。

三 传媒规范的适用机制

传媒规范作为一个整体系统，包括"硬法"和"软法"两大部分。作为硬法，由于其具有国家强制力保证实施的属性，这些规范的实施机制就是依靠国家行政权力的行使的执法活动，司法机关行使司法权适用法律规定的审判活动。而对于诸多不同类型的软法规范而言，其适用则根据制定的主体、接受约束力的对象、适用的场合不同，各有多种多样的机制。在互联网环境下，行为主体的行为主要是意见表达、信息传递，因此，各种能够对此施加影响的方法和手段都可以成为被应用的机制。比如，监管部门的约谈制度、整改制度；网络环境下相关机构和平台推行的黑名单、白名单制度；技术过滤、屏蔽制度；删帖、封号制度；核查制度；标识制度；分类、分级制度；合同制度等。

---

① 支振锋：《规范体系：法治中国的概念创新——"法治中国下的规范体系及结构"学术研讨会综述》，《环球法律评论》2016年第1期。

正如前述，就整个传媒规范体系而言，虽然各个部分属性不同，但是在现代法治国家、民主社会，宪法是具有最高的效力的，任何法律都不得与宪法相抵触。同样，在整个传媒规范体系中，其他类型的规范也不得从根本上与法律相冲突。而各种规范的适用，无论采取何种机制，有一条根本的原则必须遵循，那就是不得对公民依法享有的宪法所规定的基本权利造成限制和损害。一言以蔽之，无论何种规范的适用，无论通过何种机制去适用规范，其本质都是对人们的表达权的行使是否恰当的判断，对于损害妨碍表达权行使的行为进行惩戒，对于不恰当行使表达权，造成危害国家安全、社会秩序、他人权益的行为进行惩戒，最终形成良好的传媒和网络秩序，从根本上保护人民的表达权。

本章在下一节专门探究的问题是：在新媒体环境中，传媒规范的适用问题。

第三节　媒介融合时代传媒规范适用路径研究

一　传媒规范的适用与表达权的规制

数字技术和网络技术在传播领域的应用，媒介融合的发展催生了各种新媒体。在网络传播法治的语境中，对传媒秩序的维护就是对包括新媒体在内的公共空间的表达行为的规范。实际上，这种秩序维护如今已发展成治理。不同于传统的单一法律规制或政府单一主体的公权力管控，治理强调多元主体共同参与、相互配合，利用正式的制度化手段和各种社会性、技术性措施，力图使内容传播和表达秩序达到政府和社会最大限度共识目标的社会治理过程。这个过程也就是各类传媒规范同时适用并发挥作用的过程。这种规范活动对人们在网络空间行使表达权产生了很大影响。

表达是公民将自己所知晓的信息和持有的意见传递给他人或公众的行为，人们所传递的信息和意见统称为言论。在传统媒体时代，人们发表言论、公开传播信息的主要渠道是大众传播媒介，即专业媒体机构提供的渠道。媒体上的表达（媒体内容）有相应的法律、媒体伦理规范和职业操作守则进行规范和约束。判断一项表达是否超越界限、表达权行使是否恰当，有一套较为完整成熟的机制。在传统媒体环境下，言论表达标准的形成和适用，与传统媒体的把关人制度关系密切。传统媒体的把关人制度构成了表达权行使的媒体内部事前判断机制，通过宣传部门纪律约束、主管部门执法、司法机关裁判形成了表达权行使的事后判断机制。两种机制的共同作用，保证了传统媒体环境下言论表达标准的被接受和遵守。

网络时代，公共空间的表达者不再仅是以往垄断话语权的传统专业媒体，还有数量巨大的自媒体和普通网民。人人都能借助新媒体成为信息的传播者。在网络环境下，既有专业媒体利用新媒体平台传播信息表达意见的问题，也有非专业组织、自媒体和普通网民进行信息传播表达意见的问题。被法律法规和相关政策赋予信息内容管理义务和责任的网络平台，对各类新主体传播的信息和意见也拥有了进行事前把关和事后处理的权力。由此带来的问题是：自媒体、普通网民的表达是否有具体的规范标准？由谁又如何判断其表达权行使是否恰当、是否超越了界限？如何一方面避免和减少滥用表达自由、不恰当行使表达权的情形，另一方面又尽量避免和减少对表达权的不当损害、对表达自由的过度限制？表达权规制成为网络治理中重要而复杂的问题，其中关键就是不同类型的规范在适用时，这些规范之间的关系如何处理。

2016年发生的"徐世平叫板马化腾"是一个颇具代表性的事件[①]。事件起因是上海东方网旗下的微信公众号"新闻早餐"发了一篇《为什么街上香喷喷的烤鸭只卖19元？》的帖子，该公众号被腾讯微信平台作出了封号7天的处理。东方网总编辑徐世平在向宣传部门寻求解决问题未果的情形下，向马化腾连发两封公开信，质疑、责问微信平台的做法。在第二封信中，有这样的一段话：

---

① 徐世平是国有新闻媒体东方网总裁，马化腾是拥有中国最大的社交媒体平台服务商的腾讯公司控股董事会主席、首席执行官。

你们的说明，一共四点。我有一个疑问，不知道你和你的团队能不能回复我。第一，是谁举报了"新闻早餐"（xwzc021），可不可以提供举报的数据或者痕迹。第二，你们交给了哪一个第三方机构（这是我特别想知道的）作出的认定？请给出他们的书面认定书……我想知道，这一次是什么机构参与审核了"新闻早餐"（xwzc021）的内容，并作出了封号七天的决定？还是你们根本就没有具象的人，用技术的手段，按钮的方式，就下刀子了呢？如果这样，中国的媒体生态就太危险了。我们的媒体地位，就被一堆粗鲁的算法决定着，而且是你腾讯的算法。如果真是这样，算你狠，我们决定不跟你们玩了。这一点，也请你回复。①

微信安全团队随后作出说明②。

应该说，徐世平的困惑和追问，表达的不仅是他作为主流新闻媒体负责人对旗下微信公众号被封的愤懑，更是当下中国新媒体治理中表达权行使与规制的共性问题，即网络新闻传播、意见表达等活动应该遵循何种表达标准，并由谁通过什么程序、机制、方式进行判断和规制，该事件说明，我国对新媒体表达的标准尚缺少共识，表达权行使规则和判断处理机制也并不成熟。

从这一事件我们可以概括出在传媒法治进程中，网络治理、表达权规制相关的若干问题：东方网和腾讯即国有主流媒体和民营互联网公司，究

---

① 川报观察：《争鸣｜东方网总编喊话马化腾：说，你是不是垄断!》，搜狐网，http://www.sohu.com/a/118157875_207224，2018年12月18日访问。

② 微信团队在其作出的《关于〈新闻早餐〉微信公众号违规文章处理说明》中表示："为什么街上香喷喷的烤鸭只卖19元？人民网等多家媒体已经辟谣，以小概率夸大成全民事件，存在误导性，对群众造成恐慌。针对'病鸭'处罚账号千个，文章2000多篇。"微信团队还进一步解释说，由于该公众号已不是第一次发布虚假新闻，引发了机器触动机制，予以封号。具体参见《因造谣被封号！徐世平"痛批"马化腾，究竟谁更有理?》，驱动中国，http://news.qudong.com/article/371889.shtml，访问时间：2018年12月18日；《徐世平再"撕"腾讯 第二封信称马化腾有无感悟任看造化》，环球网，http://finance.huanqiu.com/lingdu/201611/9635494.html，2018年12月18日访问。

竟谁有网络表达标准的设定和判断资格？开设在微信平台上的媒体公众号内容，是应由其所属的新闻媒体领导和主管部门来把关，还是应由为其提供服务的微信团队来把关？在社交网络环境下，媒体的党政主管部门、行业自律机构与网络平台服务提供者，在表达权行使的判断权限上如何划分？人工判断与智能算法的关系，即内容的获取、推送以及是否恰当的具体判断是以人为主，还是交给机器？表达权行使的判断主体是仅限于平台服务提供方，还是可以引入争议双方之外的独立第三方？

上述问题，换言之，就是：（1）表达的规范和标准源自哪里，由谁制定，是国家法律、宣传政策和纪律、行业自律规范、媒体职业守则、平台拟定的服务协议和自行制定的规则，还是也包括一般政治准则、社会伦理道德、风俗习惯等？（2）表达的主体需要什么样的资格和条件，才可以进行表达？（3）表达权是否恰当行使的判断主体也即适用规范的主体是谁？适用的依据是什么？是表达者自身，还是党政主管部门、司法机构、平台服务提供者，抑或争议双方之外的第三方社会组织？属于社会组织的规则适用者与属于公权力主体的监管者之间的权责关系如何划分确定？（4）表达权行使的具体判断措施是由判断方单方作出，还是由第三方协助配合？（5）在社交媒体环境下，平台在适用规范行使判断权的时候，对表达者有怎样的申诉、申辩及诉讼等保障机制？（6）在社交媒体和大数据时代，判断表达的内容是否符合标准、表达权的行使是否恰当是以人工判断为准，还是以算法、机器触动机制为准？

对上述问题的追问，有助于我们思考，如何在媒介融合时代推进传媒规范的一体化建构，切实保障人们表达权益，更好地实现治理目标，推动传媒法治健康发展。

二 传媒规范适用的具体路径——表达权行使的判断机制

网络治理、内容秩序规范应以保障人们的表达权不受损害为核心，践行这一理念，我们需要对表达自由的价值，表达权行使恰当与否的判断机制问题进行研究。这也是传媒规范一体化建设中的关键环节。表达利益应该在多大程度上被尊重和保护，反映在对表达自由价值的认知和对表达自由的划界上。因社会制度差异，世界各国对表达自由价值的认知是不同的。体现在表达自由的具体制度上，往往把表达内容划分为不同类型，根据一个国家的意识形态和政治制度，对不同类型的表达内容给予不同程度的保护和限制。这种不同最直接地体现在对政治性言论等关涉公共利益表达权利的保护和限制上。

由此，我们看到不同国家和地区对表达权的范围、保障及其界限的认知理念和具体制度是不同的。有的国家把表达自由作为核心价值，甚至是超越其他价值的价值；有的则强调表达自由与其他价值的平衡与协调；有的认为人格尊严是更根本意义上的价值，表达自由止于对人格尊严的损害，恰当的表达权行使以不损害他人人格尊严为标准；在有的国家表达自由尚未真正获得宪法肯定，在表达权行使是否恰当的判断上，秩序价值、安全价值、统治利益往往高于表达自由。由于秩序价值和安全价值具有模糊性、伸缩性，对统治利益的维护则是一种公权力主导、凌驾于社会成员利益之上的权威性力量，公民表达权受到的束缚更多。相应地，表达权的判断和规制更多体现为公权力的直接运用。

表达权行使背后更深层次的问题，是一个国家和社会如何看待表达本身的价值，又如何确定其法律和政策态度的问题。在不同的层面和领域，表达权的行使和判断会有不同的主体和做法。在传统媒体时代，各国从政策、法律和媒体业务层面都已建构起相应的判断机制；在社交媒体时代，表达权行使背后的深层次问题没有改变，但规范新媒体秩序的手段和措施变了，传统的言论表达规范不再被普遍遵循，表达权的判断主体趋于多元、判断机制更加复杂。

（一）表达权行使的判断机制

自古登堡发明印刷术、开启新兴传媒时代以来，经过几个世纪的发展演变，世界各国对通过专业媒介进行表达的尺度与边界形成了系统的判断机制，包括司法机制、行政机制、行业机制、媒体机制，甚至还有国际层面的判断机制①。其中前两者是典型的外部机制，媒体机制是内部机制，行业机制属于内部与外部相结合的机制。

内部机制主要体现为媒体内部的把关机制。行业机制则通过媒体间达成合意、签订契约，将判断的权力交由行业自律机构行使。在典型的外部机制层面，有意识形态部门、行业主管部门、独立监管机构依据具有强制力的法律规范、纪律规范，对表达内容进行事前或事后判断，终局性的则是司法机关通过司法裁判作出表达权是否恰当行使的判断结论，确定表达者是否要承担民事、行政或刑事责任，对表达进行限制和侵害的主体是否要承担相应的法律后果，如侵权责任、违约责任、限制表达的行政行为被宣布无效或重新作出、因违宪而被宣布无效②等。

在实际表达中，表达权行使的判断并不经常发生在最后的司法过程，而是发生在表达之前，或表达之后、诉讼之前。在传统媒体或专业网络媒体领域，媒体伦理规范及新闻专业主义观念外化形成的职业守则，成为专业媒体人的行为指南，指导其内容采集方法的选用、传播内容和传播方式的选择，借助媒体内部的把关机制对公众表达权行使是否恰当作出判断。在社交媒体环境下，虽然专业媒体受基本的职业伦理规则约束，行业规范和国家法律也在发挥作用，但表达主体的多元化和表达环境的复杂化，使专业媒体的把关机制难以适用于社交媒体，传统媒体时代的表达标准在社交媒体时代趋于失效，政府管制言论表达的能力明显不足，言论表达权的判断和规制成为当下最为复杂难解的问题。应该说，美国拥有全球最大社交媒体平台，是互联网发展最快的国家，同时具有以宪法第一修正案保障表达自由的历史传统，其形成的表达权判断机制和正在探索的社交媒体表达权判断机制，对我国的表达权判断和规制实践都有重要的参考价值。

（二）第三方核查——传媒规范使用的具体路径之一

不同属性的传媒规范，存在不同的具体适用的机制。第三方核查是一

---

① 如欧洲人权公约成员国的表达自由问题，还可通过欧洲人权法院来作出判断。
② 美国联邦通讯委员会在对传统广播电视的监管过程中，其多项立法和具体监管行为，被公民和相对方提起宪法诉讼后，被法院认定构成违宪。

些国家针对运用传媒规范的真实性规则的一种具体做法。换一种说法，这也是对于表达权行使和判断的一项机制。

以美国为例，由宪法前10条修正案组成的《权利法案》在1791年生效后，禁止对报刊登载内容进行事前审查的原则被确立下来。公民通过报刊等大众传媒进行表达，其表达权的行使是否恰当，由媒体依据自身的操作守则，通过内部把关人机制作出判断。比如，美联社有新闻报道手册，《纽约时报》有记者守则、编辑准则等，这些专业的职业守则构成指导记者、编辑实践的规范，是指导他们恰当行使其表达权的规范。如果他们依守则去做，即使发生了利益冲突、权益纠纷等，媒体也可依循这些规范进行抗辩，比如"真实规范"。① 随着网络时代的来临，社交媒体平台上的每个人都成了"传媒公司"，信息的传播和分享非常便利，而海量的网民多是未受过专业训练的普通人，他们的表达带有较强的碎片化、局部性和情绪色彩，不像职业媒体人受专业媒体的职业伦理、职业守则约束。在没有进入司法程序的缘由、政府又不得介入相关内容审查的情形下，内容提供者究竟是谁？网民传播内容的真实性如何判断？内容的提供者、传播者是否恰当行使了表达权？特别是在这个被称为"后真相"（Posttruth）的时代，网民的表达带有较明显的情感色彩，网民传播的事实往往是一种情绪化的事实，虽非虚构但也不完全客观，被称作介于谎言和客观现实之间的"第三种现实"，传者迎合受众情绪、戏谑调侃、玩弄真相，受者则注重立即发声、情绪表达、漠视真相，网民的表达特点是情感大于事实，事实常常被带有情绪色彩的言论遮蔽，消解事实或对事实做认识论意义上的解读成为社交媒体的常态。媒体人如不坚守专业规范，过于依赖"在场者"的碎片记录或道听途说，随时可能落入假新闻的陷阱②。2016年，富有争议的英国"脱欧"公投和美国总统大选中曝出的假新闻，进一步强化了人们

---

① "真实规范"要求表达者传播的内容本身是真实的，或在履行了适当的核查义务之后，相信自己传播的内容是真实的。传统媒体时代，记者、编辑和媒体可以将真实作为针对诽谤指控的抗辩事由。

② 周妍、张文祥：《移动互联网下的传播变革及其社会影响》，《山东社会科学》2019年第2期。

第六章 媒介融合背景下的传媒规范与适用研究

对"后真相"现实的忧虑:这真的是一个"雄辩胜于事实,立场决定是非,情感主导选择"的时代吗?①

为了应对社交媒体环境下表达失序、假新闻泛滥的情形,美国社交媒体平台和第三方事实核查机构联手创造了一种新型判断机制,这种判断机制是在传统专业媒体"事实核查"基础上发展起来的"核查事实"活动,对社交媒体上已传播内容的真实性进行调查和评价,并对表达者是否恰当行使了表达权进行判断。

1. 第三方核查机制中的"核查者"。在美国社交媒体平台建立的第三方核查机制中都有一个核查主体,即第三方事实核查机构。这种机构是社交媒体环境下内容传播者和社交媒体平台服务者之外的第三方,他们不是政府机构、媒体行业协会、新闻采编单位或传播内容的网民,而是专为寻找、查证事实而存在的一类独立机构,主要是受社交媒体委托,对已在网络空间传播的新闻事实、政治言论的真实性进行核查。② 这些为数众多的第三方事实核查机构,有的脱胎于传统主流媒体的特色栏目,有的由资深记者编辑创设,遵循共同的目标、原则、章程开展工作。第一,第三方事实核查机构都是基于一种特定的认识论和方法论,将"可被验证的事实"作为判断依据,相信"作出事实性声明的人应该为他们自己的话负责,并能够提供那些支持他们言论的证据"③;第二,不同核查机构的工作侧重点不同,有的偏重辟谣,更多的则是监督政治人物的言论;第三,核查机构各有一套公开透明、切实可行的工作方法,从确定选题、寻找权威的资料来源,到确立分级标准、开展事实核查、形成研究报告,再到根据反馈作出更正,有完整的工作流程和目标。

---

① 王舒怀:《后真相时代:谁动了我的"事实"——基于移动互联网传播技术特征的分析》,《青年记者》2017 年第 16 期。

② 李丹林、曹然:《以事实为尺度:网络言论自由的界限与第三方事实核查》,《南京师范大学学报》(社会科学版) 2018 年第 4 期。

③ PolitiFact, "The Principles of PolitiFact, PundiFact and the Truth-O-Meter", http://www.politifact.com/truth-o-meter/article/2013/nov/01/principles-politifact-pundifact-and-truth-o-meter/,2018 年 12 月 18 日访问。

2. 美国第三方事实核查机构的运行及对事实的核查。美国社交媒体表达权的判断机制，可通过 Snopes、PolitiFact、Fact Checker 三家代表性的第三方事实核查机构的运作情况得以明了。Snopes 是由 David Mikkelson 从 1994 年开始推进的一项工程，旨在研究各种各样的"都市传说"（Urban Legend），此后逐渐发展成为美国历史最久、规模最大的事实核查网站。PolitiFact 是由佛罗里达州《坦帕湾时报》的编辑和记者运营的事实核查网站，对当选官员和其他美国政治人物的发言准确性进行分级。Fact Checker 是由《华盛顿邮报》2007 年 9 月 19 日开办的，作为 2008 年总统竞选期间的一个特色专栏，旨在寻求政治人物重要言论的真相。2011 年 1 月 11 日该栏目再度被推出，并确立为永久性的特色栏目。截至目前，包括 Snopes、PolitiFact、Fact Checker 在内的多家第三方事实核查机构共同签署了国际事实核查网络（IFCN）[①] 倡导的原则章程，这项确立于 2016 年 9 月 15 日的原则章程内容包括：对中立、公正的承诺；对资料来源公开透明的承诺；对资金和组织的公开透明的承诺；对方法公开透明的承诺；对开放和诚恳更正的承诺。引入第三方机构进行事实核查的全球社交媒体巨头 Facebook 确认，在这个原则章程上签字是被接受为社交网络上第三方事实核查者的最低限度条件。反过来说，凡未签署该原则章程的机构，便不被"认作"具有相应资质的第三方事实核查机构。

Snopes、PolitiFact 和 Fact Checker 的工作方法基本一致，它们从确定待核查的选题开始，进一步寻找有关方面权威、可靠的资料来源，再对照自身的分级标准细化处理，就事实核查的成果形成研究报告，最后根据反馈作出更正。

3. 事实核查的分级系统。面对纷繁复杂的待查事实，三家机构都通过制定分级系统，按照分级系统确立的标准，对待查事实进行归类、梳理来获得更清晰的认识，从而提高事实核查工作的效率。每个分级系统按照一个或多个标准对待查事实划分出不同的等级，每个等级都有各自严格的定义。分

[①] 国际事实核查网络（IFCN）是由 Poynter 媒体研究院主办的全球事实核查论坛，成立于 2015 年 9 月，旨在推广卓越的实践，并在事实核查领域进行交流。

级系统提供了第三方事实核查机构进行裁断的依据、标准，根据分级系统作出判断，又作为"标签"被附在经过鉴定、认证的事实或说法之上，这样就可以帮助网民来识别经过核查的"新闻"的真实程度。Snopes 的分级系统以能否被证实等为标准，分为事实、基本属实、混合、基本错误、未被证实、过期、正确引用、错误引用和传说（legend）九个等级。PolitiFact 有三大分级系统，分别冠名为"真相测量仪"（Truth O Meter）①、"翻转测量仪"（The Flip-O-Meter）② 和"承诺标尺"（The Promise Meter）③，就陈述反映真相的相对准确度、官员在某一议题上的一致性和当选官员对竞选承诺的履行状况进行分级和裁断。Fact Checker 采取的分级系统被命名为"匹诺曹测试"④。另外，Fact Checker 还有一个叫作"累犯观察"（Recidivism）的特色栏目。

（三）社交媒体平台与第三方事实核查机制

第三方事实核查机制主要应用于对社交媒体传播内容的核查和判断，社交媒体平台与第三方核查机构之间的关系是表达权判断新型机制的重要部分。下面以美国最大的社交媒体平台 Facebook 为例，揭示社交媒体平台如何借助第三方事实核查机制，来规范用户的表达行为。

Facebook 的用户服务协议以谦恭而又坚定的语气述明自己的权利、义务、责任和要求。"我们希望用户能够安全自由地使用 Facebook，因此制定了以下社区守则。这些守则有助于您了解 Facebook 允许分享的内容，以及可能被举报和移除的内容。请记住，由于全球社区的多样性，您不赞同或对您造成干扰的某些内容可能并未违反 Facebook 社区守则。""将尽最大

---

① "真相测量仪"旨在反映陈述的相对准确度，有 6 个等级，按照真实度降序排列，分别是真实、基本真实、一般真实、基本错误、错误、完全荒谬。

② "翻转测量仪"是对一名官员在某个议题上的发言一致性进行的分级。翻转标尺有三个等级，分别是没有翻转、一半翻转和完全翻转。

③ "承诺标尺"是对当选官员的竞选承诺状况进行分级，有 6 个等级，分别是尚未分级、在进行中、妥协、遵守承诺、未能兑现。

④ 匹诺曹是一个童话里的主人公，一旦说谎鼻子就会变长。这一分级系统按照匹诺曹个数的多少来对真实性进行描述。

努力确保 Facebook 安全，但不能对此进行担保。为了保障 Facebook 安全，我们需要您协助承担以下义务……"① Facebook 的社区守则明确了内容的处理机制："Facebook 全球社区的用户数量与日俱增，我们致力于为大家打造一个不存在违规内容的社交环境。为此，我们需要包括您在内的所有用户共同努力。如果您认为某些内容违反 Facebook 条款，请向我们举报。我们在全球有专门团队负责审核举报内容，确保 Facebook 的安全性。"②就 Facebook 来说，尽管它向用户提出了行为规范，但面对争议时它是免责的，社区守则并不具备任何的强制力："并不控制或规定用户在 Facebook 上的行为"，"并不就用户在 Facebook 上传播或分享的任何内容或信息负责"，"并不就您可能在 Facebook 上遇到的任何冒犯性、不适当、淫秽、违法或其他可能引起反感的内容或信息承担责任"，"并不就任何 Facebook 用户在线上或线下的行为承担责任"③。对网络空间谣言、假新闻等问题，Facebook 等社交媒体更多的是通过与第三方事实核查机构合作的方式进行治理和规范。④

三　媒介融合背景下完善传媒规范适用路径的思考

微信团队在《关于〈新闻早餐〉微信公众号违规文章处理说明》⑤中说明了处罚依据。我们发现，微信平台公众号的文章如果被删，除了显示"此内容因违规无法查看"，还可点开"对应规则"查看究竟违反了什么规则。这些规则主要包括微信平台制定的《腾讯服务协议》《腾讯微信软件

---

① Facebook 服务条款，http://www.facebook.com/legal/terms，2018 年 12 月 18 日访问。

② Facebook 社区守则，http://www.facebook.com/communitystandards，2018 年 12 月 18 日访问。

③ Facebook 社区守则，http://www.facebook.com/communitystandards，2018 年 12 月 18 日访问。

④ 李丹林、曹然：《以事实为尺度：网络言论自由的界限与第三方事实核查》，《南京师范大学学报》（社会科学版）2018 年第 4 期。

⑤ 微信安全团队：《关于〈新闻早餐〉微信公众号违规文章处理的说明》，QQ 地带，http://www.oicqzone.com/news/2016110723587.html，2018 年 12 月 18 日访问。

第六章　媒介融合背景下的传媒规范与适用研究

许可及服务协议》《微信公众平台服务协议》《微信公众平台认证服务协议》《微信公众平台运营规范》《企业号运营规范》等服务规范。《微信公众平台运营规范》的第 3 部分"运营规范"之 4 的"公众号发送内容规范"是涉及表达权的规范。该部分共列举了针对 12 类内容的规范以及一个概括性的条款。同时，微信平台也设计有举报投诉机制、申诉机制等。这说明有近 9 亿活跃用户和 1000 万公众号[①]的微信平台，对网民的表达已建立起表达权规范的框架，但那时并没有引入徐世平在公开信中质问的"第三方机构"，也没有建立第三方事实核查机制。

　　社交媒体平台已成为网络治理的重要参与者。微信团队是一个重要的治理主体，微信平台是治理的重要场域。分析微信团队对社交媒体用户行为的规范条款发现，微信对公众表达权行使和判断机制呈现为以下状态：自己立法（制定规则）、自己执行（通过各项具体措施要求用户遵守规则）、自己处罚（对违规行为由自己适用规则进行判断、处理，删帖、屏蔽内容直到封号）。"三权合一"造就一个微型的极权体制，其缺陷已十分明显。在当前体制下，一个非政府、非公益性的互联网企业，为谋取自身利益而滥用网络内容审查和判断权力，几乎是必然的[②]。在这种机制下，社交平台对表达权行使判断的公平合理性，自然难以令人信服。

　　在中外比较研究基础上，在网络治理过程中、多种类型规范同时适用的情形下，平台作为治理中的重要主体，社交媒体是人们行使表达权的重要场合，因此，对于包括平台规则在内的各类规则如何适用，以更好地完善表达权行使判断机制，提出如下建议：

　　1. 不能照搬但应积极借鉴域外社交媒体治理经验。有关表达自由的价

[①]　企鹅智库：《2017 年微信用户和生态研究报告》，前瞻网，http：//t.qianzhan.com/caijing/detail/170424-8f9569el.html，2018 年 12 月 18 日访问。

[②]　比如网络资深人士方兴东就微信平台处罚东方网公号《新闻早餐》事件所言："目前微信管理开始夹带太多私货，滥用权力越来越严重。所谓权力越大责任越大，微信管理机制需要认真审视和调整。"参见 Bober《深扒一只烤鸭引发的互相伤害：徐世平炮轰马化腾的真相你看懂了？》，艾媒网，http：//www.iimedia.cn/45853.html，2018 年 12 月 18 日访问。

· 247 ·

值和保护，不同国家有各自不同的态度，我们无论在法律形式、立法价值、司法地位、媒体从业许可方面都与美国等西方国家有极大不同。美国缺少公权力介入并控制传媒内容的传统，新媒体治理、表达权的限制和网络言论秩序的维护，更多依靠媒体自律和社会自治。我国坚持党管媒体的原则，网络新媒体是媒体管理的新领域、主阵地。在党的领导下，立法机关和监管部门通过制定法律法规，明确要求网络服务提供者承担网络信息内容管理的主体责任，甚至包括刑事责任，如刑法修正案中规定的"拒不履行信息网络安全管理义务罪"。各类网络服务提供者为了更好地履行网络信息内容管理义务，往往采用简便方法，借助人工审查和技术过滤等手段，对所认为不当表达内容进行主动查删，不仅规范依据不够明确，适用也缺乏正当程序。虽然效率较高，但引起的社会不满不容忽视。网络平台方独家掌控对民众表达权判断和处理的"私权力"，也容易造成权力滥用，滋生腐败，对公民表达自由造成过度限制。本书认为，应立足于我国现有的制度和社会环境，借鉴域外社交媒体治理的有益经验，探索社交媒体表达权判断机制完善的路径。

2. 社交媒体平台因拥有裁判权而处于优势地位，在处理关涉网民表达权的信息内容时，要保持谦抑和理性，以存在实害作为处罚依据。[①] 微信团队对"东方早餐"的处理说明中，第一条的解释是"以小概率事件夸大成全民事件，存在误导性，对公众造成恐慌心理"[②]。到本书撰写时，涉案文章依然存在于网络空间，所谓"对公众造成恐慌心理"恐是微信团队的想象和假设，而非实际影响。以想象和假设作为微信团队判断危害后果的依据，对刊载该文的公众号封停7天，难以看出平台方的谦抑和理性。如果作出封号等严重处罚前能向被处罚者说明处罚理由，并接受被处罚者答辩，或者有独立的第三方事实核查机构提供处罚的事实依据，对表达权的

[①] 陈堂发：《网民批评性表达追责应体现权力谦抑品质》，《贵州省委党校学报》2017年第5期。

[②] 书生：《微信回应东方网公开信：客观中立方能取信于人》，IT之家，https：//www.ithome.com/html/it/269872.htm，2018年12月18日访问。

判断结果或许更恰当一些。因此，技术层面上借鉴 Facebook 和第三方核查机制的做法是很有必要的。比如，微信平台每月发布一次谣言报告，如果谣言等不实网络信息的核查、判断和发布能够交与平台合作的第三方机构来分工完成，这种工作机制对新媒体治理发挥的作用一定会更好。①

3. 对网络言论影响和结果的判断，应改变以往过于简单、粗糙的判断标准。一种言论究竟在多大程度上是真实的、确切的，确实不只有"是"和"否"两极的判断。如何确立一套更能反映言论真实程度的判断标准，同时把判断的主体、判断的过程、判断的方法都以透明的方式向公众表明，美国第三方事实核查机构参与表达权判断的做法值得我们借鉴。微信团队对"东方早餐"的处理，如果能够在标准的具体性、科学性、系统性、透明性方面加以改进完善，也不会引起社会的广泛批评。由专业媒体、行业协会、平台机构、主管部门等携手探索组建符合我国国情的事实核查机构，是具有可行性的。在这方面，微信团队有了一定进步：在被封的文章页面上，点开"查看对应规则"链接，可以看到处理的规范。但是这一进步非常有限，因为我们只是看到"4.12 违反国家法律法规禁止的内容"所列的 12 项具体禁载条款和一项概括性禁载条款，而没有任何具体的说明和分析。如此对表达权的判断和处理，缺少现代法治社会应有的形式逻辑方法和事实根据，不仅严重损害平台自身的公信力，也使得对表达权的判断陷入粗暴、粗糙，影响了新媒体治理的社会观感和效果。

社交媒体平台是一个具有特殊性质的社会组织，是新媒体治理的重要参与主体。无论是中国这样的转型国家，还是已经实现国家社会二分、公民社会发达的现代国家，社交媒体平台在新媒体治理中的功能和作用都是需要认真探讨的问题。既然我们承认"绝对的权力导致绝对的腐败"，习近平总书记也强调要"把权力关进笼子"，而分权与制衡是编制笼子的坚硬骨架，那么，社交媒体平台就应理性地界定自身与政府权力的边界，尽量建构符合法治精神的、尊重公民表达权利的网络管理体制和内容判断机制。

---

① 微信已经开始通过第三方机构对不实信息进行核查，核查对象主要集中在食品安全、医疗卫生、社会民生等领域。

第四节 传媒法规范与相关领域法规范的关系

本章上一节主要探讨了在媒介融合时代，为了更好地规范传媒秩序，需要从整体上审视和看待全部的传媒规范；践行治理理念，多元主体合作、多种机制协同，发挥好各种规范的作用，以便达到建构良好的网络和传媒秩序的目标，为建设我国的现代传播体系提供良好的基础和支撑。为了更好地推进传媒政策与法律的研究，为我国的传媒政策和法律的制定和实施提供更为积极有效的建议，我们还需要从另外一个层面来审视传媒法律问题，那就是要区分清楚在实践中与传媒法有诸多交叉重合，但是与传媒法又不完全相同的其他法律领域。只有在学理上弄清楚其中的关系，才能够更好地促进我国社会主义国家的法治建设，也更好地促进和维护我国经济发展、文化繁荣、政治稳定、国家安全。与传媒法有交叉重合又各不相同的法律领域主要包括：信息法、文化法、娱乐法、网络法等。

一 传媒法与信息法

在媒介融合时代，探讨清楚传媒法和信息法之间的关系很有必要。这样，才能更好地建设传媒法、信息法；更好地调整不同领域的人身财产关系，更好地应对对于不同领域的安全问题。

国内对于信息法的研究，早在20世纪90年代已有了不少相关成果。那时，关于传媒法的问题，还主要是以"新闻法"为表达的形式。某种程度上来说，关于信息法的研究，在那个时代比"新闻法"的研究还要更多一些。早期使用"信息"一词，[①] 以及在相关的"信息法"的研究中，"信息"的外延往往很宽，包括了作为信息的传媒内容。也就是说，信息

---

① 如1948年12月10日联合国公布的《世界人权宣言》对信息权利和信息自由做出了明确的规定，这使得信息作为法律关系的客体开始进入国际法领域。这里的"信息"是广义的概念，包含了通过大众传媒传播的含有事实、意见的、审美的、属于创造性智力成果的信息和其他属于狭义信息范围的信息。

第六章 媒介融合背景下的传媒规范与适用研究

法把传媒法纳入自己的范围之中。但是，伴随着信息时代的来临，在互联网环境下，大数据、云计算等新的信息技术的发展，使得对于信息的保护、对信息关系的调整与对于传媒领域中涉及的表达权利的保护、对于基于传达事实和意见形成的传媒关系的调整之间的重要差异开始凸显，将二者再混为一谈已经表现为一种知识性的错误。但是，这并不意味着传媒法和信息法的关系已经真正地研究清楚了。研究信息法，首先要研究"信息""信息活动"。我国学者就此有不少相关表述。齐爱民认为，法律上的信息是指能为人所支配的，来自人自身或能满足人们生产和生活需要的数据资料。信息是指信息法律关系的客体，是主体权利义务指向的对象。① 张艺认为，信息法上的信息活动是现代信息活动。现代信息活动是借助于现代信息技术手段来实现信息获取、加工、处理、储存和传播。② 周庆山认为，信息法是调整人类在信息的采集、加工、存贮、传播和利用等活动中发生的各种社会关系的法律规范的总称。它的作用在于规范信息主体的信息活动，协调和解决信息矛盾，保护国家利益和社会公共利益，推动经济与社会良性运行和协调发展。③ 齐爱民认为，信息法是围绕个人信息保护法发展、增长而成的，它的产生是社会历史发展的必然。信息法产生的目标是解决围绕信息而形成的社会问题。④ 张艺认为，信息法是调整信息活动中产生的各种社会关系的产物，信息法是促进信息的自由流动、规定信息的普济性服务、保护信息的安全、保障公民信息权利的法律。⑤

无论对于信息、信息活动、信息法做如何解释，我们看到信息法上的"信息"确实不是传播学意义上的信息，也不是新闻学上的"内容"。信息法上的信息强调的是法律关系主体对于充斥于我们所处的时空环境中无时无刻不在的信息，包括主体自己生产的信息。虽然，这样已经极大地限缩了信息法上的信息的范围，但是这样界定依然还是涵盖面很宽。这把狭义

---

① 齐爱民：《界定法律意义上的信息》，《社会科学家》2009年第3期。
② 张艺：《试论信息法学的学科特性与知识框架》，《学术研究》2005年第8期。
③ 周庆山：《面向21世纪的信息法学》，《情报理论与实践》1998年第1期。
④ 齐爱民：《界定法律意义上的信息》，《社会科学家》2009年第3期。
⑤ 张艺：《试论信息法学的学科特性与知识框架》，《学术研究》2005年第8期。

的信息法所谈的信息和传媒法所传播的内容都涵盖进去了。

理解信息法上的信息，可以从信息技术的发展，信息获取、处理、传播的方式等角度进行。信息法上的信息是指"借助于现代信息技术以非公开性传播的方式存在电信领域、互联网领域的以数据形式存储的信息"。由此可知，信息法主要是调整信息与通信服务、电子商务、信息采集与处理、信息网络接入服务、网络安全等领域的社会关系，这就是"狭义的信息法"。在我国，信息法领域的立法有：法律层面的《网络安全法》《反恐怖主义法》《电子签名法》《刑法修正案（九）》《全国人民代表大会常务委员会关于维护互联网安全的决定》《个人信息保护法》《数据安全法》，等等。行政法规层面的有：《无线电管理条例》《互联网上网服务营业场所管理条例》《互联网域名管理办法》等。属于部门规章的有《无线电频率使用许可管理办法》《电信和互联网用户个人信息保护规定》《电话用户真实身份信息登记规定》《通信短信息服务管理规定》《电信服务质量监督管理暂行办法》《公用电信网间互联管理规定》《电信设备进网管理办法》《电信网码号资源管理办法》《中华人民共和国无线电频率划分规定》，等等。

在广义的信息被保护的过程中，不同的信息权利主体的利益还会发生紧张关系或利益冲突，比如保护个人数据方面的信息的权利与保护大众传播的内容的表达权之间往往会发生冲突。对于媒体在进行采访过程获得的信息如何存储、利用，就会引发个人信息权利主体和媒体机构、公民表达自由之间的冲突。在我国信息化建设过程中，互联网的发展，开始也是由信息主管部门对于广义的信息进行统一监管，后来，对具有大众传播属性的传播行为和传播的信息（为了区别狭义性的信息，我们称之为"内容"和"言论"）归到了新闻出版广播电视网信部门监管。

我们可以看到，信息法和传媒法有一定交叉。特别是在媒介融合的环境下，信息行业（电信、互联网）和传媒行业跨行业跨产业融合，同是涉及一个信息的问题，可能会既涉及公民的表达权利、人格利益，又涉及公民的信息权利、信息安全。而这些不同法律领域的权利和利益的保护，有时相互协调配合，有时又会具有某种紧张关系和冲突性。因此，在媒介融合时代，从传媒法的角度也要关注相关信息权利和信息安全的问题。同样，从信息法的角度来看，在保护数据权利和维护信息安全的同时，如何避免过度妨害和限制媒体的权利，这也是信息法不能忽视的问题。两个法律领域有很多规范是相同的，当然也各自有专属本法域的规范。

二 传媒法与文化法

在法制建设和经济发展实践中，在社会日常生活当中，文化传媒一词也经常被使用，有学者提出应该将"文化法"和"传媒法"结合起来构建"文化传媒法"体系。[①] 应该说，将"传媒法"作为一个相对独立的法律领域进行研究，具有重要的理论意义和实践价值。但是从学理上廓清文化法与传媒法的关联交集和大致分野，也是有必要的。尤其是随着媒介融合时代的向前发展，传媒内容和产品的丰富，传媒组织也越来越多地渗透到非传统传媒的其他文化领域，这一梳理和辨析更为必要。

研究文化法，首先要对于文化进行界定。文化一词，意义多重。在文化人类学的视域内，"文化"一词泛指一切人类社会性现象，具有外延宽泛的特点，所有文化现象的核心是一种抽象的"文化物""表达物"，是具有认知功能、内容指向的人造符号（作品）；同时，文化也表现为以该符号为载体、对象和基础的各种文化活动、相关工具、设施和机构等。换言之，文化活动是包含文化内容的人类活动。所谓文化内容，根据《保护和促进文化表现形式多样性公约》的解释，是指"源于或表现文化特征的符号意义、艺术特色和文化价值"。人类的文化活动就是对含有文化内容的信息进行创造、传递、获取并感受的活动，以及由此衍生的其他活动。由此我们可以看出，传媒领域是文化活动的最主要的领域。[②]

---

① 陈根发：《文化传媒法治建构研究》，社会科学文献出版社2016年版，第36页。
② 详见《保护和促进文化表现形式多样性公约》，该公约于2005年10月20日第33届联合国教科文组织大会通过。2006年12月29日，中华人民共和国第十届全国人民代表大会常务委员会第25次会议决定批准该公约。

作为文化法律调整领域的文化活动，是以表达（主要是文艺作品、娱乐产品）或其他承载文化信息的物（如文物）为载体和对象，实现文化性需求的人类主体活动，具体包括自然人从事文艺创作、享用文化表达物或设施的活动，文化机构生产、提供或传播文化产品或设施的活动，政府介入各类社会文化活动的活动等；相应地，文化法所调整的社会关系，是个人、组织或政府从事各类文化活动过程形成的影响文化利益的利益关系。[1]从我国的法制实践来说，认识了解我国的文化法，可以从我们的社会管理角度和国民经济行业分类角度来看。在我国文化领域有文化事业和文化产业两类划分。其中文化事业方面，有《公共文化服务保障法》《文物保护法》《非物质遗产法》《博物馆法》。文化产业方面，有《电影产业促进法》。作为整个文化产业领域的促进立法《文化产业促进法》已进入全国人大的立法进程。

传媒法与文化法的关系，还可以着眼于作为产业法意义的文化法。在我国，文化产业法的调整对象就是根据国家统计局发布的《国民经济行业分类》国家标准以及《文化及相关产业分类》所确立的领域中行业组织在进行相关文化活动时发生的关系。《国民经济行业分类》（2017版）的划分列举如下：R. 文化、体育和娱乐业（本门类包括86—90大类）具体包括"86新闻和出版业""87广播、电视、电影和录音制作业""88文化艺术业""89体育""90娱乐"。

在《文化及相关产业分类》（2018版）中，其中"01文化核心领域"包括了"新闻信息服务、报纸信息服务、广播电视信息服务、互联网信息服务"；"02内容创作生产"包含了"出版服务、广播影视节目制作、创作表演服务、数字内容服务、内容保存服务、工艺美术品制造"；"04文化传播渠道"包含了"出版物发行、广播电视节目传输、广播影视发行放映、艺术表演、互联网文化娱乐平台、艺术品拍卖及代理、工艺美术品销售"；"05文化投资运营"包含了"投资与资产管理、运营管理"；"06文化娱乐休闲服务"包含了"娱乐服务、景区游览管理、休息观光游览服

---

[1] 周艳敏、宋慧献：《论文化法的调整对象》，《新闻爱好者》2015年第7期。

务"等。

通过文化及相关产业分类所做的划分，我们可以看到，我国文化产业领域包含了传媒业的全部。因此，就调整文化领域的社会关系的文化法和调整传媒领域的传媒法之间的关系，也是一个包含与被包含的关系。传媒法是文化法的一部分。

通过《文化及相关产业分类》（2018版）对于文化产业及相关产业的进一步的分类和排序呈现，可以知道：在我国，传媒产业是文化产业的核心部分。相对于文化产业中的非传媒领域，对传媒行业中的新闻传播活动进行规范的法律是文化法中与国家政治生活领域结合最为紧密的部分。这也就是需要把传媒法作为一个独立的领域来对待、来研究的原因。

在我国，无论是传媒领域，还是整个文化领域，自改革开放以来，在推进传媒体制、文化事业体制的改革过程中，始终处于探索阶段的，甚至有时还会有反复的问题是资本准入问题。我们需要提升我们的硬实力和软实力，而提升实力最重要的因素是资金问题。资金充足与否与国家关于传媒行业乃至整个文化领域的资本准入制度相关。最早的传媒改革就是媒体机构从完全由国家拨款到通过播放广告获取计划外收入开始的。后来改革不断深化，最主要的一个方面就是来自传媒行业之外的国有资本、民营的和个人的资本、境外资本准入领域的不断扩大的过程。

文化产业领域的资本准入制度的演变轨迹和相关规定，深刻反映了我们在制定政策和立法的过程中追求产业发展——效率价值目标和坚持舆论导向媒体可管可控——秩序价值目标兼顾的努力。当两种目标发生冲突的时候，所做选择的结果为了发展，需要放宽资本准入，但是为了避免资本不掌握在国家手里，避免国家资本在媒体机构的具体代表人员不具有决定地位而导致舆论引导失控或丧失舆论引导能力，我们在相关政策和立法中，对于媒体机构在设立和生产制作内容产品、媒体内部组织机构、从业人员资格、财务制度、违规违法责任等各个环节都要做出相关的审批、许可、登记、备案、注册、报告等各种实体性义务要求和程序性义务。

因此，在文化传媒法律领域，我们首先要了解清楚，哪些领域我们有最严格的管控,安全价值目标具有绝对优先的地位,可以不惜以产业发展和公民权利为代价;哪些领域开放性大一些,无论是对内还是对外;哪些方面有更多确定性的规范可以依循;哪些方面规范的含义的确定性很低,与一些法基本原则不相符合。

传媒法领域与文化法领域其实大部分是重合的,因此传媒法规范和文化法规范也都是重合的。但是传媒法之所以依然具有其独立研究的价值和意义,就在于不能够落入文化法领域的那一部分,更多属于国家政治领域的问题,因此传媒法的规范有一部分不再是文化领域的法律规范了。

三 传媒法与娱乐法

娱乐法(Entertainment Law)是近年来在学界和业界越来越多地使用的一个术语。虽然在很多人的观念和意识中,"娱乐"似乎只是消遣游玩,甚至还会玩物丧志,对于娱乐法这一概念还具有抵触心理,但是,从娱乐法这一概念的出现场景以及现在使用者对这一术语所理解的意义来看,娱乐法其实就是我国在党中央确立的文化大发展大繁荣的国策之下,对文化产业部分领域的相关规范体系的概括性称呼。

同样,理解娱乐法,首先需要理解"娱乐"。娱乐法的"娱乐"指的是文化产业中特定的产业领域。一般认为最早将这些产业领域合并称为娱乐行业的是美国。20世纪中期,美国的广播电视、电影、音乐、演出以及体育的发展催生了娱乐业,相应地在美国法律界提出了娱乐法的概念。娱乐法是娱乐行业所涉及各类法律规范的统称,主要由著作权法、合同法及侵权行为法等诸门类单行法拼凑而成,娱乐法包括法律原则、商业惯例和散布于各部门法的法律规则。具体内容来看,主要涉及版权法、商标法、合同法、侵权法、劳动法、破产法、税法、代理法、人格权以及保险法等多个法律部门。从我国《国民经济行业分类》和《文化及相关产业分类》的划分和列举中,实践中的广义的娱乐行业包含了"R. 文化、体育和娱乐业(本门类包括86—90大类)"中的"86新闻和出版业""87广播、电视、电影和录音制作业""88文化艺术业""89体育""90娱乐"的绝大部分，具体是出版、综艺、游戏、广播电视、电影、音乐、直播、体育、旅游、休闲等。在娱乐行业，最具创意性和产业价值的领域是影视行业、网络视听行业、游戏行业。

使用"娱乐法"一词，并将其应用到立法实践、经济发展和社会生活实践中，具有其特定价值。对此，李丹林在给李振伍所著的《娱乐江湖》一书的"序"中有相关阐释：近几年来，娱乐法（Entertainment Law）作为这样一个具有统领性作用的概念已经逐渐在研究、教学、人才培养、法律服务、审判实践方面被更多地认识到，被适用的频率也越来越高，一些娱乐法理论与实务专家脱颖而出。虽然，早期曾有学者提出，"Entertainment Law"应该翻译成"文化产业法"，但是"文化产业法"这一概念在我国当下和曾经被使用的语境下，并不能替代"娱乐法"。就"文化产业法"而言，第一，这一术语涵盖的行业领域，远远大于娱乐法涵盖范围，而超出娱乐法所涵盖的行业部分，比如旅游、物质遗产的保护与商业化开发等，其法律关系和法律问题的特殊性与娱乐法领域迥然不同；第二，"文化产业法"更多着重于产业政策和公法方面的问题，不能突出娱乐法极强的实践性、实务性，不能突出娱乐法中与立法规则共同发挥调整作用的行业惯例、商业规则等；第三，"文化产业法"，难以体现娱乐行业诸领域在投资、合同方面，特殊的人身因素、复杂的版权条款等民商事问题，以及不确定的市场风险等。如今，娱乐法"圈地运动"已大体完成，这一概念统领了具有内在统一性的影视、音乐、游戏、综艺、出版、体育等产业领域（这些领域的产品属于文学、艺术、游戏、体育领域的创造性智力成果以及包含特别的人身属性内容的相关服务）的法律问题，即以版权问题为核心的相关民商事法律问题、知识产权法律问题、竞争法律问题等。这对于新的法律服务领域的专业化、精深化发展和质量提升；对新类型法律人才的培养、新的专业论证和设置；对新的学科领域和研究领域的发展和推进，都具有重要意义。简而言之，这为新的行业法律共同体的构建，提供了一个支点和必要的基础。①

---

① 李丹林：《娱乐江湖序》，载李振武《娱乐江湖》，法律出版社2018年版。

传媒法与娱乐法，是交叉关系。广义的娱乐法中的游乐设施、旅游文化服务等领域的法律规范不属于传媒法。我们在此也可以再进一步归纳文化法、传媒法和娱乐法的关系。在作为整体与部分的文化法和传媒法的关系中，传媒法中突出的部分是新闻传播领域的监管和规范，娱乐法是创意和产业能力最强的领域。具有交叉关系的传媒法和娱乐法，传媒法更注重对于传媒"告知"和"教育"功能发挥的规范和调整，"娱乐法"更注重那些给人们带来娱乐满足的领域的行为的规范和调整。

因此，无论是传媒法、信息法还是文化法，其调整的客体是以人类的比较纯粹的智力活动的产物及其服务为核心的领域。从这个意义上来说，调整这一领域问题的智力成果的权属和传播关系的著作权法是非常重要的法律。尤其是在媒介融合时代，无论是作为内容的生产者、作者、著作权人；还是内容的传播者、运营者，法律如何对待其权利保护，如何进行权利人与传播者、公众之间的利益平衡，不同行业之间的利益协调，也是上述三个法律领域中至关重要的部分。

四 传媒法与网络法

伴随着互联网的发展，网络法也成为了一个热词。从既有的研究和相关政策文件来看，关于网络法的意涵，也多有不同的解释。有学者按照我国通用的定义法律的模式给网络法下定义，那就是"它是调整与网络有关的各种社会关系的法律规范的总称"。① 这是一个意义极其宽泛的定义。如果把"与网络有关的社会关系"理解为发生于互联网领域的社会关系，那么就应该考虑何为"网络空间"。从网络空间形成的技术基础和应用角度来看，网络空间就是"指使用电信网等信息传输网络，利用传输协议以路由器将各种包括电脑在内的网络终端互联到一起，用于传输、交互信息，并对信息进行各种类型的社会应用的公共领域或空间"。② 由此来理解互联

---

① 周庆山：《论网络法律体系的整体建构》，《河北法学》2014 年第 8 期。
② 刘乙、李长喜：《互联网法律规制模式的探讨》，《北京邮电大学学报》（社会科学版）2009 年第 2 期。

网法调整的范围，虽然有诸多不同的观点，但是，大体有相近、相仿之处。那就是将这新的人类活动的空间，新的社会关系建构的领域继续进行基本的层次划分，进而再分析其中所涉及的法律调整和法律规范。

根据网络空间的构成机理，它包括基础层面，指传统的电信网、广电网等传统传输网络连接起来的包括电脑等各种网络终端所构成的物理网络；构成层面，互联网实现通信的网络条件，包括一系列技术模型、技术协议和技术方式，主要包括保证互联网通信的网络模型、通信协议、地址和域名系统、构成万维网的标准和互联网接入技术；应用层面，即人们对互联网的各种应用。在所有这些层面，都需要有相应的法律进行调整和规范，那么所有这些法律规范组合在一起，就构成了互联网法的外延的全部。这样来理解网络法，网络法也是由若干部分组合而成。不同学者对于网络法的构成种类划分不一。

划分之一：互联网业务法律制度，互联网内容管理制度，电子商务制度，网络知识产权保护制度，网络与信息安全制度。① 划分之二：关于网络及其系统本身的建设、维护、运行、管理等活动和行为的规范；关于发生在网络环境中各个平台上的各种活动和行为的规范；关于与网络及其系统有关的其他各种法律关系的调整。② 划分之三：互联网基础网络和基础资源规范；互联网信息内容规范；对侵犯知识产权的规范；互联网商务和互联网市场规范；互联网安全规范；惩罚互联网犯罪行为规范。③ 划分之四：网络安全法，网络权利法，网络公务法，网络商务法，网络管理法。④

如今，网络已经成为人类社会的"第四空间"，也成为一个国家的新的主权管辖范围。所以网络法的核心首先是网络安全法。网络空间无论如何"虚拟"，它也是现实空间的延伸，一个国家一个社会形成的既有价值观、意识形态、立法原则、调整具体社会关系的法律规范也都会延伸到网

---

① 刘乙、李长喜：《互联网法律规制模式的探讨》，《北京邮电大学学报》（社会科学版）2009年第2期。
② 蒋坡：《论网络法的体系框架》，《政治与法律》2003年第3期。
③ 王晓君：《论我国互联网法律的立法完善》，《学理论》2017年第1期。
④ 魏永征：《网络法和传媒法》，《汕头大学学报》（人文社会科学版）2016年第8期。

络法领域。由此,前述所列的关于网络法构成的"划分之三"中所主张的网络法构成的"六分法",相比较而言,能够使我们更好地了解和理解网络法。在此基础上来看待传媒法和网络法的关系,也就比较容易辨析二者的区别与联系。

前文对于传媒法已经有了很多阐述,传媒法主要解决的问题是内容传播过程中存在的问题。在网络法中,对于利用网络公开性地传播内容信息的行为进行规范和调整的法律规范,这些都属于传媒法的内容。当然,传媒作为一个历史很长的社会活动领域,在网络空间之外的活动,对这一部分调整的法律规范,不属于网络法的范畴。随着媒介融合程度的不断加深,我国推进媒体融合的政策的持续实施,传媒法保有的独立空间部分会越来越小。可见,网络法与传媒法既有重合,也有差异。弄清二者的差异具有重要的理论意义和现实价值。

网络法涵盖的范围很广,既涉及国家宏观整体利益,也关涉公民个体的各项权利和利益。既涉及基础设施、技术、信息建设和安全保障问题,也涉及网络环境下各类行为主体利用网络的各种行为的规范问题。网络法不同领域的立法宗旨和价值目标是不一样的,但是总体来说强调安全和秩序是网络立法的总体目标。

当然,如果简单地将媒介融合时代的传媒法等同于网络法,这是一定会带来严重问题的。因为传媒领域是思想、意见表达和交流的领域,是国际人权公约、我国宪法规定的个人所享有的表达自由权利具体行使的领域。如果不注意这一点,传媒立法不注重对于公民的这项基本自由和基本权利的保护,那么所带来的结果将会使人们的自由表达、探索意识、创造能力受到严重的束缚,而自由表达、探索意识、创造能力正是我们建设中国特色社会主义的动力和源泉所在,是我们实现中国梦和实现民族伟大复兴的支柱所在。所以在研究网络法与传媒法的关系时,尽可能从狭义上理解网络法,充分认识到传媒法的内在特质,不同于网络法的根本所在,是非常重要的。

结语　完善传媒法治的思考

面对媒介融合持续深化的态势，以及传媒法治建设、传媒监管中存在的问题，根据党和国家加快媒体深度融合发展的总体思路，我们认为，推进和完善传媒法治建设，有如下关键问题需要认真思考并在实践中推进。

一　观念方面

（一）切实强化对"新闻规律"的认识

守正创新，所守"正"之本源，就应该是规律。习近平总书记强调媒体要"尊重新闻规律"。尊重新闻规律，就是在与新闻相关的各种活动中坚持新闻本位。所谓新闻本位，就是新闻活动要从新闻出发，实现新闻的基本功能和基本目的。新闻本位观念，就是把新闻当作新闻的观念，新闻就是新闻，它不是宣传、公关、广告，更不是文学、艺术、历史、娱乐……新闻可以具有宣传、舆论引导、公关、广告甚至文学、审美、历史记录等的功能作用，但所有这些功能作用、意义价值，不应该成为新闻的直接追求，而应该建立在新闻的基本功能实现基础之上，这意味着人们在新闻活动中特别是在职业新闻生产传播活动中必须把报道事实、反映客观世界的真实情况作为第一位的基础工作。[①] 在传媒监管制度中，对于具有新

---

① 杨保军：《新闻规律观念："马新观"的基础观念》，《国际新闻界》2020年第2期。

闻信息采编和传播的业务活动，应该将真实、准确等作为核心原则，同时将维护促进公共利益作为监管的目标。如果媒体新闻信息本身失去了"真实"，在如今的传媒形态下，必然会没有公信力，难以有吸引力，留不住用户。

（二）与时俱进，改变传统的媒体监管理念

在媒介融合时代，我们认为，基于传统单向传播时代媒体监管理念应该改变；认为还可以形成舆论一律的空想思维要改变；认为只有把产权掌握在政府手中的传媒体制才能够维护政治统治的思维要改变；认为对于社会政治现实最紧密的时政新闻信息发布只有由国有媒体承担才是对于现行统治最有利的思维要改变。与此同时，也要加深对于市场规律的认识和尊重。通过政策调控和自由的市场资源配置，实现信息传播的多层次引导。尊重市场规律，尊重传播规律，尊重主流新闻传媒的专业意识并提升其能力，是我们建构现代传播体系、真正走向世界的基础。

（三）改进对于确立资本准入制度的原理的认识

传统上以资格准入为核心的内容控制体系是否还能够适应现代媒体生态的要求？目前看来，虚假新闻、各类极化观点还没有受到根本遏制，相反，持有新闻采编许可证的机构为了博点击量也逐渐被卷入标题党、假新闻、极化报道或评论的潮流中去了[1]。所以，对于社会资本过度严格的准入政策，既限制了整个传媒行业发展的活力，也没有对控制不良违法信息起到切实作用。

疫情的发生以及抗击的过程再一次给我们的深刻启示就是，资本是社会发展、经济发展、国家建设的血液，不管它归谁所有。进一步而言，无论是疫情期间还是平时，人们获取内容和信息的渠道，移动端上的社交媒体、即时通信、自媒体的端口进入，都是民营机构建构提供的传播渠道。

---

[1] 魏永征：《发布少年自杀影像顶级媒体何以违背新闻伦理》，《新闻界》2019年第8期。

调查表明，内容的传播，不在于渠道的开发和运营由谁进行，决定因素还是内容本身，即这些内容是否为受众所需要。受众欢迎的内容，并非都是低俗、猎奇、标题党之类。人们更关心和喜欢的是和民生相关的、对于为解决社会公共利益的问题而进行的追问和调查。国家信息中心的调查同样表明，一些商业媒体在"传播力""引导力""影响力""公信力"表现方面，有的非常突出，不仅不输于主流新闻媒体，甚至更好。这说明，解决传媒领域存在的内容问题，不应是以限缩民营资本的进入领域为条件。

二 意识方面

要强化法治意识以法治保障传媒监管制度的完善。2016年《中华人民共和国网络安全法》通过，并于2017年6月施行。2020年5月28日《中华人民共和国民法典》通过，并于2021年1月1日施行。习近平总书记指出，《民法典》的制定和实施，对推进全面依法治国、加快建设社会主义法治国家具有重大意义。[①] 这两部法律对传媒领域监管的完善提供了法治保障基础，也提出了具体完善的要求。《网络安全法》是我国网络领域第一部全面规范网络安全的基础性法律，在移动互联网成为信息传播的主渠道的情势下，《网络安全法》的颁行，意味着传媒法治建设登上了一个新台阶。但是依据法治要求，我们在传媒监管方面还存在必须要改变的几个方面。

1. 网络传播内容标准要进一步系统化、科学化、逻辑化。对于位阶较低的法律文件中规定的内容标准与上位法有相违背、不协调的地方要理顺；对于下位法中规定的缺少上位法依据的执法或治理措施要进行清理；对于不适宜以法律形式规定的问题，应该转变为政策引导，通过行业自律、群组自律、用户自律、平台管理去发挥作用。由此避免有法不依、有

---

① 习近平：《充分认识颁布实施民法典重大意义 依法更好保障人民合法权益》，中国政府网，http://www.gov.cn/xinwen/2020-06/15/content_5519578.htm，2020年9月10日访问。

法难依、法律尊严受到损害的情形。①

2. 行政机关在具体执法方面，特别是对于网络内容秩序维护方面的执法，要注重执法程序，要完善有效的救济机制。在追求执法效率的同时，也要审慎考虑是否符合合目的性原则、合比例原则。行政机关要认识和把握信息传播的规律、各类特定内容的传播规律。既要及时遏制虚假信息及各种违法有害信息的生产传播，又要避免因执法不当造成信息公开受阻、公民知情权及其他权益的损害。2020年2月4日到2020年4月17日，最高人民检察院公布了十批妨害防控的典型案件。通过对十批案件的统计分析，其中涉及与网络信息内容传播有关的案件，占比甚低，这在很大程度上说明"在疫情防控过程中，法律惩罚的违法犯罪行为主要并不是造谣；谣言的负面影响主要也并不是依靠法律惩罚加以消除和防范的"②。这对于我们如何依法、理性、合理执法提出了很好的启示。

3. 要确保司法对于传播秩序维护的功能。《中华人民共和国民法典》第九百九十九条、第一千零二十五条③对新闻报道、舆论监督中的"合理使用"和"免责"问题做出规定。媒介融合日益深化的时代，在民法典实施过程中，如何确定新闻报道行为、舆论监督行为；何为进行新闻报道、舆论监督

---

① 根据我国《立法法》的规定，规章是"部门规章规定的事项应当属于执行法律或者国务院的行政法规、决定、命令的事项。没有法律或者国务院的行政法规、决定、命令的依据，部门规章不得设定减损公民、法人和其他组织权利或者增加其义务的规范，不得增加本部门的权力或者减少本部门的法定职责"。2019年12月25日发布，2020年3月1日施行的行政规章《信息网络内容生态治理规定》，对于公民的义务作出具体规定，都属于法律义务。显然，这一规定对于公民的一些义务的规定没有法律、行政法规的依据。如果作为法律义务，违法消极义务规定、不履行积极义务规定，都要承担相应的法律责任，但是该规定本身对于相关法律责任的规定缺失，这反映出立法技术的问题。与此同时，由于这些要求是超出法律法规要求的，所以实际上也不可能要求其承担法律责任。

② 魏永征：《疫情防控和依法惩谣——对最高检十批妨害疫情防控典型案例通报的分析》，《青年记者》2020年第16期。

③ 《民法典》第九百九十九条规定：为公共利益实施新闻报道、舆论监督等行为的，可以合理使用民事主体的姓名、名称、肖像、个人信息等；使用不合理侵害民事主体人格权的，应当依法承担民事责任。第一千零二十五条规定：行为人为公共利益实施新闻报道、舆论监督等行为，影响他人名誉的，不承担民事责任。

的行为主体,这些行为主体能否成为相关侵权诉讼的适格主体,还是一个需要学术界、行业、监管机构以及司法机关通过司法实践去达成共识的问题。应该说,未来不宜对报道主体以是否获取相关许可证为依据做过窄范围的界定,①而应该根据行为主体在一定时期内是否将与公共利益相关的内容生产作为一项经常性的活动为准。与此同时,在举证责任方面,切实落实《民法典》确立的一般过错责任原则,也是一个需要在实践中明确的问题。

三 思维方面

确立治理思维,平衡协调好各种价值目标和利益关系。

1. 在新的传媒形态之下,传媒监管要平衡好传媒作为公共交流空间、舆论工具、产业主体的价值诉求,要针对各种内容信息生产和传播主体,根据其本质特征,建构相适应的监管引导机制。具体而言,就是整合调整主流新闻媒体的体制,促使其成为一个有品质的真正的新闻媒体;对于商业媒体通过制度改革使之真正成为一个具有新闻专业主义的媒体;明晰新闻信息、时政新闻的范围,②"政治与政务新闻"的采编可以实行特许制,以应对当下传媒形态带来的新闻信息观念的变化以及新闻信息的泛化加以关注。对于其他会经常生产和发布非自身活动的新闻内容,关涉公共利益的网络内容生产主体都纳入传媒监管的范围;对于内容标准,在坚持把好政治关的同时,更加细化、科学化、理性化其规范条款。

2. 强化对平台机构权力的科学限制。平台作为互联网时代产生的新型组织,其不仅具有私主体属性同时又具有广泛的社会控制力,成为对法治建设、公民权益产生巨大影响的力量。在对于疫情期间的舆情事件的观察

---

① 参见魏永征《〈民法典〉中"新闻报道"行为的主体》,《青年记者》2020年第19期。

② 在2005年、2017年先后发布的《互联网新闻信息服务管理规定》中,对于要获取采编资质的内容客体表述不一。2005年规定表述为"时政类新闻信息"。2007年规定表述为"新闻信息",在实践当中都难以明确界定其范围。无论哪一个规定都没有明确新闻的范围。本书认为,如果将需要通过特许方式获得采编资质的内容客体,界定为"政治和政务信息",这样就比较明确。政治信息就是关于执政党的信息,政务信息就是关涉政府机构作为的信息,再进一步而言就是省级以上的党的领导机构的成员、政府行政首长的活动信息。

中,人民出版社主办的《人物》杂志一篇人物通讯上网被删而引出的"108 种演绎法",① 给人们留下深刻记忆。一家合法期刊登载的一篇文章上网后却毫无理由被反复删除,这种线下出版线上否决的行为,对于网络内容监管机构和平台的公信力、权威性带来的消极影响是巨大的。此类非常随意的做法,与我们正致力于国家治理能力和治理体系现代化的建设很不匹配。平台作为内容的把关者、主要的治理主体、监管措施的执行者,往往是通过大量的文化水平一般和缺少专业素养的人员手动和技术自动审查或过滤来实现内容监管,能否切实胜任平衡好专业性的、高标准的内容审查和各方面权益的平衡工作,是需要认真考虑的。

3. 在以往以行政为主导的监管模式的基础上,切实转向多元共治的方向。在此情形下,应注重传媒内容规范体系的一体化问题。内容规范应该是法律规范、技术规范、媒体伦理和道德规范、平台规则、特定群体行为准则、公民媒介素养、一般社会行为准则共同构成的有机统一的整体。这些不同性质和类型的规范以宪法和法律规范为基础标准。要把政府、行业组织、平台、各种利益团体、用户等各类主体的能动性协调好;在手段方面要注意法律手段、行政手段、技术手段、纪律手段、道德手段的结合。

四 认识方面

第一,坚持"以人民为中心"的原则和理念,建构现代传媒监管制度,发展和完善我们的传媒监管制度,首先必须将对于"人民"意义的理解,回到使用"人民"一词的初心上。中国共产党创立之时,革命先驱的初心就是看到积贫积弱的中国人民的痛苦,要解救人民于水火。这个人民不是抽象的存在,而是每一个具体的贫穷困苦的家庭,每一个饥寒交迫、缺医少药、没有教育机会的个体。为人民服务的"初心",就是让每一个中国人都能过上幸福生活。2015 年习近平总书记提出精准扶贫的要求时,②

---

① 参见公众号"Python"2020 年 3 月 11 日文章《"发哨子的人"108 种演绎法》。
② 习近平:《在深度贫困地区脱贫攻坚座谈会上的讲话》,习近平系列重要讲话数据库,http://jhsjk.people.cn/article/29508162,2018 年 10 月 1 日访问。

强调"只要还有一家一户乃至一个人没有解决基本生活问题,我们就不能安之若素"①。这给我们的深刻启示就是:人民本质上是每一个和你我一样的、有血有肉的、有自己的需要和诉求的社会一分子。建构"以人民为中心"的传媒监管制度,就是要把视"人民"为特定政治群体的整体思维,转变为立足于权利保障注重维护"个体"的人的权益的观念,这样才能寻找到传媒监管改革的真正路径。

2016年,习近平总书记提出,中国共产党新闻舆论工作的使命和职责是:"高举旗帜、引领导向,围绕中心、服务大局,团结人民、鼓舞士气,成风化人、凝心聚力,澄清谬误、明辨是非,联接中外、沟通世界。"这一段论述,每一个方面都离不开"人民",也就是离不开每一个具体的人。在媒介融合背景下,建构以人民为中心的传媒监管体制,需要充分认识和尊重技术的活力以及在这个特定时代的人的愿望,也就是市场的需求。互联网的发展、媒介融合的实践表明,没有技术、不重视技术的研发和应用,就会落伍、就会被淘汰。媒介融合的产物新型电视传媒IPTV的发展和监管实践②深刻表明,通过政策限制技术的应用,基于部门和行业利益考虑而违背人民的愿望和市场需求,只会压抑创新的冲动、束缚发展的能力、影响发展的速度。忽视技术逻辑、忽视市场逻辑,对于主流媒体限制过多的传媒监管制度,只会使主流媒体失去用户和阵地。这从维护意识形态的政治角度,加快发展的产业角度,维护公民权益的法律角度来看都是不利的。

第二,建构"以人民为中心"的现代传媒监管制度,要认识到人民不只是一个抽象的集合概念、不只是与"敌人"相对立的把社会成员划分为

---

① 《把人民放在心中最高位置——学习习近平总书记的人民情怀》,人民网,http://theory.people.com.cn/n1/2018/0222/c40531-29827653.html,2018年10月1日访问。

② "IPTV"的英文全称是"Internet Protocol Television"。意思是"网络协定电视",是指用宽带作为介质传送电视信息的一种系统,是一种利用宽带网、集互联网、多媒体、通讯等技术为一体,向家庭用户提供包括数字电视在内的交互式服务的技术。这一技术在我国21世纪开始的几年就可应用,但是,受制于政策,从2004年到2015年才发展0.9亿用户。随着政策阻碍一定程度的消除,2016年到2019年初,三年左右的时间就发展到2.27亿用户。但是,IPTV极其严密的审查许可准入制度设计,对于其可持续发展和占领舆论阵地目标的实现带来巨大挑战。

"敌我"两部分的依据,"人民"是一个可以还原为每一个具体的人的个体的集合,人民是一切手段的目的。因此,在设计传媒监管制度的时候,不应仅将传媒当作单一喉舌功能的工具,传媒监管应当兼顾政治、技术、市场逻辑,平衡好其中的价值和利益冲突,在巩固国家安全、维护社会秩序、保障公民权利的同时,要注重促进内容繁荣、产业发展。由此确立传媒监管的目标应当是:在尊重和保障公民权益的前提下,促使传媒业提升大局意识、提高服务公共利益的责任感、带动传媒业的繁荣发展。只有这样,主流媒体才能在融合背景下多元媒介构成的复杂格局和舆论生态中突出自己,吸引更多用户和受众。只有对于不同意见持有理性和宽容的态度,传媒产业才能更加自由和快速的发展,才会生产出更多更好的内容,产业规模和效益不断扩大和提升,由此,才能够为社会稳定提供切实的基础,使执政党的执政之基更加稳固、合法性更加凸显。

第三,在未来的思维方式方面,要坚持开放状态。随着大数据、云计算、人工智能、5G以及我们现在还不能清晰认识和判断的技术的发展,信息的获取和传递大容量、无延时的情形下,我们的政策和立法、监管措施的主导思想不能再依靠封闭思维来解决问题和维持秩序。否则就犹如用绊马索或其他路障去阻挡飞机一样。我们的政策和立法应该具有开放思维,在开放的过程中,通过严谨科学合理的制度设计来处理问题、解决冲突、平衡利益,增强整个国家和民族认同意识、提升应对自身和世界危机的能力。

五 具体路径

在认识问题进一步廓清的前提之下,建构现代传媒监管制度应依循如下路径进行:

第一,我们需要在传媒政策法律方面,梳理得失,以之为鉴。其中最重要的几个问题是:(1)传媒业要做大做强,应该如何开放;如何更大程度地解放生产力,为传媒发展注入活力,即如何改革和改进我国的传媒资本准入制度;在全媒体、融媒体建设的过程中,如何改革现有的体制机制所存在的障碍和藩篱；如何划分不同主体进入不同传媒业务领域的范围。（2）在执政党要求"网上网下同一把尺子"的前提下，如何完善传媒法律和传媒领域的规范体系，构建科学合理的内容标准体系；如何完善媒体内容的审查标准和实施机制。（3）如何构建对于媒体市场行为、内容制作行为、信息传播行为的合法合规判断机制；如何恰当确立新兴传媒主体的地位和功能、权利和义务；如何处理信息时代产生的新型权利与媒体权利的关系；在人人都是传播者，商业平台成为超级内容生产者、传播者和管理者的情形下，应该如何规范和保障表达权利的行使。（4）如何以一种更为广阔的视角，建构协调各种传媒规范协同发挥作用的制度和机制；从法治建设的角度，建构和完善保障公民权利的法律救济制度等。

第二，在未来政策制定方面，应该遵照宪法、基本法律的规定，注重制定实质性的推动媒体发展的政策，尽可能通过充分的权衡和论证，确保政策内在的一致性。在推出每项政策之前，都必须进行合宪合法审查，使政策的推行尽可能不伤害效率、不损害公平。如此，产业发展才可以拥有良好的政策法律环境，人民群众的权利才能够得到切实保障，感受到公平正义。政策不稳、立法不科学，是影响社会秩序的最重要的因素之一。

第三，在未来制度建设方面，对于传媒资本准入、产权制度，我们应当在尊重市场规律、吸纳现代企业制度合理要素的前提下，进行科学设计；在内容规范方面，细化并形成更有针对性的良好的硬法与软法协调机制；尽可能减少不必要的审批许可环节。自21世纪以来，国务院不断进行取消或下放行政审批权的工作，从2002年到2012年共进行了六次，此后每年都进行此项工作。由此，我们应当对于传媒领域既有的审批许可制度，进行反思、审查和清理。对于设立新的许可要进行充分的论证，不能仅依某种焦虑感就随意设定许可。对于党政部门设立的主流媒体，上级部门主要实施政治上、方向上的领导，落实具体报道（包括评论）什么、不报道什么以及如何报道应该由总编辑（或其他负责人）决定的原则。

第四，未来还要通过整体法治建设水平的提升，确保在政策制定、立法、监管措施设立的时候，能够克服假借政治口号掩盖自身保守、惰于创新、追求部门行业利益的狭隘心态，避免对于媒体发展创设非理性、不合理的条件和程序。同时也要切实看到并回应新的信息时代对于人类自身、对于一个国家的国民和国家安全可能带来的巨大风险，看到和回应媒体自身追求商业利益对公民权益、消费者权益带来的危害，以及作为媒介的网络环境给青少年带来的巨大消极影响。

　　第五，与时俱进，承认目前传播主体多元化的客观现实，也要看到商业媒体在内容传播、服务公共利益的品质所在，① 要看到政务新媒体在舆论引导和信息传播方面的功能，同时警惕和严惩假借正能量名义牟取非法利益，严重危害国家利益、社会公共利益的营销号的不法行为，② 要看到更多用户是借助自媒体获取内容和信息，等等。在当下传媒形态中，传媒泛在化要求对传媒的监管更多走向治理范式。这要求规范传媒内容制作、传播行为以及其他相关行为的规范也应是多种类型的规范相互协调、相互配合、协同发挥作用的统一体。现代传媒监管应当从过去单纯强调政策、宣传纪律的功能发挥走向注重法律规范、行业自律规范、平台运营规范、媒体自身操作规则、社会伦理道德等多种规范的协同发挥作用。换言之，法治思维下的传媒监管规范体系应该是法律规范、技术规范、媒体伦理和道德、特定群体行为准则、公民媒介素养、一般社会行为准则共同构成的统一体。

---

　　① 参见国家信息中心于2020年4月13日发布的《中国网络媒体社会价值白皮书》，报告选择了24家网络媒体进行研究。这24家网络媒体社会价值指数平均得分为78.8分。在Top10的媒体榜单中，中央媒体占6席，商业媒体占4席。在中央媒体中，人民网、新华网、央视网分别排在第1位、第2位、第4位。在商业媒体中，腾讯网、新浪网、凤凰网、今日头条分别排在第3位、第5位、第7位、第8位。这些商业媒体能够位居Top10之内，报告给出的理由是：这类媒体充分发挥开放性、包容性、聚合性等平台型媒体优势，在受众吸引力、社会公益性、信息传播、业态多样性等方面表现突出，成为网络媒体社会价值的不可或缺的中坚力量。

　　② 如今，一些谋取不法利益的营销号被称为当下传媒形态中的毒瘤，监管部门对此已经采取了一些措施。参见《网络恶意营销"恶"在哪里?!》，《网络传播杂志》公众号2020年4月29日。

参考文献

一 著作

陈建云：《中国当代新闻传播法制史论》，山东人民出版社 2005 年版。

陈根发：《文化传媒法治建构研究》，社会科学文献出版社 2016 年版。

陈力丹：《马克思主义新闻观思想体系》，中国人民大学出版社 2006 年版。

陈书良编：《梁启超文集》，燕山出版社 2009 年版。

陈振明：《政策科学：公共政策分析导论》，中国人民大学出版社 2003 年版。

陈伟军：《媒介融合与话语越界——传媒文化的多维阐释和散点透视》，中国社会科学出版社 2011 年版。

方汉奇、陈业劭：《中国当代新闻事业史》，新华出版社 1992 年版。

国家新闻出版广播电视发展研究中心：《中国视听新媒体发展报告（2015）》，社会科学文献出版社 2015 年版。

何增科、陈雪莲主编：《政府治理》，中央编译出版社 2015 年版。

黄仁宇：《赫逊河畔谈中国历史》，生活·读书·新知三联书店 1992 年版。

黄升民、丁俊杰：《国际化背景下的媒介产业化透视》，企业管理出版社 1999 年版。

江必新：《中国行政诉讼制度之发展——行政诉讼司法解释解读》，金城出版社 2001 年版。

郎劲松：《中国新闻政策体系研究》，新华出版社 2003 年版。

李丹林：《广播电视法中的公共利益研究》，中国传媒大学出版社 2012 年版。

李良荣：《历史的选择：中国新闻改革 30 年》，武汉大学出版社 2009 年版。

李宇：《美国电视研究：历史、产业技术与国际传播视角的系统阐释》，中国广播影视出版社 2016 年版。

李振武：《娱乐江湖》，法律出版社 2018 年版。

梁宁、范春燕：《媒介法教学参考资料》，清华大学出版社 2004 年版。

梁启超：《戊戌政变记》，中华书局 1954 年版。

雷润琴：《传播法——解决信息不对称及相关问题的法律》，北京大学出版社 2005 年版。

刘承韪：《娱乐法导论》，中国政法大学出版社 2021 年版。

刘品新：《网络法：原理、案例与规则》（第三版），中国政法大学出版社 2021 年版。

刘庆龙、韩树军：《中国社会政策》，河南人民出版社 2008 年版。

闵大洪：《中国网络媒体 20 年》，电子工业出版社 2016 年版。

罗豪才：《软法亦法公共治理呼唤软法之治》，法律出版社 2009 年版。

罗荣渠：《现代化新论：世界与中国的现代化进程》，北京大学出版社 1993 年版。

秦麟征：《后工业社会理论和信息社会》，辽宁人民出版社 1986 年版。

宋海燕：《娱乐法》，商务印书馆 2018 年版。

王润钰：《媒介融合的制度安排与政策选择》，社会科学文献出版社 2014 年版。

魏永征：《中国新闻传播法纲要》，上海社会科学院出版社 1999 年版。

魏永征：《新闻传播法教程》，中国人民大学出版社 2002 年版。

魏永征：《新闻传播法教程》（第五版），中国人民大学出版社 2016 年版。

魏永征：《新闻传播法教程》（第六版），中国人民大学出版社 2019 年版。

魏永征、张鸿霞：《大众传播法学》，法律出版社 2007 年版。

肖燕雄：《传播法》，华中科技大学出版社 2015 年版。

徐宝璜：《徐宝璜新闻学论集》，北京大学出版社 2008 年版。

徐嘉：《中国近现代伦理启蒙》，中国社会科学出版社 2014 年版。

张金马：《政策科学导论》，中国人民大学出版社 1992 年版。

杨溟：《媒介融合导论》，北京大学出版社 2013 年版。

张学森：《核心价值观的历史演进与当代构建》，人民出版社 2014 年版。

周雪峰、李平：《网络平台治理与法律责任》，中国法制出版社 2018 年版。

周艳敏、宋慧献：《文化法学导论》，北京大学出版社 2017 年版。

庄锡昌、顾晓鸣、顾云深等编：《多维视域的文化理论》，浙江人民出版社 1987 年版。

最高人民法院行政审判庭编：《〈关于执行中华人民共和国行政诉讼法若干问题的解释〉释义》，中国城市出版社 2000 年版。

［德］柯武刚、史漫飞：《制度经济学：社会秩序和公共政策》，韩朝华译，商务印书馆 2000 年版。

［德］马克斯·维贝尔（韦伯）：《世界经济通史》，姚曾译，上海译文出版社 1981 年版。

［法］让·波德里亚：《消费社会》，刘成富、全志钢译，南京大学出版社 2000 年版。

［荷］丹尼斯·麦奎尔：《麦奎尔大众传播理论》，崔保国、李琨译，清华大学出版社 2006 年版。

［美］昂格尔：《现代生活中的法律》，吴玉章、周汉华译，中国政法大学出版社 1994 年版。

［美］博登海默：《法理学：法律哲学与法律方法》，中国政法大学出版社 1999 年版。

［美］伯尔曼：《法律与革命——宗教改革对西方法律传统的影响》，袁瑜琤、苗文龙译，法律出版社 2008 年版。

[美] 博普诺:《社会学》,李强等译,中国人民大学出版社 2007 年版。

[美] 叶海卡·德罗尔:《逆境中的政策制定》,上海远东出版社 1996 年版。

[英] 科尔巴奇:《政策》,张毅、韩志明译,吉林人民出版社 2005 年版。

二 论文

鲍春华:《对超媒体的一些认识》,《外语电化教学》1993 年第 1 期。

鲍高齐:《2010—2014 年国内媒介融合研究综述》,《新闻世界》2015 年第 5 期。

蔡名照:《网络媒体必须增强社会责任感》,《中国信息界》2003 年第 12 期。

蔡雯:《新闻传播的变化融合了什么——从美国新闻传播的变化谈起》,《中国记者》2005 年第 9 期。

蔡雯:《媒介融合前景下的新闻传播变革——试论"融合新闻"及其挑战》,《国际新闻界》2006 年第 5 期。

蔡雯、王学文:《角度·视野·轨迹——试析有关"媒介融合"的研究》,《国际新闻界》2009 年第 11 期。

陈嘉明:《"现代性"与"现代化"》,《厦门大学学报》2003 年第 5 期。

陈堂发:《网民批评性表达追责应体现权力谦抑品质》,《贵州省委党校学报》2017 年第 5 期。

从嘉:《2006 中国网络传播和网络媒体回顾》,《中国传媒科技》2006 年第 12 期。

崔保国:《媒介变革的冲击》,《新闻与传播研究》1999 年第 4 期。

崔保国:《技术创新与媒介变革》,《当代传播》1999 年第 6 期。

高钢、陈绚:《关于媒体融合的几点思索》,《国际新闻界》2006 年第 5 期。

方明:《加强第四媒体对现行舆论管理体制冲击的研究》,《新闻战线》1999 年第 2 期。

傅欣：《"十五"计划的制定看我国 21 世纪初期的信息产业政策》，《情报杂志》2002 年第 12 期。

郭毅、于翠玲：《国外"媒介融合"概念及相关问题综述》，《现代出版》2013 年第 1 期。

韩伟：《光缆数字电视》，《有线电视技术》1995 年第 5 期。

何志鹏：《作为软法的〈世界人权宣言〉的规范理性》，《现代法学》2018 年第 5 期。

何勇：《主体责任观下互联网管理模式转型》，《现代传播》2019 年第 4 期。

何勇：《边界消融与制度重构：新媒体语境下的广播电视立法》，《现代传播》2022 年第 2 期。

贾茵：《德国〈网络执行法〉开启监管风暴》，《中国信息安全》2018 年第 2 期。

姜明安：《软法的兴起与软法之治》，《中国法学》2006 年第 2 期。

姜锡山：《中国信息化政策与趋势》，《数码世界》2005 年第 21 期。

蒋坡：《论网络法的体系框架》，《政治与法律》2003 年第 3 期。

李彪、王永祺：《2017 年媒介融合趋势：从单向度融合到多层次融合》，《出版广角》2018 年第 3 期。

李丹林：《论传媒法的宪法属性》，《南京社会科学》2011 年第 1 期。

李丹林：《媒介融合背景下我国传媒政策与法律研究论纲》，《南京社会科学》2014 年第 2 期。

李丹林：《新闻传播立法之我见》，《青年记者》2015 年第 7 期。

李丹林：《新闻出版许可改革时不我待》，《国际先驱导报》2015 年 7 月 2 日。

李丹林：《互联网革命、宪法文化与传媒监管》，《现代传播》2016 年第 9 期。

李丹林：《传媒法治、现代化转型与文化变革》，《南京社会科学》2017 年第 4 期。

李丹林：《论现代传媒监管制度建构的理念与路径》，《现代传播》（中国传媒大学学报）2020年第12期。

李丹林、曹然：《以事实为尺度：网络言论自由的界限与第三方事实核查》，《南京师范大学学报》（社会科学版）2018年第4期。

李丹林、曹然：《新媒体治理视域下的表达权规制研究》，《山东大学学报》（哲学社会科学版）2019年第7期。

李瑞雪：《从Web 3.0的媒介发展形态看"媒介融合"》，《新闻研究导刊》2018年第2期。

李湘媛：《Web 3.0时代互联网发展研究》，《中国传媒大学学报》（自然科学版）2010年第7期。

林锦峰：《传播法制化的必要性与传播法的思考》，《中山大学学报》（社会科学版）1998年第1期。

刘畅：《"网人合一"：从Web 1.0到Web 3.0之路》，《河南社会科学》2008年第2期。

刘健、陈昌凤：《中国当代媒体政策的范式变迁》，《现代传播》（中国传媒大学学报）2017年第10期。

刘结玲：《媒介融合研究新进展综述》，《中国传媒科技》2013年第4期。

刘金星：《论网络媒体主体责任》，《新闻前哨》2016年第4期。

刘军：《韦伯资本主义起源理论评析》，《世界历史》1989年第3期。

柳絮青、殷畅：《关于国内"媒介融合"（Media Convergence）的研究评述——以对"中国期刊全文数据库"近10年有关文献的分析为依据》，《枣庄学院学报》2008年第3期。

刘学：《中国网络新闻媒体成熟了吗?》，《新闻与传播评论》2004年第1期。

刘乙、李长喜：《互联网法律规制模式的探讨》，《北京邮电大学学报》（社会科学版）2009年第2期。

楼晓寒：《创建中国名牌新闻网站之我见》，《信息经济与技术》1997年第12期。

栾轶玫、杨宏生：《从全媒体到融媒体：媒介融合理念嬗变研究》，《新闻爱好者》2017 年第 9 期。

吕建楚：《打造新型媒体集团、争当勇立潮头标兵》，《视听纵横》2017 年第 2 期。

闵大洪：《2001 年的中国网络媒体》，《新闻实践》2002 年第 1 期。

闵大洪：《新闻网站，走过 2004 年》，《新闻实践》2005 年第 1 期。

闵大洪：《2006 年中国广播电视科技发展》，《中国广播电视学刊》2007 年第 4 期。

闵大洪：《2006 中国互联网前行于理性和秩序的轨道》，《传媒》2006 年第 12 期。

闵大洪：《2008 中国网络媒体：踏上新征程》，《传媒》2008 年第 12 期。

孟建、赵元珂：《媒介融合：粘聚并造就新型的媒介化社会》，《国际新闻界》2006 年第 5 期。

彭兰：《从新一代电子报刊看媒介融合走向》，《国际新闻界》2006 年第 5 期。

沈金成、王良元：《为三网融合铺平道路——浅析基于大部制下的三网融合政策与体制》，《中国电信业》2008 年第 11 期。

齐爱民：《界定法律意义上的信息》，《社会科学家》2009 年第 3 期。

秦策：《法律价值目标的冲突与选择》，《法律科学》1998 年第 3 期。

秦前红、李少文：《网络公共空间治理的法治原理》，《现代法学》2014 年第 6 期。

石佑启、陈可翔：《论互联网公共领域的软法治理》，《行政法学研究》2018 年第 4 期。

沈莉：《融合：大众传媒发展的新趋势》，《新闻记者》1995 年第 10 期。

沈宗灵：《论我国社会主义法律体系》，《中国政法大学学报》1983 年第 3 期。

宋昭勋：《新闻传播学中 Convergence 一词溯源及内涵》，《现代传播》（中国传媒大学学报）2006 年第 1 期。

孙鸿翔：《广播电视和广电网站相互融合的实践与思考》，《广播电视信息》2001年第11期。

孙育玮：《关于"中国法的现代性问题"探讨》，《政治与法律》2008年第6期。

陶喜红：《论媒介融合在中国的发展趋势》，《中国广告》2007年第6期。

童兵：《正确的抉择重大的胜利——纪念中国新闻改革30年》，《新闻记者》2008年第6期。

王舒怀：《后真相时代：谁动了我的"事实"——基于移动互联网传播技术特征的分析》，《青年记者》2017年第16期。

王积龙、刘肖：《2006年美国出版业如何增值》，《编辑之友》2006年第5期。

王岚岚、淡凤：《聚焦媒介融合和公共新闻——密苏里新闻学院副院长Brian Brooks教授系列讲座》，《国际新闻界》2006年第5期。

王瑞雪：《我国软法理论的溯源、建构与发展》，《学习与实践》2017年第9期。

王晓君：《论我国互联网法律的立法完善》，《学理论》2017年第1期。

王晓路：《发挥优势　取长补短——谈新闻媒介的融合倾向》，《新闻与写作》1999年第1期。

王晓平：《公用电话网、计算机网络、有线电视网三网融合浅议》，《计算机与通信》1996年第11期。

汪玉凯：《中央网络安全和信息化领导小组的由来及其影响》，《中国信息安全》2014年第3期。

魏永征：《中国新闻传播法纲要》，《出版》1999年第10期。

魏永征：《网络法和传媒法》，《汕头大学学报》（人文社会科学版）2016年第8期。

魏永征：《媒体融合与舆论主导权》，《青年记者》2019年第2期。

魏永征：《发布少年自杀影像顶级媒体何以违背新闻伦理》，《新闻界》2019年第8期。

魏永征：《疫情防控和依法惩谣——对最高检十批妨害疫情防控典型案例通报的分析》，《青年记者》2020 年第 16 期。

魏永征：《〈民法典〉中"新闻报道"行为的主体》，《青年记者》2020 年第 19 期。

武志勇、赵蓓红：《二十年来的中国互联网新闻政策变迁》，《现代传播》2016 年第 2 期。

肖燕雄：《论应对媒介融合的法制管理原则》，《新闻界》2009 年第 6 期。

肖赞军：《媒介融合引致的四类规制问题》，《当代传播》2014 年第 1 期。

肖赞军、张惠：《传媒经营体制演进轨迹与特征》，《重庆社会科学》2016 年第 2 期。

徐静村：《法律体系新议》，《现代法学》1992 年第 2 期。

徐璐、曹三省、刘剑波、柴剑平：《面向移动多媒体的 Web 3.0 技术》，《电视技术》2008 年第 12 期。

许颖：《互动·整合·大融合——媒体融合的三个层次》，《国际新闻界》2006 年第 5 期。

杨保军：《新闻规律观念："马新观"的基础观念》，《国际新闻界》2020 年第 2 期。

杨培芳：《处理好发展信息产业的十个关系》，《信息经济与技术》1994 年第 11 期。

杨新明：《变迁与融合：媒介形态的三次超越》，《青年记者》2018 年第 23 期。

杨振武：《把握好政治家办报的时代要求——深入学习贯彻习近平同志在党的新闻舆论工作座谈会上的重要讲话精神》，《新闻战线》2016 年第 3 期。

喻国明：《关注 Web 2.0：新传播时代的实践图景》，《新闻与传播》2006 年第 12 期。

喻国明：《2007 年：中国传媒产业的三种转型》，《传媒观察》2007 年第 9 期。

张浪：《论行政规定的法律渊源属性》，《学海》2010年第5期。

张艺：《试论信息法学的学科特性与知识框架》，《学术研究》2005年第8期。

张振接、梁祥丰：《Web 3.0向我们走来》，《科技与出版》2007年第2期。

张志安、李霭莹：《变迁与挑战：媒体平台化与平台媒体化——2018中国新闻业年度观察报告》，《新闻界》2019年第1期。

赵劲：《日本手机传播及媒介融合趋势考察》，《国际新闻界》2006年第5期。

赵启正：《中国媒体正在迎接网络时代》，《当代劳模》2003年第11期。

支振锋：《规范体系：法治中国的概念创新——"法治中国下的规范体系及结构"学术研讨会综述》，《环球法律评论》2016年第1期。

周庆山：《面向21世纪的信息法学》，《情报理论与实践》1998年第1期。

周岩、汤建民：《中国媒介融合研究现状的分析及评价（2006—2011）——基于文献计量和内容分析的双重视角》，《浙江传媒学院学报》2013年第2期。

周艳敏、宋慧献：《论文化法的调整对象》，《新闻爱好者》2015年第7期。

周燕群、徐胜：《迈向强大的世界性通讯社的重要一步——新华社新闻信息全面进入因特网述评》，《中国记者》1998年第8期。

朱嘉明：《信息生产和信息社会》，《晋阳学刊》1983年第1期。

邹雨昕：《媒介融合：概念流变、现状透析与发展趋势》，《新闻研究导刊》2018年第11期。

三　网络文献

川报观察：《东方网总编喊话马化腾：说，你是不是垄断！》，搜狐网，http：//www.sohu.com/a/118157875_207224。

人民网"传媒"频道：《2003年的中国网络媒体》，人民网，http：//www.people.com.cn/GB/14677/21963/22062/2252523.html。

人民网"传媒"频道：《媒体网站转企上市的现状、困惑与对策》，人民网，http：//media. people. com. cn/GB/137684/13112258. html。

百度百科：《饭否》，https：//baike. baidu. com/item/%E9%A5%AD%E5%90%A6/4262166？fr＝aladdin。

京华时报：《总局加强网络剧网络节目管理，线上线下将统一标准》，人民网，http：//media. people. com. cn/n1/2016/0228/c40606-28155536. html。

人民网：《我国首个媒体融合云平台正式上线"中国媒体融合云"让技术"隐身"》，人民网，http：//media. people. com. cn/n1/2016/0822/c120837-28655186. html。

人民网研究院：《中国媒体融合传播指数报告》，人民网，http：//media. people. com. cn/n1/2019/0326/c120837-30994743. html。

微信安全团队：《关于〈新闻早餐〉微信公众号违规文章处理的说明》，QQ 地带，http：//www. oicqzone. com/news/2016110723587. html。

新华社：《习近平视察解放军报社时的讲话》，新华网，http：//www. xinhuanet. com/zgjx/2015-12/26/c_135932625. htm。

新华社：《新华社客户端 3.0 版上线发布》，新华网，http：//www. xinhuanet. com/politics/zhibo2/khdfb/index. htm。

新华社：《新华社中国经济信息社正式挂牌》，中国政府网，http：//www. gov. cn/xinwen/2016-04/26/content_5068064. htm。

信息产业部：《国家信息产业部发布信息产业"十一五"规划》，中国政府网，http：//www. gov. cn/gzdt/2007-03/01/content_538496. htm。

张丽波：《媒体融合的"势"与"能"》，光明网，http：//theory. gmw. cn/2019-03/24/content_32672789. htm。

中国广播电视网络有限公司：《公司简介》，http：//www. cbn. cn/col/col87/index. html。

中国互联网信息中心：《中国互联网络发展状况统计报告》（第47次），http：//www. gov. cn/xinwen/2021-02/03/5584518/files/bd16adb5587141

32a829f43915bc1c9e.pdf。

周学峰、查云飞：《德国〈网络执行法〉全面解读》，一点资讯，http：//www.yidianzixun.com/article/0IGHhNOc。

赵芮、常红：《中国媒体融合已进入3.0时代 呈现四大新特征》，人民网，http：//world.people.com.cn/n1/2019/0220/c190972-30808295.html。

后　　记

如序所言，本书是以我主持的国家社科基金项目的结项成果和阶段性成果为基础，摘选部分内容经过整合系统化而成的一部著作。现在书中内容是由我和另一位成员中国传媒大学法律系副教授何勇博士撰写完成。其中一项阶段性成果是我和曹然博士共同署名发表的文章《新媒体视域下的表达权规制研究》，本书第二章第三节主要部分使用了魏永征的《媒体融合与舆论主导权》一文。

结项成果中其他部分内容以其他途径问世。属于传媒产业法律政策的部分被吸纳进由熊文钊教授任总主编、我任第四分编主编的《文化法治体系的建构》（上下卷）一书中，第四分编为《文化产业立法研究》，该书由中国社会科学出版社于2021年6月出版。属于研究域外传媒政策法律的内容，以《英国传媒监管研究》为书名由中国传媒大学出版社于2022年4月出版。

在课题研究中，本课题的顾问魏永征教授，主要成员郑宁副教授、刘文杰教授、张文祥教授、宋全成教授、周丽娜副教授、韩新华副教授，大家通力合作，为项目的高质量完成提供了基础。中国传媒大学传播学专业传媒政策与法规方向的博士生王悦同学、陈煜帆同学、姜琳琳同学；法律硕士赵苏同学、沈纯谊同学、高嘉翎同学、王柳同学；法学硕士吕烨馨同学也做了大量的基础工作。在此一并致谢！

中国社会科学出版社编辑许琳女士，对于本书出版付出了辛勤的劳动。对于许琳编辑的耐心态度和高效的工作作风，表示敬意！

李丹林

2022 年 7 月 28 日于北京缦园